MINERVA
世界史叢書
6

情報がつなぐ世界史

南塚信吾
［責任編集］

ミネルヴァ書房

「ＭＩＮＥＲＶＡ世界史叢書」の刊行によせて

このほど私たちは、ミネルヴァ書房より「ＭＩＮＥＲＶＡ世界史叢書」を刊行することになりました。これは、これまでのわが国における世界史を反省して、新たな世界史を構築することを目指すものです。これまでの世界史が、世界の国民国家史や地域史の寄せ集めであったり、自国史を除いた外国史であったり、欧米やなんらかの「中心」から見た世界史であったりしたことへの反省を踏まえて、また、近年の歴史研究の成果を取り入れて、それらの限界を突き破ることを目指しています。

本叢書は、全体として以下のような構成を取ります。

総　論　「世界史」の世界史
第Ⅰ期　世界史を組み立てる
第Ⅱ期　つながる世界史
第Ⅲ期　人と科学の世界史
第Ⅳ期　文化の世界史
第Ⅴ期　闘争と共生の世界史

このような構成を通じて、私たちは新たな世界史を構想するためのヒントないしは切り口を提示したいと考えております。読者のみなさまの建設的なご批判を頂ければ幸いです。

二〇一六年四月

「ＭＩＮＥＲＶＡ世界史叢書」編集委員
秋田　茂、永原陽子、羽田　正
南塚信吾、三宅明正、桃木至朗
（五十音順）

情報がつなぐ世界史

目次

第Ⅱ部　印刷物による伝達

第Ⅲ部　信号・音声・映像による伝達

序　論　情報がつくる世界史

南塚信吾

この第六巻は、世界をつなぐものとして、ヒト、モノに次いで「情報」というジャンルを設定し、「情報」が世界の諸地域の人や文化をつなぐさまを世界史として構成してみようという狙いを持っている。そういう意味で、「情報がつくる世界史」をめざしていると言ってもいい。こういう側面は今日ますます重要性を増してきているように思われる。

ところで、「情報」と言ってもさまざまな側面があり、「情報」の内容（政治・経済・社会・芸術・科学などについての言説）そのものも考えなければならないが、本巻では、

① 情報を伝える「メッセージ形態」（文字、記号、画像、音声、動画など）

② それらのメッセージ形態を運ぶ「メディア＝情報伝達手段」（印刷物、電信、電波、ラジオ、映画、テレビ、インターネットなど）

の二つの面から考えていきたい。視座を「メッセージ形態」や「メディア＝情報伝達手段」におきつつ、情報の「内容」をも考えていくという方法を取るわけである。

それぞれの「メッセージ形態」や「メディア＝情報伝達手段」が、どういう情報をどのように伝えて、どのように世界をつなぎ、どのような世界史像を生みだしたのか、どのように世界の一体化を促進したか、あるいは、世界史の動きにどのような新しい問題を持ちこんだのかなどを考えてみることにしたい。したがって、「メッセージ形態」や「メディア＝情報伝達手段」の世界史的展開を単に技術的・制度的に論ずるのではなく、世界全体の、あるいは世界各地の、政治・経済・社

会・文化を変化させる面にも注目していくという方法をとることになる。

その際、「情報」が直線的に世界を一体化していくという見方には用心することにして、一体化を阻害する動きや、「情報」へのアクセスが「格差」をもたらすといった面にも十分に注意したい。また、「情報」を論ずるととかく陥りがちな国民国家論に収斂しないように留意したいと考える。

この「情報がつくる世界史」というテーマについて、先行研究はどのような状態であろうか。たしかに情報史の個々の側面についてのすぐれた研究は現れてきている。

たとえば、有山輝雄『情報覇権と帝国日本』（全三巻、吉川弘文館、二〇一三年）は出色で、情報を世界史に実証的にくみこんでいく道を示している。そのほか、メディアの技術史を扱ったものはいくつか見ることができる。さらにメディアを社会史的に論じたものもあるが、それが一国史的に終わっていたりする。情報史を世界的視野で見たものとしては、稲葉三千男『コミュニケーション発達史』（創風社、一九八〇年）や星名定雄『情報と通信の文化史』（法政大学出版局、二〇〇六年）を除いて、先行の研究はほとんど見当たらないといってよい。

＊　　＊　　＊

歴史的に、情報を伝える「メッセージ形態」としては、音声（口伝）、記号、画像、文字などがあるが、「情報がつくる世界史」を論ずる場合に、どのあたりから考え始めるのがいいだろうか。本巻では、研究状況から、原初的な音声（口伝）を対象にすることはできなかった。いずれはこの問題も扱われる時代が来るであろう。原初的な記号についても同様である。そういうわけで、本巻は、画像と文字の時代から始めることになる。そして、これを、「メディア＝情報伝達手段」の変化と対応させて、考えていくことにする。

始めは、印刷術発明の前の時代を取り上げる。第Ⅰ部「文字と図による伝達」は、印刷物が登場する以前において、情報がどのように伝達されたのかを、「写本」「世界図」「人物図」などを素材に検討する。本来ならば、情報を伝える「メッセージ形態」としての文字や画像を運ぶ「メディア＝情報伝達手段」として、紙の意味や、粘土・木版・金属板での「印刷」の意味から考えなければならないところであるが、本巻では、それらの検討は前提にして、「写本」「世界図」「人物図」などの役割と意義の分析をすることにしたい。まだ大量の「印刷」ができない時代においても、各地の文化は手書きや木版印刷によって複製され、世界各地に運ばれ伝えられて、世界的な文化のつながりに貢献したのである。それは当初はキャラバンなどによって、やがては船によって各地に運ばれたのである。

一五世紀ヨーロッパにおいてできあがった活版印刷術は、「情報がつくる世界史」を考えるうえで、大きな転機となった。活版印刷された「書籍」「新聞」「雑誌」が、大陸上の各地はもちろん、船によって世界各地に運ばれた。第Ⅱ部「印刷物による伝達」では、印刷媒体によるマスメディア、つまり「書籍」「新聞」「雑誌」によってどのような世界像がつくられ、世界についての情報が伝えられたのかを検討する。

ここでは、「メディア＝情報伝達手段」としての印刷物によって、人間社会についての諸「概念」や「歴史像」や「世界像」などが、いかに世界的に広がって、世界を結びつけていくかといった問題について、考えられなければならない。「書籍」「新聞」「雑誌」によって、まず、個々の知識や知恵が伝えられ、そういう知の共有される世界ができる。つぎに、体系立った「思想」「方法」「全体像」が伝えられる、そういう思考方法を共有する世界ができる。さらに、その中には、世界全体の認識についての体系的な知も含まれるから、そういう世界認識の共有される世界ができる。このように、印刷物による伝達は、個々の単発的な知識や知恵が伝えられるというだけでなく、体系立った「思想」「方法」「全体像」が伝えられるという特徴をもつのである。しかし、情報が体系立ったものであればなおさら、異文化間においては、情報が異文化間をつなぐだけでなく、情報の伝達・翻訳には誤解や歪曲がともない、それがむしろ敵対心・軽蔑心を煽り、「世界を離間させる」方向へと人々を誘導する場合も生ずる。

さらには、情報の受け手の「読者層」のことも考えられなくてはならなくなる。いずれも印刷によって多数のコピーが作られて配布され、「読み書き」ができる限りで、広い読者に伝えられるが、そのことは、支配のためや抵抗のために印刷物が活用されるという事態を生み出す。また、印刷物は「読み書き」の能力を求めるから、社会に「メディア差別」を生むことにもなる。さらに、新聞や雑誌に比べて書物はいっそう読者層が限られて、そこにも差別が生じることになる。

一九世紀以降になると、新たな伝達手段の発明によって、情報は、より早く、より遠く、より大量に伝達されるようになった。「マスメディア」の登場である。第Ⅲ部「信号・音声・映像による伝達」では、非印刷媒体による、つまり「電信」「映画」「衛星テレビ」「インターネット」による、世界のつながりを論ずる。

一九世紀の前半に開発された有線の電信は、瞬時に情報を遠くへ運べるという点で画期的だった。そして、電信線は陸上だけでなく、海を渡って、大陸と大陸を結んで、情報を運んだ。英仏間のドーヴァー海峡に海底ケーブルが敷設されたのは、一八五一年のことで、大西洋を渡る海底ケーブルがつながったのが、一八六六年のことであった。これに次いで、遠隔の人同士が肉声で話をできる電話が開発されたのは、一八七〇年代であった。これは情報の伝達にも欠かせないものとなった。

こうして一九世紀においては、少なくとも地球上の工業化した地域の相手が特定できる人々の間で、情報が速やかに伝えられるようになった。それは、二〇世紀にはいっそう促進された。

一九～二〇世紀の交に発明された無線電信は、第一次世界大戦後に大いに進歩し、無線放送が始まり、一九二〇年代にはラジオ放送が始まった。また、写真を電信で送るファクシミリが開発され、さらにこの間の映画の発達を背景に、動画を電気的に送信する技術が完成し、ついには一九三〇年代にはテレビの実験放送が始まった。ここにマスメディアは、しだいに遠隔の見知らぬ人々をも情報の世界に取りこんでいくことになった。と同時に、メディアは政治的にも大衆動員に活用されるようになった。ヒトラーがラジオを巧みに駆使したこと、ルーズヴェルト大統領が「炉辺談話」を活用したことはよく知られている。日本の軍隊が国民に正確な情報を与えなかったことも「活用」の一種であろう。

＊　　＊　　＊

このような情報の移動は、二〇世紀の後半から大きな展開を見せた。コンピューターは、文字的な情報はもちろん、画像的な情報と音声的な情報をも統合したという点で、画期的であったが、さらに、コンピューターとコンピューターをつないだインターネットは、文字、画像、音声、動画を電子化して一挙に遠隔地へ送り、一方通行だったラジオ、テレビに代わって、相互の共時的通信を可能にした。しかもこのような電子化された情報は、人工衛星の時代になって、さらに地球全体を覆うようになった。人工衛星は、地球と人類を宇宙の中の一つの存在として対象化して位置づけたわけであるが、この時代における メディアは、情報を地球上にボーダーレスに移動させ、地球上のすべての人間を通信可能にした。一九八九年以後の東欧、ソ連の社会主義体制の崩壊に衛星テレビなどが果たした役割はよく知られている。

しかしこの時代の情報は新しい大問題を孕んでいる。一つには、「フェイク・ニュース」と言われる情報が、地球上をあっという間に飛び交うことになった。情報はほとんどのものが匿名で発信できるようになった。情報の信ぴょう性はだれも保証しないといってよい。いまや世界中の人々は、受け取る情報に対する批判的な態度を強く求められる時代に来ているのである。これまで以上に情報の根拠や信頼性などを自らの力で判断しなければならなくなっている。

今一つには、この時代のメディアは、地球上のすべての人間存在を可視化し、監督し、操作できるようにした。グローバル・ポジショニング・システム（GPS＝全地球測位システム）によって、人々の動きは把握され、それが情報として利用されうるようになったのである。一九九〇年の湾岸戦争でGPSを利用したロケット攻撃が威力を発揮したことは世界中で目撃されている。こうした情報が人々の操作につながるまではほんのわずかな一歩であろう。これがどのような世界史認識を作り、どのような世界史を作るかは、まだわれわれにはわかっていない。

「情報がつくる世界史」をこのように大雑把に眺めてくるだけでも、われわれが今日、どのような地点にいるのかがおぼろげながらわかってくるであろう。世界史にとっての情報の持つ意味は単なる「媒体」としてではなく、「主体」として研究されるべきなのである。本書では、情報の諸側面を一つずつ掘り下げて論ずることにする。

参考文献
有山輝雄『情報覇権と帝国日本』全三巻、吉川弘文館、二〇一三年。
稲葉三千男『コミュニケーション発達史』創風社、一九八〇年。
星名定雄『情報と通信の文化史』法政大学出版局、二〇〇六年。

Goucher, Gandie and Linda Walton, *World History : Journeys from Past to Present*, Routledge, 2008.
Headrick, Daniel R., *Technology: A World History*, Oxford, 2009.

第Ⅰ部　文字と図による伝達

第1章　写本が伝える世界認識

大塚　修

1　イスラーム史研究と写本

(1)　アラビア文字写本の世界

本章では、アラビア文字写本という「メディア」に見られる、文字情報を図表を用いて表現する技術の発展について論じたい。その上で、前近代ペルシア語文化圏の知識人が、文献の内容をいかにわかりやすく読者に伝えようと努力していたのかという点について考察する。

最初に、本章で使用する「写本」という言葉について一言断っておきたい。一般に、日本語の「写本」という言葉は、英語の「マニュスクリプト（manuscript）」の訳語として用いられている。しかし厳密に言えば、「マニュスクリプト」という言葉は「手稿本」を意味し（語源はラテン語の「手で（manu）」「書かれた物（scriptus）」）、「写本」（「別の本から書き写されたもの」）とは異なる意味を持つ。「手稿本」には著者直筆本（オートグラフ〔autograph〕）も含まれるが、「写本」にはそれは含まれないため、著者直筆本も含む手書き本を意味する「マニュスクリプト」の訳語としては、手稿本の方がより適当であろう。ただし、「写本」という言葉の方が現在人口に膾炙していることに鑑み、本章では、著者直筆本も含む手書き本の意味で、「写本」という言葉を用いることにしたい（これについては、桝屋、二〇一四、一八頁）。

一九世紀以前を研究対象とするイスラーム史研究者は、アラビア文字で表記されるアラビア語、ペルシア語、テュルク語などの言語で書き記された写本（アラビア文字写本）との付き合いを余儀なくされる。というのも、印刷されたアラビア文字文献が普及し始めるのは一九世紀以降のことで、それ以前は、著者直筆本、著者の言葉を第三者が口述筆記した写本、あるいは、第三者が書き写した写本を通じて、文献の内容は伝達されていたからである。これらの文献は繰り返し書き写される中で後世に伝えられ、その需要が大きければ大きいほど、多くの写本が作成されることになった。こうした中で作成された写本の一部が現在に至るまで伝存し、世界各国の図書館に所蔵され、研究者の利用に供されているのである。[1]

写本の多くは、黒（あるいは黒と赤）のインクで書き記された簡素なものだが、中には、豪華な装飾が施され、挿絵まで挿入された豪華写本もあり、[2]時に芸術作品として、歴史家のみならず、美術史家の関心をも引きつけてきた。これまでの傾向として、歴史家は写本の文字情報に、美術史家はその芸術的側面に価値を見出してきていたわけだが、近年、このような学問分野の垣根をこえ、写本というモノの巨視的な分析を試みる写本学という研究分野が急速に成長を遂げつつある。世界を見渡してみれば、たとえば、イラン・イスラーム共和国のテヘラン大学人文学部歴史学科には「写本学コース」が開設され、イギリスでも「イスラーム写本協会（The Islamic Manuscript Association、略称ＴＩＭＡ）」が毎年研究大会やセミナーを開催するなど、活発な活動を展開している。また日本でも二〇一四年に、アラビア文字写本を主たる分析対象とする論文集（小杉泰・林佳世子編『イスラーム書物の歴史』名古屋大学出版会）が刊行されるなど、写本学への関心の高まりは世界各国に共通した現象だと言えよう。

（2）著者、写字生、校訂者

このように写本学への関心が高まりを見せる以前には、アラビア文字写本における豪華な装飾や挿絵を除く視覚効果が考察の対象とされることはまずなかった。というのも、主に歴史家が参照する文献は、写本それ自体ではなく、校訂本（現代の研究者が、現存する諸写本に基づきテクストを復元したもの）であったからである。写本を参照するためには、それが所蔵されている図書館を訪問する必要がある。しかし、それが一〇〇点をこえる写本が残されている文献である場合、それらをすべて網羅的に調査し収集することは、いかにグローバル化が進みつつある今日においても、時間と手間のかかる作業である。そのため、通常の研究で参照されてきたのは出版された校訂本の方であった。したがって、校訂本を作成する作業は歴史学では重要な基礎作業だと考えられている。その中で主に重視されてきたのは、著者が最初に著した原テクストをいかに復元するのかという点であった。校訂者にとって原テクストを復元するという作業は骨の折れる作業に違いがないが、その際にさらに困難であったのは、写本に見られる、図表で表現された情報を正確に復元することであった。

歴史書の著者は、文字情報を単純に書き記すだけではなく、文字の装飾、図表、絵画などさまざまな視覚効果を用いて、その内容をわかりやすく読者に伝えようと試みていた。しかし、著者直筆本が現在に至るまで伝存している事例は少なく、多くの場合、複数の第三者に繰り返し書き写されることで、その作品は後世に伝えられることになったのである。つまり、現在の歴史家が参照できる校訂本は、①著者直筆の文献（ただし著者により第二稿、第三稿が作られる場合も）を、②複数の写字生が繰り返し書き写し、そして最後に、③校訂者が①や②に基づきテクストを復元したもので、著者が筆を擱いてから現在われわれが読める形になるまで、何人、何十人、また場合によっては、何百人という人の手を経てきたものなのである。その過程で、原テクストにあったテクストが改編・削除されることも多々あった。とくにその傾向は図表化された情報に顕著に見られ、たとえテクストの部分が注意深く書き写されていたとしても、図表化された部分は写字生（あるいは校訂者）の方針一つで、改編・削除されてしまうこともあった。このような歪められた形で伝えられている図表化された情報を正しく復元することは、校訂作業の中で最も難しい作業の一つだと言えるだろう。

（3）　写字生、校訂者と視覚効果

もちろん、著者の用いた図表化された情報が注意深い写字生たちによりそのままの形で伝えられ、それに基づき、図表化された情報が忠実に復元されている校訂本もあるだろう。しかし、テクストを書き写していく過程で、ただの一度であっても、図表の部分に無頓着な者が間に入れば、著者が工夫を凝らして書き記した図表は改編・削除されてしまうことになる。

その一つの例として、イルハーン朝（一二五六〜一三五七年）宮廷で編纂されたペルシア語普遍史書、バナーカティー著

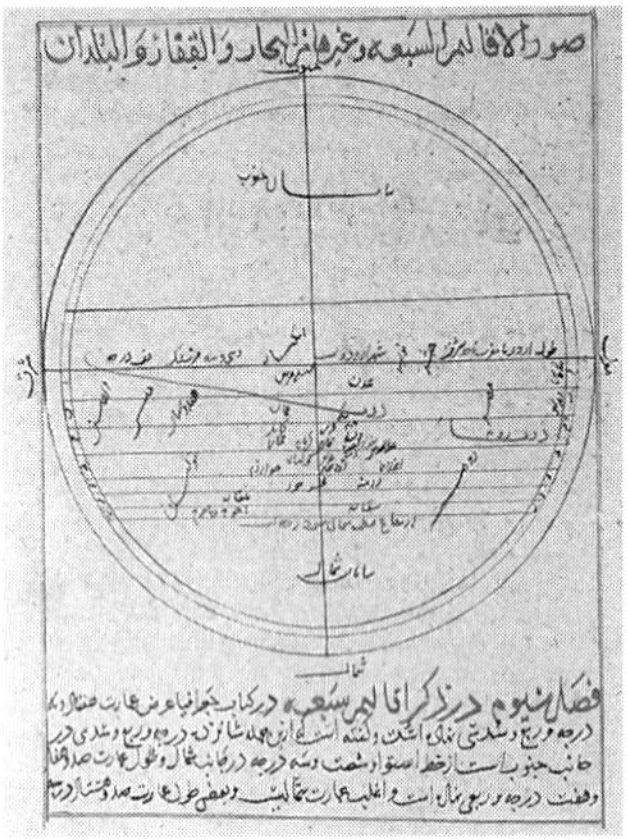

図1－1　『バナーカティー史』イスタンブル写本の「世界図」

出典：Banākatī, Ayasofya, fol. 105a.

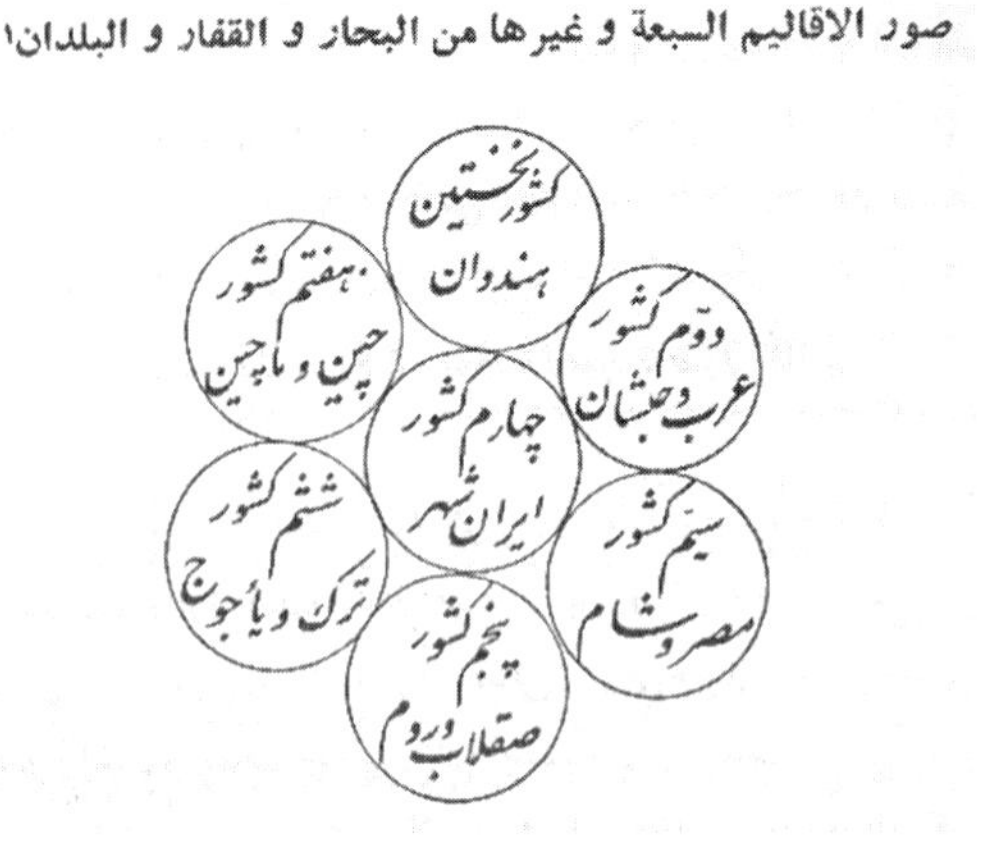

図1－2　『バナーカティー史』校訂本の「世界図」

出典：Banākatī（2000, p. 316）.

『バナーカティー史』（一三一七年）の校訂本を紹介したい。著者バナーカティーは、この文献に「世界図」と「インド図」を挿入したと主張しており、編纂時には、二つの地図が挿入されていたものと考えられる。ただし、地図を書き写すことはテクストを書き写すことよりも煩雑であったためか、その作業を省略する写字生もいた。『バナーカティー史』の校訂テクストを出版したジャアファル・シェアールが底本としたテヘラン写本（一五～一六世紀頃書写）は、地図のスペースが空欄のまま残された、まさにそのような写本であった（Banākatī, Minovi, fols. 134a, 135b）。彼は校訂の際に、二つの地図のうち「世界図」の復元を試みたが、何と彼が参照したのは、地図が保存されているこれ以外の『バナーカティー史』の写本ではなく、内容も編纂時期もまったく異なる、ビールーニー著『占星術教程の書』（一〇二九年）の校訂本に掲載されている世界図であった（Bīrūnī, 2007-2008, p. 196 : Banākatī, 2000, p. 316, 図1－2）。そのため当然のことながら、校訂本で復元された地図は、テクスト中のその地図の内容説明とは全く一致しない。現存写本の多くではこれらの地図は失われているが、実は、地図が保存されている写本もいくつか伝存している。その中の一つ、一三四五年に書写された現存最古の写本に挿入されている世界図と比べてみれば（Banākatī, Ayasofya, fol. 105a, 図1－1）、校訂者が復元した地図とまったく別物であることは一目瞭然である。これは極端な事例かもしれないが、程度の差こそあれ、図表化された情報を改編・削除してしまう同様の事例は、多くの歴史書の校訂本において共通して見られる傾向なのである。

近年、このような図表化された情報に焦点を当てた研究は増えつつあるものの（Rosenthal, 1968, pp. 145-146 : Aigle, 2008-2009 : Binbaş, 2011 : Aigle, 2014）、その蓄積はいまだに十分であるとは言えない。これまでの研究で重視されてきたのは、文字情報そのものであり、情報を図表化してわかりやすく読者に提示しようという前近代の歴史家の知的営為が注目されることはまずなかった。

2　普遍史書における世界認識の図表化の萌芽

（1）普遍史書

本節では、アラビア文字写本の中から、とくに、ペルシア語普遍史書と呼ばれる歴史類型に属する文献の写本を取り上げ、そこで用いられていた文字情報を図表化する技術を紹介する。普遍史書とは、神の天地創造に始まる一神教的な世界認識に裏打ちされた、人類の歴史を解き明かす文献である。その中では、アダムを始祖とする人類がノアの洪水を経験し、その後、世界の各地にどのように広がっていったのかについて説明される。一般的には、預言者の歴史、古代ペルシア・アラブ諸王の歴史、ムハンマド以降のイスラーム時代の歴史と続き、最後に、著者の生きた時代の記述に終わる章構成になっている。このような歴史の書き方は、西アジアや中央アジアに限らず、東は東南アジアに至る広い地域で見られ、地域や言語を問わず、ムスリム（イスラーム教徒）が広く共有する世界認識の源泉の一つとなっており（大塚、二〇一四、二五頁）[3]、前近代ムスリム知識人の世界認識を知るためには必要不可欠なものである。その中でも、ペルシア語で書かれた普遍史書では、文字情報を図表化するという技術が早い時代から意識的に採用されており、この問題を考える上で重要な史料となる。そこでここでは、ペルシア語普遍史書における文字情報を図表化する技術の発展を概観したい。

（2）初期のペルシア語普遍史書における世界認識の図表化

①　図　表

現存最古のペルシア語普遍史書は、アブー・マンスール・マアマリー著『アブー・マンスールの王書』（九五七年）であるが、序文しか伝存しておらず、その中で文字情報が図表化されていたのかどうかについては確認できない。テクストが完全な形で伝存している最も古いものは、バルアミー著『歴史書』（九六三／九六四年）ということになるが、ここでは図表は用いられていなかったようである。[4]

ペルシア語普遍史書という歴史類型で図表が用いられた最も早い事例だと考えられるのは、ガルディーズィー著『歴史の装飾』（一〇五〇～五三年）である。そこで確認できるのは、情報を図表化してわかりやすく読者に提示しようという著者の努力である。たとえば、「ホラーサーンの諸アミールの歴史」という章では、「各アミールの名前、各アミールの王国の町、各アミールと同時代のカリフ、在位期間、各アミールの治世の初めの年について、ここに書き入れ、それを表の形にした。より早く理解でき、より簡単に把握できるように。表は以下の通りである」という説明の後に、各アミールの情報を記載した罫線付の一覧表が挿入されている。この表には、①整理番号、②アミールの名前、③王都、④同時代のカリフ、⑤在位期間、⑥治世の初めの年という項目が設けられている。たとえば、ガズナ朝（九七七～一一八六年）三代君主マフムード（在位九九八～一〇三〇）は、「①七〇番目、②ヤミーン・アッダウラ・アミーン・アッダウラ・アブー・カースィム・マフムード、③ガズニーン、④カーディル・ビッラー、⑤三一年二ヶ月九日、⑥ヒジュラ暦三八九年」と説明される。また、①と⑤の項目に入る数字は、アブジャド数字（アラビア文字のアルファベットに数価をあてたもの）で記されている（Gardīzī, 1984–1985, pp. 213–219）。

同様の一覧表は、これ以外の事項についても確認でき、「カリフとイスラームの君主の王名表」、「ムスリムの祝祭の表」、「ユダヤ教徒の祝祭の表」、「キリスト教徒の祝祭の表」、「ゾロアスター教徒の祝祭の表」、「インド人の祝祭の表」という題の付された表が挿入されている（Gardīzī, 1984–1985, pp. 107, 114–116, 135–137, 450–451, 471, 473, 491, 493, 495, 497, 508–509, 529, 531）。もちろん『歴史の装飾』では、通常の文章によって歴史の解説がなされている箇所の方が圧倒的に多いが、要所で表が用いられているのである。

これに続いて編纂された『史話要説』（一一二六／二七年）では、罫線が使用されている写本もあれば使用されていない写本もあるが、それに加えて、文字を斜めに書くことで、君主名とその称号の一覧表が作り上げられている（Anon., 2013, pp. 460, 463, 466–473）。これ以外にも挿絵や地図が挿入されており（Anon., 2013, pp. 393, 515–516, 524, 533–534, 538）、『史話要説』も文字情報の図表化を強く意識した文献であることがわかる。これらの図表の形には写本によって違いがあるものの、現存写本のすべてで同様の傾向が見られる。

②　系譜の図表化

ペルシア語普遍史書に見られる、図表、地図、挿絵以外の、文字情報を図表化する技術の一つとして、系譜の図表化が挙げられる。この技術を採用した歴史書が増えていくのは一五世紀以降のことだが、その「発明」は一二世紀頃だと考えられている。その発明者を自任したのが、グール朝（一〇〇〇?～一二一五年）と奴隷王朝（一二〇六～九〇年）に仕えたファフル・ムダッビルであった（Binbaş, 2011, pp. 470, 479）。

彼が著した『系譜書』（一二〇六年）は、もともとは、初代正統カリフ、アブー・バクル（在位六三二～六三四）に至る自身の父祖の系図を書いたものであった（Fakhr-i Mudabbir, Dublin, fol. 111a）。そこに、ムハンマド、一〇人の教友、ムハージルーン（移住者）、アンサール（援助者）、『クルアーン』に登場する預言者、古代アラブの諸王、詩人、古代ペルシアの諸王、アダムの子孫、ウマイヤ朝、アッバース朝、アブー・ハニーファ、シャーフィイー、アラブの諸部族、アレクサンドロス、ルクマーン、バラム、ウマイヤ朝・アッバース朝時代のアミール、ターヒル朝、サッファール朝、サーマーン朝、ガズナ朝、グール朝、シャリーフ、アリーの子孫などの系図が補われ完成したのがこの作品である（Fakhr-i Mudabbir, Dublin, fols. 40a–43b : Binbaş, 2011, p. 478）。その中には、合計一三九点からなる系図が、二通りの書き方で挿入されている。(5) 後世に編纂された系図と異なっている点は、各事項に関する系図が別々に並べられており、他の系図との関連性が示されていない点である（Binbaş, 2011, pp. 480–481）。たとえば、ノアの三人の息子セム、ハム、ヤペテの末裔は、三つの別々の系図で説明されており（Fakhr-i Mudabbir, Dublin, fols. 57a, 57b, 58a）、全体をおさめた一つの系図が提示されることはない。

著者ファフルは、この作品を「イスラーム時代の六〇〇年間（『系譜書』の編纂はヒジュラ暦六〇二年）に亘って誰も成し遂げておらず、いかなるカリフ、スルターン、アミール、ワズィール、大臣の図書館にも、これに類するものがなかった」（Fakhr-i Mudabbir, Dublin, fol. 44b）と評価し、その独自性が、奴隷王朝初代君主クトゥブ・アッディーン・アイバク（在位一二〇六～一〇）の目に留まり、献呈に至ったという経緯を説明している（Fakhr-i Mudabbir, Dublin, fols. 47b-48a）。

ただし、ファフルが「発明」したと主張する系図の書き方（アラビア語で息子を意味する「イブン ابن」という単語を「ابـــــــن」という形に伸ばして図式化し、親子関係を示す線として利用する技術）は、サイイド（ムハンマドの一族）系譜学文献においてすでに前例が確認できるものである（森本、二〇〇二、二七七～二八〇頁）。たとえば、森本一夫が紹介する、『系譜書』の約半世紀前に編纂されたイブン・フンドゥク著『系譜・称号・後裔の真髄』（一二世紀半ば）では、すでに同様の系図が採用されている（Ibn Funduq, 2007, p. 377）。ファフルはすでに「発明」されていた系図の書き方を流用したものと思われるが、この技術を歴史文献に応用したという点では画期的であったと評価できるだろう。ちなみに、この作品の校訂本は一九二七年に刊行されているが、系図の箇所（全一二五葉中七〇葉）は翻刻が困難なためか、省略されてしまっている（Fakhr al-Dīn, 1927, p. 84）。そのため、作品の全容を把握するためには、ダブリンのチェスター・ビーティ図書館に所蔵されている写本を閲覧する以外に手段はなく、最近までその史料的価値は知られてこなかったのである。

その後、奴隷王朝八代君主ナースィル・アッディーン・マフムード・シャー（在位一二四六～六六）に献呈されたジューズジャーニー著『ナースィル史話』（一二五九／六〇年）においても同様の系図が採用されている。これらの系図は、校訂本では、後世の改編だと考えられるものが掲載されているが（たとえば、Jūzjānī, 1984-1985, Vol. 1, p. 28）、もともとの系図の形が保存されている写本もある（たとえば、Jūzjānī, Petermann, fol. 7b）。『ナースィル史話』の系図がファフルの『系譜書』を直接参照したものであるのかは不明だが、典拠として、『表による歴史』という図表が使用されている可能性が濃厚な歴史書の名前が挙げられているなど（Jūzjānī, 1984-1985, Vol. 1, pp. 63, 141, 170, 226）、遅くとも一三世紀には、文字情報を図表化する技術がさまざまな形で成熟しつつあったことは間違いないだろう。

3　普遍史書における世界認識の図表化の成熟

（1）ハムド・アッラー・ムスタウフィー著『選史』

ペルシア語普遍史書が誕生した一〇世紀半ば以降、約三世紀の時をかけて、読者にその内容をわかりやすく提示するために、文字情報を図表化する試みが徐々に浸透しつつあった。歴史書における図表の利用について専論を著したデニス・エーグルによれば、図表を用いた歴史書の編纂は、テュルク語、ペルシア語、シリア語の接触の中で確認できるようになったもので、それが大きく発展を遂げたのは、一三～一四世紀だということである（Aigle, 2008-2009, pp. 29-30 : Aigle, 2014, p. 104）。これは、ちょうど桝屋友子が設定する写本絵画の萌芽期と一致しており（桝屋、二〇一四、一一四～一一六頁）、写本の表現方法に大きな転機が訪れていた時代であった。本節では、文字情報を図表化する試みの一つの到達点だと評価できる、ハムド・アッラー・ムスタウフィー著『選史』の事例を詳しく見ていきたい。

ハムド・アッラー・ムスタウフィーは、散文普遍史書『選史』（一三二九／三〇年）、韻文普遍史書『勝利の書』（一三三四／三五年）、散文で著されたその続編『勝利の書続編』（一三四四年頃）、博物誌『心魂の歓喜』（一三三九／四〇年）という四つのペルシア語作品の著者として知られている。その中でも、イルハーン朝の宰相ギヤース・ラシーディー（一三三六没）に献呈された『選史』は、現存写本数が一二四点をこえる、前近代ペルシア語文化圏において好評を博した作品の一つであった。この一二四点という数は、爆発的な人気を誇ったミール・ハーンド著『清浄園』（一四九八年）には遠く及ばないものの、他の普遍史書に比べれば突出した数字であり、その人気の高さをうかがわせる（大塚、二〇一三）。

ところが、一九世紀に西欧で誕生した近代歴史学の枠組みの中では、『選史』はさほど高い評価を得られなかった。というのも、この作品における歴史事項の説明は非常に簡潔なもので、同時代の歴史情報を豊富に提供する類の文献ではなかったからである。たとえば、近年精力的にペルシア語歴史叙述の研究に取り組んでいるチャールズ・メルヴィルでさえも、もう一つの著作『勝利の書』を高く評価するあまり、『選史』を『勝利の書』の縮約版にすぎないと断じている（Melville, 1998, p.9 : Melville, 2003, p. 632b)。このような理由から、『選史』に関する本格的な文献学的研究はいまだかつて試みられてこなかったのである。

その一方で、『選史』のテクストについては、一九一〇年、エドワード・ブラウンにより、一四五三年に書写された写本の影印本が（Mustawfi, 1910）、その後一九六〇／六一年、アブドルホセイン・ナヴァーイーにより、六点の写本に基づく校訂本が（Mustawfi, 1985-1986）、さらに二〇一五／一六年には、モハンマド・ロウシャンにより、四点の写本に基づく校訂本が出版されるなど（Mustawfi, 2015-2016）、数種類の刊本が出版され、その内容自体は広く知られてきた。しかし、これらの刊本で利用された写本は、「たまたま」校訂者の手元にあった写本にすぎず、一二四点をこえる写本の網羅的な分析がなされてきたわけではない。このような環境において、『選史』の一部の写本に見られる、文字情報を図表化する技術はさして注目されてこなかったのである。

（2）『選史』の章構成

表1-1からわかるように、『選史』は第四章までは他の普遍史書と同じように、天地創造に始まる人類史の体裁をとるが、第五章以降は、宗教指導者・知識人の人名事典（詩人伝を含む）、ムスタウフィーの出身地であるカズウィーンの地誌、人類の系図といった内容になっている。ʻA・ナヴァーイー刊本の頁数は総計八一六頁にも及ぶが、そのうち実に約四分の一に相当する一九三頁が標準的な普遍史書では扱われない内容の章にあてられている。『選史』が『勝利の書』の縮約版にすぎないという上述の評価は、後者では前者の第五章以降の内容が扱われていないことに鑑みれば、必ずしも適当なものだとは言えないだろう。しばしば地理書と評価されてきた別の著作『心魂の歓喜』の内容が、この世の万物に関する知識を扱う博物誌にあたることからもわかるように、ムスタウフィーは幅広い学問に関心を持った知識人だったのである。また、『心魂の歓喜』には、これ以前には類例のなかった、緯線と経線を書き込んだ世界図が挿入されており（この地図の図版は、杉山〔二〇一二、二〇〜二三頁〕で紹介されている）、ここからも彼の文字情報の図表化に対する関心の高さがうかがえる。

この点に関しては、実は『選史』の序文に説明がある。これまでの研究では、時の宰相ギヤース・ラシーディーの父ラシード・アッディーン（一三一八没）の学術サロンに参加し、歴史学に対する関心を強くしたことが執筆の動機として強調されてきたが（Melville, 2003, p. 631b）、実は、序文のそれに続く部分では、新しい歴史叙述に挑戦する旨が明記されている。

著者［ムスタウフィー］の生業はその学問［歴史学］ではなく、先祖代々携わってきたのは財務術であったのだが、次のような考えに至った。もし歴史学の主題と内容を「ミンハー・ワ・ミンザーリカ」の形式で書き記し、時が流れ昼夜を繰り返すうちに数限りない量になっていたその細目を、書くことの連なりの中に簡潔に整理すれば、その学問の説明の集合体となるのではないか、と（Mustawfī, 1985-1986, p. 3）。

ここで言及されている「ミンハー・ワ・ミンザーリカ」の形式というのは、帳簿の項目を系統立てて細分化していく、財務術における専門技術のことである（渡部、二〇一一、二三頁）。ムスタウフィー家は、ムスタウフィーから八代遡った父祖アブー・ナスルが、ガズナ朝三代君主マフムードに財務官に任じられて以来、財務官を歴任してきた家柄であった（Mustawfī, 1985-1986, p. 795）。つまり、ムスタウフィー家に先祖代々伝わる財務官の専門技術を援用して歴史をわかりやすく説明しようとしたのが、『選史』という歴史書であったのだ。事実、ムスタウフィーの財務術への愛着は、さまざまな場面で見られ、本文中には「ワドウ（控除）」、「アスル（基本額）」、「ダファ（項）」、「ハルフ（条）」など財務用語を用いた修辞表現が頻繁に使用されている（Mustawfī, 1985-1986, p. 3）[6]。

表1-1　『選史』の章構成

序文
序章：天地創造
第一章：預言者・賢者
第二章：前イスラーム時代の諸王
第三章：預言者・カリフ
第四章：イスラーム時代の諸王朝
第五章：宗教指導者・知識人
第六章：カズウィーン地誌
跋文：預言者・王・賢者の系図

（3）財務術を援用した系譜の図表化

ただし、『選史』のテクスト全体を通してこの専門技術が用いられているわけではない。この専門技術が用いられていると判断できるのは、第四章「イスラーム時代の諸王朝」一二節「テュルク・モンゴル史」の冒頭部のみである。ムスタウフィーは「テュル

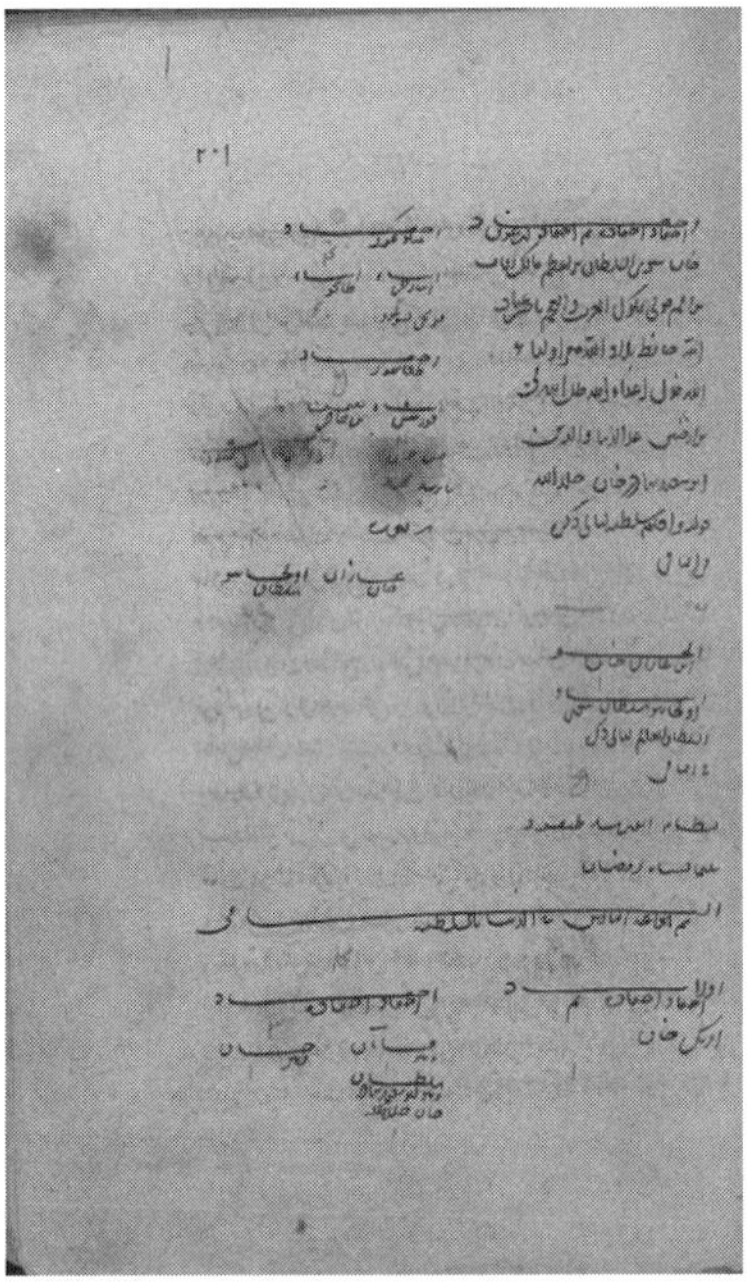

図1－3　『選史』第四章一二節「テュルク・モンゴル史」

出典：Mustawfī, Tehran, fol. 201a.

ク・モンゴルの諸部族と諸分枝を簡潔に「スィヤーカト」の方法で記録する」と宣言し、「自らをモンゴルに似せようとするモンゴルの諸集団・諸部族の一覧」（Mustawfī, 1985–1986, p. 564）という題を付した表を挿入している。この表は、写本を頁数で数えて、一〇頁分の分量になる（Mustawfī, Tehran, fols. 196b–201a）。表といっても罫線が引かれていないため、普通の文章に見えないこともないが、形式面において明らかに他の文章とは異なっている（図1－3参照）。[7] ʻA・ナヴァーイー刊本では一七頁分の分量（Mustawfī, 1985–1986, pp. 564–580）が、M・ロウシャン刊本では二七頁分の分量（Mustawfī, 2015–2016, pp. 497–513）がこの表の校訂テクストにあてられているが、いずれの校訂本においても、その内容は正しく理解されていないようである。それは、校訂本に限られた問題ではなく、多くの写本にも共通する傾向である。多くの写本では、この表は誤った形で書き写され、また場合によっては、表のスペースが空白のまま残されている。そして時には、削除されてしまう事例すらある。

　このような事態が生じてしまった原因は、ここで用いられている財務官の専門技術の難しさにあったと考えられる。ムスタウフィーはこの表のことを「スィヤーカト」と呼んでいるが、[8] このスィヤーカトというのは、アラビア文字帳簿で使用されていた、財務官が使用する特殊な書体の数字・文字のことである。アラビア文字の識別点を省略し、本来つながらない文字をつなげて書くため、専門的な知識を持たない者にとっては、この文字の解読自体が困難な作業であった。その結果、情報を簡潔に読者に提示しようというムスタウフィーの意に反して、十分な知識を持たない写字生や校訂者が誤ってこの表を復元してしまう事例が続出することになったのである。もちろん、このような写本や校訂本からは、もはや著者の真の意図を読み取ることはできないだろう。

表1－2　'A・ナヴァーイー刊本におけるテュルク・モンゴル諸部族の系譜の末尾

<table>
<tr><td>《残余》
彼らは世界において王位に留まっている者たちである
チンギスから数えて５世代
ウズベク・ハーンの名で
チンギスから数えて６世代
１人
彼はスルターン・アブー・サイード・バハードル・ハーン</td></tr>
</table>

出典：Mustawfī（1985-1986, p. 580）.

表1－3　テヘラン写本におけるテュルク・モンゴル諸部族の系譜の末尾

<table>
<tr><td colspan="3">《残余》
世界で王位に留まっている者たち　４人</td></tr>
<tr><td colspan="2">チンギスから数えて６世代　３人</td><td rowspan="3">チンギスから数えて５世代
ウズベク・ハーン　１人</td></tr>
<tr><td rowspan="2">ハーン
１人</td><td>カーアーン
１人</td></tr>
<tr><td>スルターン
アブー・サイード・バハードル・ハーン―王位ガ永遠デアリマスヨウニ―　１人</td></tr>
</table>

出典：Mustawfī, Tehran, fol. 201a, 図１－３。

この表の難しさについて、具体例を一つ示したい。表１－２は、'A・ナヴァーイー刊本において復元されている、財務官の専門技術を援用して書かれたテュルク・モンゴル諸部族の系譜の末尾を翻訳したものである。二人の君主の名前（ジョチ・ウルス君主ウズベク・ハーンとイルハーン朝君主アブー・サイード）が確認できるものの、「一人」という数字の意味も含め、この文章が全体として何を意図したものであるのかを理解することは難しい。この箇所は、M・ロウシャンによる新刊本でも、ほぼ同じ形で復元されており（ただし「一人」という数字が消えている）（Mustawfī, 2015-2016, pp. 512-513）、やはり表の意図しているところは判然としない。

一方で、この表の内容が理解可能な形で保存されている写本も残されている。それに基づいた試訳が表１－３である（ただし、理解を助けるためにここでは罫線を引いた）。ムスタウフィーはこの表の冒頭部で、チンギス・ハーンの祖先にあたるテュルク・モンゴル諸部族の系譜を最初に示し、その後で、その分枝の一つであるチンギス・ハーン一族の系譜を示している。表１－３の内容は、その末尾にくる著者と同時代のモンゴル帝国の君主四人の名前の一覧だったのである。表に記されているカーアーンは大元ウルス君主、ハーンはチャガタイ・ウルス君主（ただし、いずれの君主の名前も筆者が確認できたすべての写本で脱落している）、ウズベク・ハーンはジョチ・ウルス君主、アブー・サイードはイルハーン朝君主にあたる。合計人数である「四」という数字が上位の項目にきて、その内訳の「三」と「一」という数字が下位の項目にきて、その詳細を説明する書き方は、前述の「ミンハー・ワ・ミンザーリカ」という財務官の専門技術そのものなのである。

（４）円と線を用いた系譜の図表化

ムスタウフィーによる文字情報の図表化の試みは、財務官の専門技術によるものだけではなかった。『選史』の跋文には、「預言者・王・賢者の系図」という章が設けられ、人類の祖アダムに始まり、イルハーン朝時代に至る人類の系譜が一つの系図の中に示されている。ただし、現存するほとんどの写本には、この系図は収録されておらず、それに付されていた説明部分が残されているのみである。A・ナヴァーイーも、校訂注で「この系図については、これまでに参照した写本では、その痕跡は一つも確認できていない」（Mustawfī, 1985–1986, p. 14）と述べるなど、この系図はすでに散逸したものと考えられていた。これに対し、筆者による『選史』の写本調査により、系図が保存されている写本三点の存在が明らかになってきている（大塚、二〇一三、一七六頁、注一五）。また、二〇一五／一六年に新しい校訂本を出版したM・ロウシャンも、系図が保存されている写本の存在に気づいている（Mustawfī, 2015–2016, p. 5）[9]。

ムスタウフィーによるアダムに始まる人類の系譜の図表化は、円と直線を用いたものであった（この系図については、大塚、二〇一四、巻末史料図版参照）。円の中には人名が記入され、その円が親子関係を示す直線で結ばれ、それぞれの人物の関係が明示されている。さらに、たとえばムハンマド一族の名前が緑色に、ムスリム君主の名前が金色に彩色されるなど、文章による説明がなくとも、この系図さえ見れば、それがどのような人物にあたるのかが一目でわかる仕組みになっている。彼は、この系図の書き方を発明したのはラシード・アッディーンで、自分がその欠陥を補い発展させたと主張している（Mustawfī, 1985–1986, p. 815）[10]。本章ではすでにサイイド系譜学の影響を受けて成立した系図について紹介したが、ラシードやムスタウフィーの系図はこれまでのものとは異なり、アダムに始まる人類の歴史のすべての情報を直線的に一本の系図の中によりわかりやすく表現できるような形になっている。

（5）　その他の視覚効果

ムスタウフィーはこれ以外にも、読者の理解を助けるために写本の中にさまざまな工夫を凝らしている。残念ながら、半分以上の頁が失われているものの、『選史』には著者直筆本だと考えられる写本が残されている（Mashhad, Ferdowsi University, Ms. Elāhiyāt 50）。この写本の欄外には、本文とまったく同じ筆跡でテクストの内容を補足・訂正している箇所があり、その箇所の内容が後世の写本のテクストに反映されていることもあり、著者直筆の草稿だと考えられてきた写本である（Fāḍil, 1976, p. 25）。この写本では黒と赤のインクしか使われておらず、一見これという特徴のない平凡な写本に見えるが、その中には、読者の理解を助けるためのさまざまな工夫が凝らされている（①事件の見出しや人名事典における人物の見出しが赤く彩色されている。②赤いインクで母音記号がふられている。③人名事典の各項目には一から順番に整理番号がふられている。④詩人伝の各項目がアラビア文字のアルファベット順に並べられており、最初の文字が太字で強調されている）。アラビア文字写本では、段落分けも句読点もなく、一行目から文章が隙間なく書き込まれることが一般的で、読者が必要な情報を一目見ただけですぐに取り出すことは難しい。何らかの工夫が見られたとしても、題字を赤字や太字で強調するのがせいぜいで、それ以上のものが見られることは珍しい。この点からは、ムスタウフィーがいかに読者に対して歴史書の内容をわかりやすく伝えようとしていたのかが理解できるだろう。『選史』は内容はもちろんのこと、その伝達方法にも重点が置かれた、当時における最先端の情報伝達の「メディア」だったとも評価できるのである。

4　『選史』が後世の普遍史書に与えた影響

ムスタウフィーが駆使した図表などを用いて情報を視覚的にわかりやすく伝える技術は、一部の読者に理解されない場合もあったが、前近代ペルシア語文化圏の普遍史書叙述に大きな影響を与えることになった。その中でも、財務術や系譜学の専門技術を援用した情報の図表化は新しい歴史類型の誕生につながった。

財務官の専門技術を援用した表形式の普遍史書叙述を継承した最も早い事例は、管見の限りでは、アバルクーヒー著『歴史の天国』（一四〇五／〇六年）である。『歴史の天国』には、通常の普遍史書には存在しない「詩人伝」の章が設けられるなど、その章構成や内容は『選史』ときわめて似通っている。異なる点は、『選史』ではこの技術が「テュルク・モンゴル史」の冒頭部のみで用いられていたのに対して、『歴史の天国』においては、全ての章で用いられている点である。ただし、この技術を用いて書かれた文章の翻刻は困難な作業であるためか、サンクトペテルブルグの国立図書館に所蔵される現存する唯一の写本（National Library, Ms. Dorn 267）に基づいた校訂本はいまだに出版されていない。同類の作品の中で校訂出版されているものとして、ムフスィン・ムスタウフィー著『歴史精髄』（一七四一／四二年）があるが、校訂の過程で、表形式で叙述されていた文字情報は、通常の文章の形に直されてしまっている（Muḥsin Mustawfī, 1996-1997）。これらの作品を受けて、財務官の専門技術を援用した普遍史書は一八世紀以降に大流行し、『スィヤークの歴史』や『諸史のスィヤーク』などと呼ばれる表形式の簡潔な普遍史書の写本が数多く作成され（Munzawī, 2003, pp. 873-874）、石版本まで出版されている（大塚、二〇一三、一七三～一七四頁、注六）。このように、イルハーン朝時代に発明された歴史を書く技術が、後の時代に、歴史叙述の一つのジャンルを形成するに至るまで発展を遂げていったのである。

同様に、ムスタウフィーが用いた、円と直線を用いた系図の書き方も、後の時代に大きな影響を与えた。『選史』跋文の人類の系図は、『選史』の本文を補完するという意味合いの強いものであったが、後に、この部分が独立し、系譜書という歴史叙述のジャンルが誕生し発展を遂げることになった（Ja'fariyān 2009：小笠原、二〇一三：大塚、二〇一四）。

このようにイルハーン朝時代に編纂された『選史』という普遍史書は、その内容のみならず、情報をいかに読者にわかりやすく伝えるのか、という写本の「メディア」としての役割を十二分に意識した書物であり、そのためにさまざまな工夫が凝らされていたという点で、画期的な作品であった。写字生の中には著者の意図をくみ取れず、その努力を無にしてしまう者もいたが、逆にそれを高く評価した知識人もいた。その結果、『選史』で採用された技術を用いた作品群が歴史書の一ジャンルを新しく形成するまでに至った。この点においても、ペルシア語文化圏における歴史叙述の発展に対する『選史』の貢献は評価されるべきものであろう。

歴史を文字だけではなく図表を用いて伝達する試みは、ペルシア語文化圏においては一般的になっていたにもかかわらず、これまでの文字情報のみに重点を置いた多くの研究では、その伝達方法について議論されることはなかった。そのため、校訂本を作成する際にも、図表の部分が正確に復元されることは少なかったのである。しかし、アラビア文字写本の「メディア」としての役割を考察する上では、この点を軽視するべきではなく、挿絵だけではなく、図表も含めた視覚効果全般にも注意するべきなのである。

（二〇一六年一月二日脱稿）

注

（1）世界各国の図書館に所蔵されている写本の点数については、三浦（二〇一四）を、イラン国内の図書館に所蔵されている写本の点数については、大塚（二〇一一）を参照。

（2）写本に関する基礎的な知識については、桝屋（二〇一四、一八～二九頁）を参照。

（3）ユーリ・ブレーゲルの『ペルシア文学』では、一〇～二〇世紀に編纂された普遍史書の著者として、一二八人の名前が挙げられている（Bregel, 1972, Vol. 1, pp. 279-500）。

（4）校訂本で底本とされた一三〇二年に書写されたロンドン写本（Royal Asiatic Society, Ms. 22）には、アダムからムハンマドに至る系譜が図式化された形で描かれている（Bal'ami, 2004, Vol. 1, p. lxv）。しかし、この図式化された系譜はこれ以外の写本では確認できないため、これが後世に写字生が書き写す際に書き加えたものであるのか、それとも原テクストの様式を忠実に反映したものであるのかについては判断できない。

（5）『系譜書』には系図だけではなくトルキスタンの地図も書かれていたようであるが、地図のスペースは空白のまま残されている（Fakhr-i Mudabbir, Dublin, fol. 39a）。

（6）財務用語の訳語は、基本的にマーザンダラーニー（二〇一三）にしたがった。

（7）この技術を援用した歴史書としては、これ以前に編纂されたラシード・アッディーン著『集史』（一三〇七年）やカーシャーニー著『オルジェイト史』（一三一七年）などが挙げられる（Afshār, 2010-2011, pp. 71-72）。

（8）ムスタウフィーは、『選史』編纂後に著した『勝利の書』においても、この技術を用いてテュルク・モンゴル諸部族誌の情報を表形式で提供している（Mustawfī, 1999, pp. 1254-1263）。

（9）ただし、M・ロウシャン刊本では系図の部分は校訂されておらず、写本の図版が一枚付されているだけである。この事例一つとっても、写本の文字情報のみを重視し、図表部分を軽視する校訂者の典型的な性格がよくわかるだろう。

（10）ラシード・アッディーンによる同様の図表化された人類の系譜は『スルターニーヤの書』の中に収録されている（Rashīd al-Dīn, 2015, pp. 506-529）。

参考文献

大塚修「イランにおける研究環境の改善――写本総目録の編纂を中心に」『イスラム世界』七七号、二〇一一年、三一〜三八頁。

大塚修「『選史』続編の研究――新出史料『ジャラーイル朝史（選史続編）』を中心に」『アジア・アフリカ言語文化研究』八五号、二〇一三年、一七一〜二〇五頁。

大塚修「前近代におけるペルシア語世界史書」『歴史と地理――世界史の研究』二四〇号（通巻第六七六号）、二〇一四年、一五〜三三頁。

小笠原弘幸「オスマン帝国の歴史書」『歴史と地理――世界史の研究』二三七号（通巻第六六九号）、二〇一三年、一六〜三二頁。

杉山正明「描かれたアフロ・ユーラシア――モンゴル時代のイスラーム地図と東西の諸都市」窪田順平編、小野浩・杉山正明・中西竜也・宮紀子著『ユーラシアの東西を眺める――歴史学と環境学の間』総合地球環境学研究所、二〇一二年、七〜二五頁。

マーザンダラーニー著、高松洋一監修、渡部良子・阿部尚史・熊倉和歌子訳『簿記術に関するファラキーヤの論説』イスラーム地域研究東洋文庫拠点、二〇一三年。

桝屋友子『イスラームの写本絵画』名古屋大学出版会、二〇一四年。

三浦徹「イスラーム写本の流通と保存」小杉泰・林佳世子編『イスラーム書物の歴史』名古屋大学出版会、二〇一四年、三〇〇〜三一七頁。

森本一夫「ターリブ家系譜学の専門用語と記号――用語集史料の記述から」歴史学研究会編『系図が語る世界史』青木書店、二〇〇二年、二七三〜三〇一頁。

渡部良子「一三世紀モンゴル支配期イランのペルシア語財務術指南書 *Murshid fī al-Ḥisāb*」高松洋一編『イラン式簿記術の発展と展開

——イラン、マムルーク朝、オスマン朝下で作成された理論書と帳簿』イスラーム地域研究東洋文庫拠点、二〇一一年、九〜三五頁。

Afshār, Ī., "Ṭarīqa-yi Siyāqat-i Istīfā'ī-yi Mughūlī dar Mutūn-i Tārīkhī-yi Fārsī-yi 'Aṣr-i Īlkhānī," *Nāma-yi Bahāristān* 17, 2010–2011, pp. 71–84.

Aigle, D., "L'histoire sous forme graphique en arabe, persan et turc ottoman," *Bulletin d'études orientales* 58, 2008–2009, pp. 11–49.

Aigle, D., *The Mongol Empire between Myth and Reality: Studies in Anthropological History*, Leiden & Boston: Brill, 2014.

Anon., *Mujmal al-Tawārīkh wa al-Qiṣaṣ*, ed. by Y. Bābāpūr, Tehran: Intishārāt-i Safīr-i Ardihāl, 2013.

Bal'amī, *Tārīkh-nāma-yi Ṭabarī*, ed. by M. Rawshan, 5 vols., Tehran: Surūsh, 2004 (1995–1996).

Banākatī, *Tārīkh-i Banākatī*, ed. by J. Shi'ār, Tehran: Anjuman-i Āthār wa Mafākhir-i Farhangī, 2000 (1969–1970).

Banākatī, *Tārīkh-i Banākatī*, Istanbul, Süleymaniye Library, Ms. Ayasofya 3026.

Banākatī, *Tārīkh-i Banākatī*, Tehran, Minovi Library, Ms. 78.

Binbaş, İ. E., "Structure and Function of the Genealogical Tree in Islamic Historiography (1200–1500)," in İ. E. Binbaş & N. Kılıçı-Schubel eds., *Horizons of the World: Festschrift for İsenbike Togan*, Istanbul: Ithaki, 2011, pp. 465–544.

Bīrūnī, Abū Rayḥān, *al-Tafhīm*, ed. by J. Humā'ī, Tehran: Nashr-i Humā, 2007–2008 (1939–1940).

Bregel, Yu. E., *Persidskaia Literatura*, 3 vols., Moscow: Central Department of Oriental Literature, 1972.

Fāḍil, M., *Fihrist-i Nuskha-hā-yi Khaṭṭī-yi Kitāb-khāna-yi Dānish-kada-yi Ilāhīyāt wa Ma'ārif-i Islāmī-yi Mashhad*, Vol. 1, Mashhad: Intishārāt-i Dānish-kada-yi Ilāhīyāt wa Ma'ārif-i Islāmī-yi Mashhad, 1976.

Fakhr al-Dīn Mubārak-shāh, *Tārīkh*, ed. by E. D. Ross, London: The Royal Asiatic Society, 1927.

Fakhr-i Mudabbir, *Shajara-yi Ansāb*, Dublin, Chester Beatty Library, Ms. Per. 364.

Gardīzī, Abū Sa'īd 'Abd al-Ḥayy b. Ḍaḥḥāk b. Maḥmūd, *Tārīkh-i Gardīzī*, ed. by 'A. Ḥabībī, Tehran: Dunyā-yi Kitāb, 1984–1985.

Ibn Funduq, Abū al-Ḥasan 'Alī b. Abī al-Qāsim b. Zayd al-Bayhaqī, *Lubāb al-Ansāb wa al-Alqāb wa al-A'qāb*, ed. by M. al-Rajā'ī & M. al-Mar'ashī, Qom: Maktabat Āyat Allāh al-'Uẓmā al-Mar'ashī al-Najafī al-Kubrā, 2007.

Ja'fariyān, R., "Mukhtaṣar al-Tawārīkh-i Sulaymānī yā Tuḥfa-yi Sulaymānī," *Payām-i Bahāristān* 2/5, 2009, pp. 685–730.

Jūzjānī, Minhāj Sirāj, *Ṭabaqāt-i Nāṣirī*, ed. by 'A. Ḥabībī, 2 vols. in 1 vol., Tehran: Dunyā-yi Kitāb, 1984–1985.

Jūzjānī, Minhāj Sirāj, *Ṭabaqāt-i Nāṣirī*, Berlin, State Library, Ms. Petermann 386.

Melville, Ch., "Ḥamd Allāh Mustawfī's *Ẓafarnāmah* and the Historiography of the Late Ilkhanid Period," in K. Eslami ed., *Iran and Iranian Studies: Essays in Honor of Iraj Afshar*, Princeton: Zagros, 1998, pp. 1–12.
Melville, Ch., "ḤAMD-ALLĀH MOSTAWFI," *Encyclopædia Iranica*, Vol. 11, 2003, pp. 631b–634b.
Muḥsin Mustawfī, Muḥammad, *Zubdat al-Tawārīkh*, ed. by B. Gūdarzī, Tehran: Intishārāt-i Bunyād-i Mawqūfāt-i Duktur Maḥmūd Afshār, 1996–1997.
Munzawī, A., *Fihristwāra-yi Kitāb-hā-yi Fārsī*, Vol. 2, Tehran: Markaz-i Dā'irat al-Ma'ārif-i Buzurg-i Islāmī, 2003.
Mustawfī, Ḥamd Allāh, *Tārīkh-i Guzīda*, ed. by E. G. Browne, London: Luzac, 1910.
Mustawfī, Ḥamd Allāh, *Tārīkh-i Guzīda*, ed. by 'A. Nawā'ī, Tehran: Mu'assasa-yi Intishārāt-i Amīr-i Kabīr, 1985–1986 (1960–1961).
Mustawfī, Ḥamd Allāh, *Tārīkh-i Guzīda*, ed. by M. Rawshan, 2 vols., Tehran: Intishārāt-i Bunyād-i Mawqūfāt-i Duktur Maḥmūd Afshār, 2015–2016.
Mustawfī, Ḥamd Allāh, *Tārīkh-i Guzīda*, Tehran, Tehran University, Ms. 2402.
Mustawfī, Ḥamd Allāh, *Ẓafar-nāma*, ed. by N. Pūrjawādī & N. Rastagār, 2 vols., Tehran & Vienna: Markaz-i Nashr-i Dānish-gāhī, 1999.
Rashīd al-Dīn, Faḍl Allāh Hamadānī, *Mabāḥith-i Sulṭānīya*, ed. by H. Rajab-zāda, Tehran: Markaz-i Pazhūhishī-yi Mīrāth-i Maktūb, 2015.
Rosenthal, F., *A History of Muslim Historiography*, Leiden: E. J. Brill, 1968.

第2章　世界図はめぐる

応地利明

近現代のわれわれにとっては、世界図は、地球の表面つまり地表の全域を作図対象とした地図を意味する。しかし「世界図＝地表全域の描出」は、近現代のごく新しい常識にすぎない。それ以前には、各地域が、各自の世界観をもとにして、それぞれの世界図を描いてきた。「世界図＝世界観の描出」という時代が、はるかに長かった。

しかしその場合でも、世界の描出は唯我独尊的な営為ではなかった。いずれの地域でも、世界とは、つねに〈自―他〉あるいは〈内―外〉という二項対位から構成される存在だからである。たとえ独自の世界観をもとに世界を作図・描出するとしても、〈他〉また〈外〉への関心とそれに関する地理的情報の受容なくしてはなし得ない。このことは、もっとも強烈な中華思想をもつ中国の場合にも妥当する。本章では、前近代に作成された三つの代表的な世界図を取り上げて、その背景にある地理・地図情報の交流について検討する。

1　プトレマイオス世界図と中国発同時代地理情報

プトレマイオス図は、古代地理学の最高峰に君臨する世界図である。同図は、ローマ帝国最盛期の二世紀前半に、当時の地中海世界における文化・科学さらには交易活動の中心であったアレクサンドリアで作成された。彼の活動領域は諸分野にわたり、現存する代表的な著作だけでも『天文書』全一三巻、それと対をなす『地理学』全八巻がある。

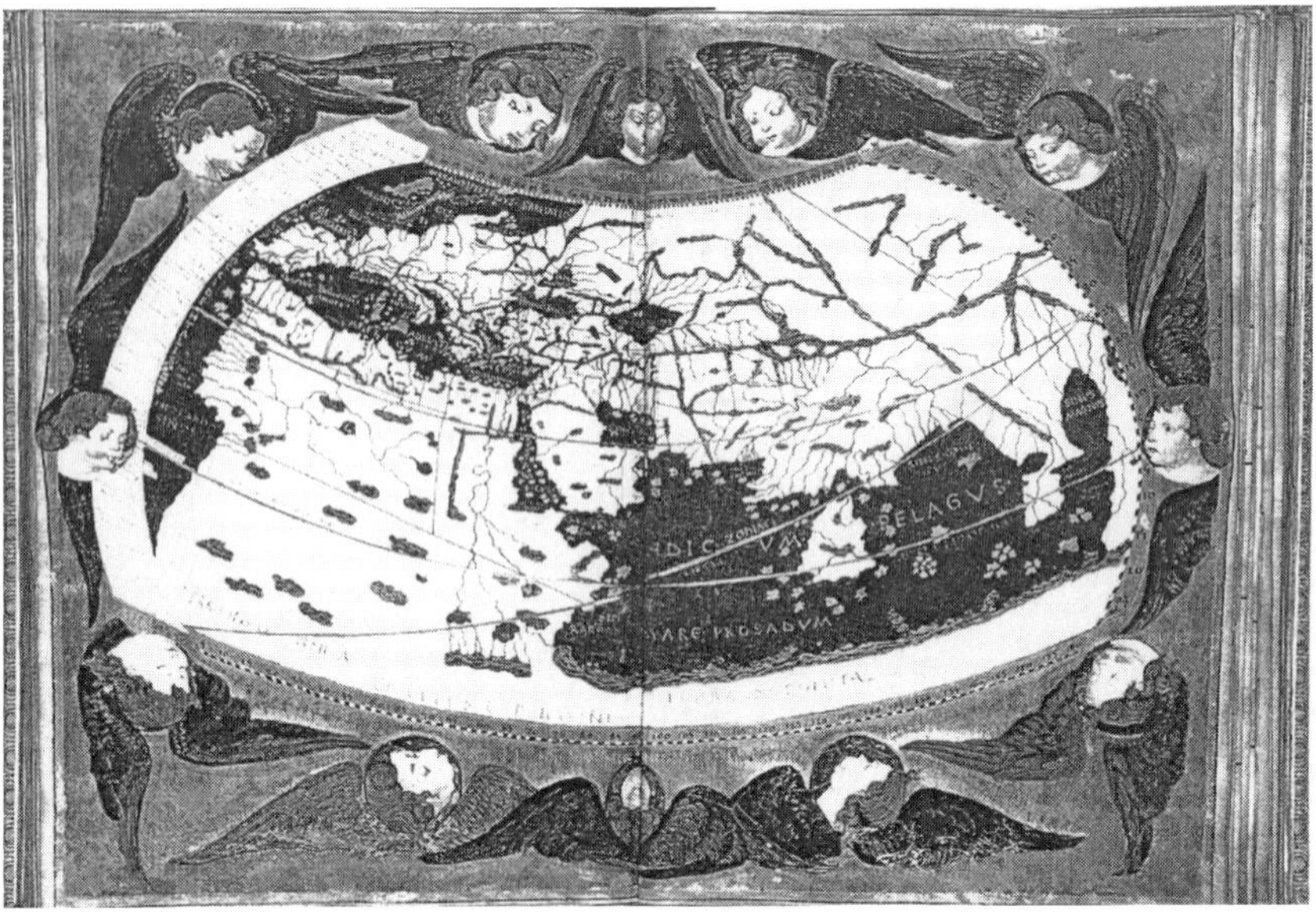

図2−1　プトレマイオス図（フィレンツェ版　1460年代後半）

『地理学』には世界図が収載されていたと考えられるが、原図は亡失し、現存するのは写本によって伝わったものだけである。それらの写本も中世ヨーロッパでは忘れ去られ、プトレマイオス『地理学』はビザンツ帝国とイスラーム世界で転写されてきた。同書がビザンツ帝国から将来されて、一五世紀後半にヨーロッパで復活する。それが、大航海時代を切り拓いていく世界に関する有力な参照系となった。参照系という意味は、図2−1からも指摘できる。同図で経度ゼロ線を確認すると、その線はイベリア半島の直近を走っている。また同図が東端に描く経線は一八〇線で、アジア大陸はその線を越えて東方の図外にまで延伸していることになる。その東端は不明であるが、地球が球体とすれば、イベリア半島からの西航ルートの方がアジア東端に近いことになる。コロン（コロンブス）は、地球球体説にしたがってイベリア半島から西航して、インドへの到達を目指したことで知られる。彼はプトレマイオス図を所有し、それに書き込みを行うほど参考としていたので、このような西航ルートの利点を同図からも認識していたであろう。

以後、プトレマイオス『地理学』は、ヨーロッパ各地で版行がくり返され、大航海時代がほぼ終焉する一六世紀末までをとっても、その版数は計三七を数える（Tooley, 1961, pp. 6–7）。図2−1に、そのうちの一四六〇年代後半の刊行になるフィレンツェ版が収載する世界図を掲げた。

(1) プトレマイオス図の近代性と古代性

プトレマイオス図は、西洋古代に作成された。しかし、図2－1にみるように、同図には古代性だけでなく、近代性ともよびうる要素も多い。それらは、つぎのような特質である。

(1) 古代・中世に各地で作成された世界図は、ほぼ依拠する世界観にもとづく世界描出であった(応地、二〇〇七、四二頁)。しかしプトレマイオス図は、特定の世界観とは無縁という希有な特質をもつ。

(2) 地球は平面とする地球円板説が常識であった時代に、地球球体説に立って世界を描出している。

(3) 球体である地球を平面上に地図化するために擬円錐図法を考案すると同時に、史上はじめて経線と緯線を考案して位置を確定した。経緯線の基準を、緯線については赤道、経線についてはアフリカ西方の大西洋上の幸福諸島(カナリア諸島)最西端のフェロ島を通る子午線に設定した。この設定は、一五世紀の復活以後も長く踏襲された。たとえば近世日本で世界図の作成が再出発した際、最も大きな影響を与えたのは、マテオ・リッチが一六〇二年(万暦三〇)に北京で印行した「坤《こん》輿《よ》万国全図」であった。同図も、緯線の基準線を赤道に、また経線の基準線をカナリア諸島にあたる「福島」を通過する経線に設定していた。

(4) 彼は、「既知の世界」のみを描出した。この場合、「既知」とは経緯度によって位置を確定できるという意味である。そのうえで、緯度に関しては南緯一六度から北緯六三度まで、経度に関しては一八〇度までの範域を「既知の世界」として世界図を作成した。

これらの近代性の一方で、当然、プトレマイオス図には多くの古代的な特質がある。しかしここでは、その代表例としてインド洋の描出のみを取り上げたい。現代では、インド洋は、東方はマレー半島や大スンダ列島の間に介在する諸海峡によって太平洋と連結し、また南方は南極海にむけて大きく開いた大洋として認識されている。しかしプトレマイオス図は、インド洋を陸地で囲まれた巨大な内海として描く。その陸封は、前記の近代的特質とのギャップをいっそう感じさせる。

（2）プトレマイオス図と東方認識のグラデーション

では、「なぜ、プトレマイオスはインド洋を陸封された内海として描出したのか」。この問題に対して、そこには根拠があったはずという前提から出発したい。まず、インド洋の陸封を、四至から検討する。インド洋が、北はアジア、西はアフリカの両大陸によって画されているのは、当時も自明であったであろう。問題は、南と東の陸封である。

南方については、彼は、『地理書』の本文で、エチオピアから南東端まで連続する陸域によってインド洋が陸封されていると述べている（プトレマイオス、一九八六、一二五頁）。一四七〇年以前に作成されたナポリ国立図書館所蔵のプトレマイオス図では、その陸域に「未知の大陸」と記入している。のちに「未知の南方大陸（テラ・アウストラリス・インコグニタ）」あるいはメガラニアの名で定着する仮想大陸の原型である。ちなみにオーストラリアの名は、このうちの「南方」を意味するアウストラリスに由来する。前述したマテオ・リッチの「坤輿万国全図」とそれを継受した近世日本の世界図も、幕末に至るまでメガラニカ（墨瓦臘尼加）大陸を描きつづけた。

プトレマイオスがインド洋の南方に「未知の大陸」が連続しているとした背後には、古代ギリシア以来の空間感覚があったと考える。それは、調和を相称性にもとめ、相称性をもとに調和ある世界を構想する感覚である。ヘロドトス『歴史』から一例のみを引くと、彼は、巻Ⅱでイストロス（ドナウ）川とナイル川について、両者を南北相称の流路と河口をもつ川として語っている（ヘロドトス、一九七一、一八二～一八三頁）。相称性をもとに世界を構想する感覚は、インド洋の北方に東西につらなるアジア大陸があるとすれば、当然、南方にも東西走する大陸の存在を想定させる。それが、プトレマイオス図での南方大陸描出の背後にある空間感覚・認識であろう。

つぎに、東方の陸封について考えたい。プトレマイオスの時代には、インド洋とりわけその西部海域にあたるアラビア海一帯はエリュトゥラー海とよばれ、活発な交易の海となっていた。それを支えていたのが、夏のインド洋を吹きわたる「ヒッパルコスの風」つまり南西モンスーンであった。交易活動は、利益とともに、東方世界に関する地理的知識・情報をもたらしたであろう。もちろんその知識・情報の精度は、東方への距離が増大していくにつれて低減していった。その関係は、プトレマイオス図からも明瞭によみとれる。

アレクサンドリアを起点として東方世界をみると、近くの紅海やアラビア半島の描出は実状に近い。しかしペルシア湾あたりでは次第に実状から離れていき、さらに東方のインド亜大陸になると、もはや北方からインド洋に打ちこまれた逆三角形の見なれた半島ではなく、やや屈曲をみせる東西方向の海岸線とその南に浮かぶ巨島で表現されている。巨島は彼が世界最大の島嶼とするタプロバナで、スリランカ島にあたると考えられている。

大陸側のインドは、西はインダス川、東はガンゲス（ガンガー）川で両端を画されている。インダス川を越えて東方にむかうと、記入地名も少なくなっていく。プトレマイオスは、ガンゲス川を境にして、西方を「ガンゲス川から内側のインド」、東方を「ガンゲス川から外側のインド」と記入する。のちに大航海時代をつうじてヨーロッパのアジア認識が東進していくにつれて、プトレマイオス図にならって、ガンガー川を境界として西方を「前方インド」、東方を「後方インド」とする大区分が成立していく。

「ガンゲス川から外側のインド」は、ほぼ東南アジアにあたる。プトレマイオス図は、その東部に「黄金半島」との名の巨大な半島を描く。その名称は、「地の果てに黄金の産出地がある」との古代ギリシア以来の伝承にもとづくものであろう。プトレマイオスも、同半島南方のイアバディウ島が夥しい金を産すると述べる（プトレマイオス、一九八六、一二三頁）。さらに東端には、北にセリカ（「絹の国」）、南にシナルムの地名が記入されている。ともに、古代ローマ時代の中国の呼称である。

このようにプトレマイオス図のアジア描出は、アレクサンドリアから東方へと向かうにつれて現実との対応性が低減していく。そして現在の南アジアに至ると、その対応関係は「似て非なる」状態となる。さらにそこから東方の「ガンゲス川から外側のインド」になると、もはや現実との対応関係はゼロといってよい。プトレマイオス図の地理的認識は、南アジア西部をもって東限としていたといいうる。

このことは、プトレマイオスと同時代の『エリュトゥラー海案内記』からも確認できる。同書は、一世紀後半頃にエジプトを拠点としていたギリシア人の交易商人によって著されたとされ、インド洋の航路・港湾・港市・交易・特産品などに関する案内記である。同書での南アジア記載に注目すると、最も多くまた詳しく語られているのはバリュガザである（蔀、一九九七、二一〇～二一三頁）。バリュガザは、古代インドの史料でバールカッチャの名でよばれた港市に比定され、ナルマダー川河口に位置するバルーチにあたる。

『エリュトゥラー海案内記』は、バリュガザからインド半島西岸にそって南下し、そこに位置する港市群を列挙する。その最終部でムージリスの名をあげ、アリーアケー（北西インド）やギリシアから来航する船で繁栄していると述べる（蔀、一九九七、二四頁）。ムージリスは、マラバール海岸の北緯一〇度付近に位置するペリヤール川北岸のコドゥンガルールに比定されている。その繁栄は、古代タミル語の詩でも「金貨を積んだローマの船がペリヤール川の水を泡立てて入港し、胡椒を積んで出港する。ムジリは賑やかだ」（辛島昇訳）（辛島、二〇〇七、五六～五七頁）と詠われている。

『エリュトゥラー海案内記』は、ムージリス周辺の港市の交易品を列挙したのち、インド半島最南端のコモレイ（コモリン岬）についてふれる。しかしその記載は、きわめて簡略となる。このことは、当時の地中海世界からの交易商人の進出空間が、インド半島最南端のカニヤー・クマリ（コモリン岬）を東限としていたことを意味していよう。それ以東の地方については、ガンゲス川やプトレマイオス図の黄金半島にあたるクリューセーの名をあげ、クリューセーの彼方は近づきがたく未踏査の地帯だと述べて終わっている。

以上の『エリュトゥラー海案内記』とプトレマイオス図の東方の記載・描出とを対照させると、最も大きな相違は黄金半島以東の地帯の扱いにある。『エリュトゥラー海案内記』はそこを未踏査としているが、プトレマイオス図はそこに北方と南方の両大陸をむすぶ陸地を描き、それによってインド洋を陸封していることである。『エリュトゥラー海案内記』は現実の交易・航海情報にもとづく記載であることを考慮すると、プトレマイオス図の陸封海岸線の描出は単なる想像によるものとみなすこともできる。しかし私は、そうは考えない。彼の描出には、根拠とするものがあったと考えるからである。

（3）中国史料からインド洋の陸封を推理する

その根拠となりうる史料が、中国に存在する。それは、プトレマイオスとほぼ同時代の一世紀に著された『漢書』「地理志」「粤《えつ》地」条の記事で、海南島対岸の雷州半島の徐聞と合浦を出て、南にむかって海路と陸路で進み、最終的には已程不国に至るまでの行程を語ったものである。記事が述べる海路と陸路の別と所要日数とに注目して、その行程を要約・整理すると、〈徐聞・合浦—（海路五カ月）—都元国—（海路四カ月）—邑盧没国—（海路二〇日）—諶離国—（陸路一〇日）—夫甘都盧国—（海路二カ月以上）—黄支国—（その南方）—巳程不国〉となる（班固、一九八八、三〇六～三〇七頁）。ここで列挙されている国々は、黄支国をのぞいて、他は判読も比定も困難である。黄支国は、インド半島南東岸のチェンナイ（マドラス）南西方に位置するカーンチー（カーンチープラム）にあたる。

注目されるのは、海路ばかりの行程の中で、傍線で示したように一カ所だけ陸路の記載があること、しかもその日数は一〇日と非常に短いことだ。これに注目していえば、この記事は、中国南部から海路で南行して、インドシナ半島の最南端で西方に転じてマレー半島に達したのち、狭いクラ地峡付近を陸路一〇日で横断してから再び海路でベンガル湾を西行し、カーンチーさらに南方の巳程不国に達する行程を語っているとしか考えられない。

この想定を補強するのが、当時の南アジアから東方への交易ルートである。『漢書』と同時代の紀元一世紀頃をとると、ベンガル湾と南シナ海とをむすぶ幹線交易ルートは、現在のようにマラッカ海峡を経由する海路ではなく、マレー半島最狭部のクラ地峡を陸路で横断してからタイ湾を東行するのが一般的であった。東南アジア考古学の研究者は、これをタイ湾ルートとよんでいる（横倉、一九九七、二六二～二六三頁）。このルートは、『漢書』も記載するように、クラ地峡での陸路への積み替えと山越えという面倒な陸行を含んでいる。現在、距離的には遠路となるマラッカ海峡経由が一般的なルートとなっているのは、その面倒を避けるためである。

では、なぜ陸行をふくむタイ湾ルートが採用されていたのだろうか。それは、マラッカ海峡が自然と人為の両面で海の難所であったことによろう。同海峡は、赤道直下に位置する。赤道周辺は、一年をつうじて高温下にあるため上昇気流が発生し、低圧帯を形成する。また、そこは赤道無風帯とよばれる無風地帯である。そのためマラッカ海峡は、風のみに依存する帆船にとっては通過困難な難所であった。しかし海賊にとっては、絶好の襲撃場所であった。しかも熱帯降雨林に覆われた海峡両岸は、彼らに絶好の隠れ場を提供した。

マレー半島を陸路で横断するタイ湾ルートが採用されたのは、通過困難かつ海賊跋扈のマラッカ海峡を避けるためであった。たとえば当時の重要商品であったインドからのメノウ製ビーズが、マラッカ海峡周辺ではなく、クラ地峡からタイ湾北

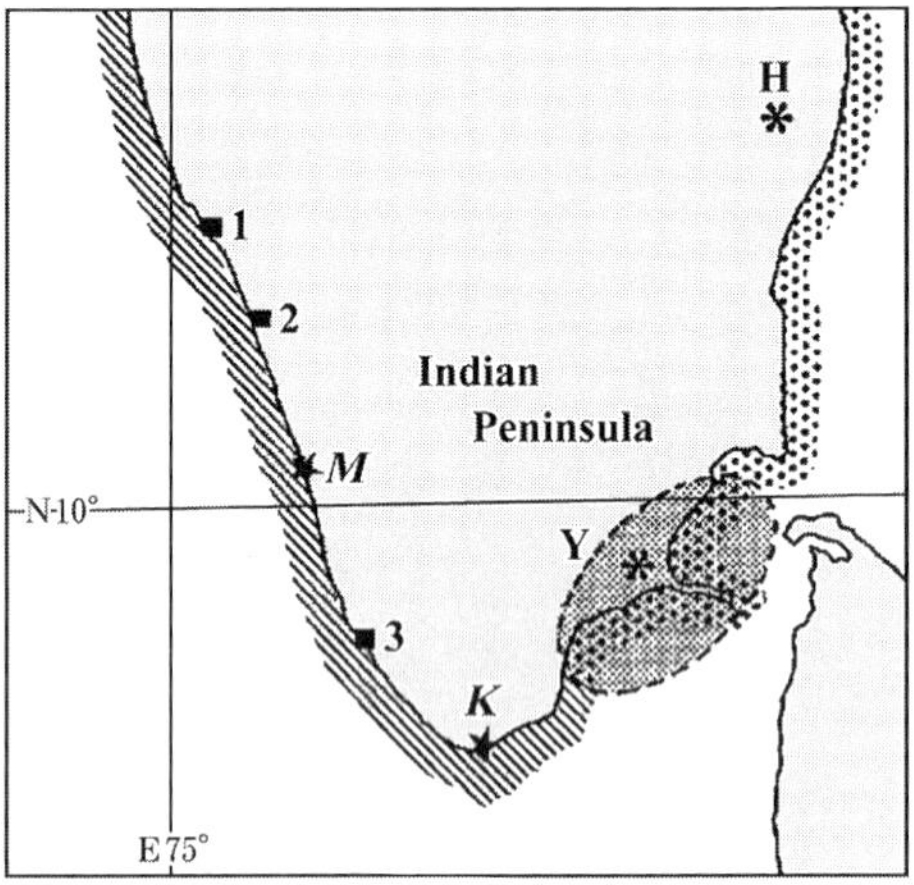

図2－2　インド半島南端部におけるギリシア商人と中国商人の交流状況――1世紀前後

ギリシア商人の交易範域
中国商人の交易範域

★『エリュトゥラー海案内記』（1世紀）に記載の港市
★*M* ムージリス
★*K* コモレイ（現カニヤー・クマリ）

✻『漢書』（1世紀）記載の国名
✻ **H** 黄支國
Y 巳程不國

■ 14世紀中期における中国ジャンク船の進出西限――イブン・バットゥータによる
■ **1**　カールクー（カリカット）
■ **2**　ヒーリー
■ **3**　カウラム（クィロン）

出典：筆者作成。

岸、ベトナム沿岸一帯で発見されるのは、タイ湾ルートが幹線交易路であったことを物語る。マラッカ海峡が幹線ルートとして登場するのは、はるか後の七世紀になって、同海峡の両岸を支配領域とするヒンドゥー国家スリヴィジャヤ帝国の成立を待たなければならなかった。その成立によってマラッカ海峡の治安が確立し、航行の安全が確保されるようになったからである。

『漢書』の記事に帰ると、同書は、黄支国の南方に巳程不国があり、そこで訳使が引き返すとする。この記載も興味ぶかい。同国はカーンチーの南方とされているので、その位置はインド半島南端部となろう。そこで訳使＝通訳が引き返すということは、巳程不国が中国語の通用範域つまり中国人の活動領域の西限であったことを意味する。

さきに『エリュトゥラー海案内記』をもとに、ギリシア人をはじめとする西方商人の活動空間が同岬付近を東限としていたことを示した。とすると、すでに紀元一世紀頃には、インド半島南端部が、西方からのギリシア人と東方からの中国人の交易商人の進出限界であり、そこが両者の接触・交渉帯であったことを推量させる。この「東と西に分かち、かつ東と西を結ぶ」というインド半島南端部の役割は、以後、大航海時代の到来まで持続していく。たとえば一三四七年にイブン・バットゥータは、コモリン岬を西へと回りこんだカウラム（クィロン）で、中国のジャンク船からアラブのダウ船に乗り換えている。

当然、そこでは、東と西から来訪した交易・航海者のあいだで、商業事情をはじめとする各種の情報交換がなされたであろう。その中には、ともに関心を共有しあうインド半島南端部までの行程を含む航海事情なども含まれていたと考えうる。中国からの交易商人によって、マレー半島横断の陸行をともなうタイ湾ルートがギリシア人商人に伝えられたとすると、それは、『エリュトゥラー海案内記』が未踏査とする東方世界に関する重要な地理情報となったであろう。その伝聞をもとに陸行を余儀なくされるマレー半島で海域が尽きて、インド洋がそこで封閉されているとの地理的認識が西方世界で形成されたとしても不思議ではない。プトレマイオス図でのインド洋東端の陸封の背後には、中国人からのタイ湾ルートの情報の受容を想定できる。交易によってインド洋海域の東と西がむすばれ、東方についての最新情報が得られるようになって、皮肉なことに、プトレマイオス図でインド洋が陸封されることになったと考えうる。

2　古今華夷区域摠要図——中国王権思想の正統図

プトレマイオス図の近代性として、古代また中世に各地で作成された世界図の中で、例外的に自己の世界観から解放されて世界を描いていることを指摘した。ここで、逆に自己の世界観に忠実な世界図を取り上げることにしたい。事例とするのは図2－3として掲げた「古今華夷区域摠要図」で、税安礼の編撰になる『歴代地理指掌図』（税、一九八九）の巻頭を飾る地図である。同書は、南宋・紹興年間前半（一一四〇年頃）に印行つまり印刷・刊行された現存最古の歴史地図帳とされる（盧、一九八四、八三頁）。また地図の印行は中国で始まり、その時期は同書とおなじ紹興年間とされる。古今華夷区域摠要図は、現存する世界最古の印行世界図という記念碑的意味をもつ地図でもある。

（1）　中国的世界観——「天円地方」・「華夷両分」

古今華夷区域摠要図が表現する世界観は、宗教的な世界観ではなく、中国王権思想がもつ世界観である。まず「天円地

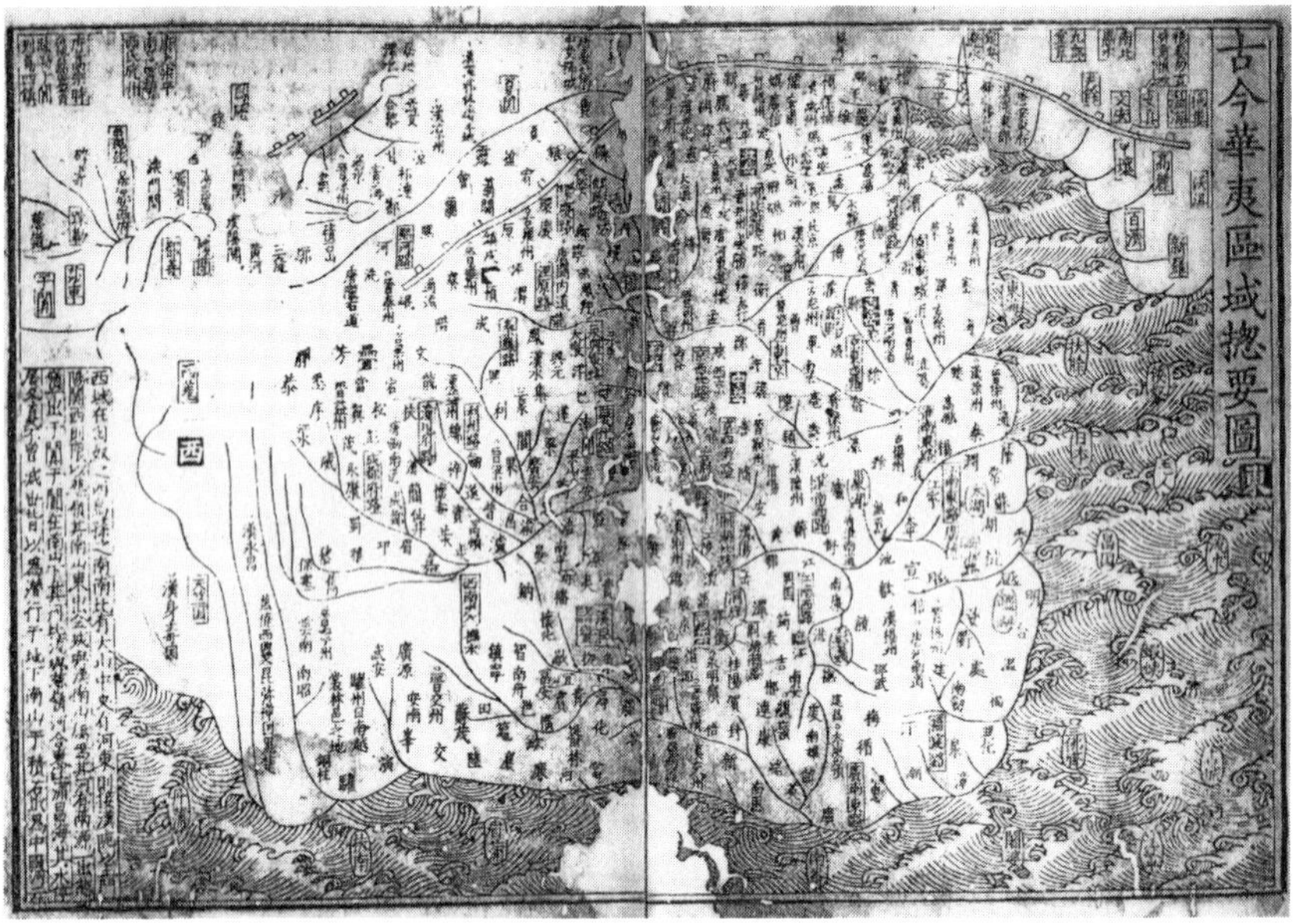

図2－3　古今華夷区域摠要図

出典：税安礼『宋本歴代地理指掌図』による。

方」という中国的世界認識を基本構図として世界を描き、その内部を中国独自の中華思想＝華夷区分をもとに、〈華＝文明〉と〈夷＝野蛮〉に両分する。これらの点を中心にして、古今華夷区域摠要図を読解することにしたい。

① 「天円地方」

古今華夷区域摠要図は、北を上にして作図されている。その背後には、もちろん磁石は中国の発明ということがあろう。しかし北を上とするのは、「天子南面」つまり天子は面（顔）を南にむけて北に立つという中国王権思想の方位観の表現であった。磁石は、天子が南を指し示す「指南」の用具なのである。

古今華夷区域摠要図は、ほぼ長方形の陸域とその東と南に海域を描く。陸域の多くは中国にあてられ、その周辺に朝鮮半島などの中国以外の地域が付属するように配されている。この基本的な構図そのものが、中国的世界観を表徴する。同世界観では、世界は「天」と「地」からなり、両者は「天円地方」つまり「天は円形、地は方形」の関係でむすばれているとする。

「地は方形」とする背景には、漢族世界の形態に関する空間的認識が存在すると考える。このことは、現在の中国の国土図からは理解しにくい。というのは、中華人民共和国は、一七〜一八世紀にモンゴル・シンチャン・チベットなどを併合して大拡張をとげた大清帝国の領域を継承して、自国の領域としているからである。それらをのぞいて漢族の本貫地だけをとると、その形態はタテ長・長方形にちかい。漢族の間で「国土の形態は長方形」という認識が成立するのと並行して、世界観が「天円地方」として整理されていったのであろう。

半球状の「天円」の最高所にあたる天頂を、天極とよぶ。天極は「天の中心」で、天を治める天帝の居所とされる。天極からは「地の中心」にむかって宇宙軸が走り、それを伝って天の霊力（エネルギー）が地に達する。「地の中心」に立って、天の霊力と天命とをうけとめて地に君臨するのが、「天帝の子」＝天子である。逆にいえば、天子の立つところが「地の中心」で、そこに天子が居所＝王都を構えている。

古今華夷区域摠要図も、方形の地のほぼ中央に、長方形で囲んで「東京」と記入する。「東京」は、その西方の「西京」とよばれた洛陽に対する地名で、北宋の王都であった開封を指す。現実の開封の位置は、漢族の居住地帯の中央ではなく北方に偏倚しているが、同図は「東京」を「地の中心」に記入している。その背後には、「天円と地方」、「天帝と天子」、「天の中心と地の中心」、「天と地の二つの中心を結ぶ宇宙軸」という〈天―地〉の二項対位的呼応という中国的世界観がある。

②「華夷両分」

「地の中心」に達した天の霊力は、そこに立つ天子の徳とむすびついて、そこから地の四方へと拡散していく。そのエネルギーは「地の中心」で最も高く、王都は、天の霊力と天子の徳が最も充満した場所である。霊力と徳は周辺へと拡散していくにつれて次第に低減していき、ついにはゼロとなる。そのゼロ地点が「華」と「夷」を分ける境界で、「地方」とおなじく四角形で示される。その境界内の〈天の霊力＝天子の徳〉のおよぶ範域が「華」つまり文明世界、そこから外方の地の果てまでが「夷」つまり野蛮世界である。古今華夷区域摠要図とは、このようにして識別された「華と夷の区域を古今にわたって総括した図」という意味となる。

(2) 「華」の世界——山岳による天との交響と聖化

中国の王朝樹立者は、たんに武力によって天下を平定したのではなく、天なる天帝の命を受けて王朝を樹立したとされる。天命の受命者であるがゆえに、王朝の樹立に成功した者は〈天子＝天帝の子〉とよばれる。歴代の王朝樹立者は、天命によって王朝を樹立したことを天帝に報告し、王朝の安泰と持続を祈願する国家儀礼をおこなった。その場が、山岳であった。山岳は、中国的世界観においては重要な意味をもつ存在であった。この点を中心として、古今華夷区域摠要図における「華」の世界の描出を読解したい。

古今華夷区域摠要図は、〈地の中心＝東京〉西方の直近位置に「中岳」を記入する。そして「中岳」を中央にして、距離はたがいに相違するが、四方位に「東岳」・「南岳」・「西岳」・「北岳」を記入する。これらの五つの山岳は、五行思想にしたがって東南中西北の順に配されたもので、あわせて「五岳」とよばれる。「東岳」は泰山、「南岳」は衡山、「中岳」は嵩《すう》山、「西岳」は華山、「北岳」は恒（常）山にあたる。同図は、五岳の名称を黒の短冊地に白抜き太字で記載する。同図がこの書式で記入しているのは五岳と四方位のみで、他の地名や注記がすべて白地に黒細字なのとは対照的である。その特異な表記は、四方位とならんで五岳を強調するためであろう。では、なぜ五岳が強調的に記入されているのか。

中国的世界観の基本理念の一つは、〈天円―地方〉また〈天の天帝―地の天子〉などによって示される天と地の呼応にある。五岳はいずれも天と地をむすぶ霊山とされ、天を祭る祭天の儀式が挙行された。五行思想では東南中西北は、太陽と季節のめぐりと対応している。東は春、南は夏、西は秋、北は冬である。中は夏の土用（立秋の一八日前）にあたる。これにしたがって、東岳＝泰山では立春、南岳＝衡山では立夏、中岳＝嵩山では夏の土用、西岳＝華山では立秋、北岳＝恒山では立冬に、それぞれ祭天の儀式がとり行われた。五岳での祭天の儀式は、天への祈願とともに、地を聖化する祭儀であった。

五岳の中でも「東岳」の泰山（標高一五四五メートル）は、天に通じる最も聖なる山岳として尊崇された。中国史上はじめて統一王朝を樹立した始皇帝も、天命をうけて王朝の樹立を成就したことを天に報告し、王朝の安泰を祈願するための儀式つまり封禅の儀を泰山で挙祭した。これにならって、以後、前漢・後漢・唐・北宋の各王朝は、泰山の山頂と山麓で封禅の儀式を挙行した（シャヴァンヌ、二〇〇一、二〇～二一頁）。「東岳」の泰山を最聖の霊山とする思想は、中国の民族宗教である道教の神仙思想にもとづく。道教では東方の海中に神仙境＝三神山があるとされ、東は、他の三方位よりも重視されたからである。

もちろん古今華夷区域捴要図は、山岳だけでなく、揚子江をはじめとする多くの川も描いている。本文の説明では「河は崑崙《こんろん》山に出て」（税、一九八九、九頁）と記し、諸川が崑崙山を水源として流出することを述べる。道教の神仙思想では、東方と西方のかなたに神仙の住む神域があるとされる。その西方の神仙境が崑崙山で、そこは西王母の住地とされてきた。東方の神仙境は前記の三神山で、そこは東王父の住地とされる。中国的世界観では、「華」の世界の河川は西の崑崙山を源流域として東流し、東の神仙境がある「東海」に注ぐとされる。川は東と西の二つの神仙境をつなぐものではあっても、川自体を聖なる存在とする思想は中国にはなかった。「華」の世界を聖化するのは、あくまでも五岳に象徴される山なのである。この点は、川を聖なるものとする南アジアまた東南アジアとの大きな相違である（Bhardwaj, 1973, p. 87）。

（3）「夷」の世界——朝貢による「夷」の弁別

「地の中心」に立つ天子が四方にむけて発する霊力＝徳は次第に低減していき、ついにはゼロと化す。その地点で「華の世界」が尽きて、「夷の世界」へと移行する。しかしそれはあくまでも理念上の境界であって、現実への適用は困難である。では、どのようにして「華」と「夷」が区別されたのだろうか。その区分原理を窺わせる手がかりが、古今華夷区域捴要図が中央南部に記入する「渓洞諸蛮」にある。本文では、「渓洞蛮」として「本朝の建隆以来、渓洞諸蛮は内属を請い、皆、命じて刺史となす」（税、一九八九、九頁）、つまり「（北宋の最初の年号である）建隆年間（九六〇～九六二年）以来、渓洞諸蛮は天子の徳を慕って服属したので、（「夷」から「華」に編入して）地方の下級官僚に任命した」と説明する。

この説明にみられるように、「華」と「夷」の区分またその境界は固定したものではなく、「華」と「夷」の力関係によって変動する性格のものであった。おなじ集団が、天子に服属するときには「華」、反抗するときには「夷」に分類される。「夷」の天子への服属を示す儀式が、朝貢であった。朝貢は、「夷」の側からの「天子の徳を慕う慕徳」の深さ、天子の側からの「天子の徳つまり天徳」の大きさを互いに承認しあう政事行為であり、「華」と「夷」とを弁別する重要な基準であった。

朝貢を鍵概念として、古今華夷区域摠要図の東方海中つまり東夷の描出について検討する。そこには「東海」のほかに、細線で小判形に囲って七つの名称が記載されている。それらは、扶餘《ふよ》（夫余）・日本・昌国・琉求の地名と倭奴・毛人・蝦《か》蛦《い》の集団名からなっている。扶餘は「東海」海中の国ではないが、中国北東部から朝鮮半島北部に所在した国名である。昌国は、現在の浙江省東方の海中にある舟山列島を含む一帯にあたる。琉求は、もちろん琉球である。興味ぶかいのは、これらの扶餘・昌国・琉求の三地名を除く残りの四つは、すべて日本からの情報をもとに記載されていることである。

まず「倭奴」は「倭人」と同義であって、『後漢書』「東夷伝」の光武紀に「建武中元二年（五六）に、倭奴が貢を奉じて朝賀」（石原、一九八九a、一二〇頁）つまり朝貢したとの記事がある。倭は「背中が大きく曲がった背の低い人間」という意味の蔑称なので、七〇三年に遣唐使として則天武后に謁見した粟田真人は、倭国ではなく「日本国の使なり」（『続日本紀』慶雲元年七月朔条）と名のった。七三四年に長安で客死した井真成の墓誌には「国号日本」と刻されているので、この頃には倭にかわって日本という名称が唐王朝でも認知されていたと考えうる。『旧唐書』は、倭国と日本国を並記して「倭国日本国伝」としたうえで、「倭国は古《いにしえ》の倭奴国なり……日本国は倭国の別種なり」と述べ、その四至について「東界北界は大山ありて限りをなし、山外は即ち毛人の国なり」（石原、一九八九b、一二九〜一三〇頁）と記載している。さらに「蝦蛦」についても、『新唐書』は「日本使者、蝦蛦人とともに朝す。蝦蛦は海島中に居す」（『新唐書』、東夷伝倭国日本条）との記事を載せる。

このように古今華夷区域摠要図は、「東海」中の「夷の世界」の描出にあたって、日本を重要な情報源としていた。それには、『歴代地理指掌図』が本文で「東夷は海中の国、……、本朝に至る者は日本国」（税、一九八九、九頁）と述べているように、日本が「東海」海中の唯一の朝貢国であったことが大きく働いていよう。

つぎに、古今華夷区域摠要図が描く南方海中について検討する。図の欠損部分の右には「南番」と記入されていて、そこが南方の「夷」の世界であることを示す。その右方には、ヴェトナム中部のチャンパにあたる「占城」、南インドのチョーラ朝にあたる「注輦」、マラッカ海峡をはさむスリヴィジャヤにあたる「三仏斉」、ジャワにあたる「闍婆」が、また左方に

「眉蒲」、カンボジア南部の「扶南」・「丹蒲」の計七地名が記入されている。これらのうち、「眉蒲」と「丹蒲」については不明とせざるを得ないが、残る五つは、付記した所在場所が示すように、南シナ海からベンガル湾を経てインド南部へと至る海域世界の国々である。その記載の背後には、これらの一帯が宋代中国と活発な海上交通でむすばれ、それによる地理的情報の蓄積があった。しかし南インドの「注輦」がベトナム中部の「占城」近傍に記入されているように、その配置は現実の地理的な位置を反映していない。

『歴代地理指掌図』本文での「海南国」の説明（税、一九八九、九頁）と古今華夷区域摠要図での描出とを対照すると、「南番」に関する興味ぶかい事実が浮上してくる。説明では、図に記入された七国以外の国々も「海南国」として列挙されている。たとえば、訶陵や黄支などである。黄支は、プトレマイオス図の読解でふれたカーンチーにあたる。しかし黄支また訶陵も、ともに同図には記入されていない。古今華夷区域摠要図は、すべての「夷」の国ではなく、記載すべき国を選別してそれのみを登載しているのである。その選別基準は、本文の解説でいう「本朝通貢の者」つまり中国との朝貢関係の有無にあった。朝貢を基準として、天子さらには「華」によって「夷」の国々が選別され、記入されているのである。

北方の長城周辺でも、「遼水」より東方には「夷」に属する多くの国名や民族名が記入されている。そのうちの「渤海」・「契丹」・「百済」などは、この図の作成時にはすでに滅亡していた。本文の解説は、後に金や清を建国した「女真」、また「文安」と「高麗」が「本朝建隆以来、……内属を請う」と、「渓洞諸蛮」の場合と同様の説明をしている。ここでも、同時代の国名に関しては、宋王朝に服属し朝貢関係にあるもののみが記載されている。

3　イドリースィー図と古今華夷区域摠要図——地図情報の東西交流

古今華夷区域摠要図が印行された一二世紀中期から一四世紀にかけて、ユーラシア各地でそれぞれの地域を代表する中世世界図が作成される。イスラーム世界のイドリースィー図（一一五四年）、キリスト教世界のイングランド西部で作成されたヘレフォード図（一三〇〇年頃）、日本の法隆寺蔵・五天竺図（一三六四年書写）などである。これらの四図の描出範囲を比較すると、古今華夷区域摠要図と五天竺図が東アジアから南アジア西部まで、またヘレフォード図がヨーロッパから南アジア西北部までとなる。これらに対してイドリースィー図は、北アフリカとユーラシアの全域、つまりアフリカとヨーロッパの西端からアジア東端の中国までを対象としている。ほぼ同時代にユーラシアの東西両端で作成された三つの世界図が対象とした範域を合わせたものが、イドリースィー図の描出範域ということになる。この点でも、イドリースィー図の世界性があきらかである。

（1）一二世紀シチリア王国——イドリースィー図の故地

イドリースィー図は、中世イスラーム世界を代表する世界図である。しかしその作成場所は、イスラーム文明の中心地帯である西アジアではなくて、地中海中部のシチリア島であった。同島は、イタリア半島南端部と一体となって、地中海海域世界を東と西に分節すると同時に、両者を結節するという重要な戦略的位置を占めていた。その重要性は、前述したインド洋海域世界においてインド半島南端部が果たしてきた役割に比定できる。

そのゆえに、シチリア島は歴史をつうじて諸勢力の争奪の的となってきた。中世以降にかぎっても、ビザンツ帝国ついでイスラーム勢力のアグラブ王朝、さらに一一世紀後半にはノルマン・シチリア王国がここを領有した。当時のシチリア島は、歴史を反映して、カトリック（ノルマン）、イスラーム（アラブ）、ギリシア正教（ビザンティン）の三つの宗教・文化が共存しあう複合的な社会を実現していた。言語のうえでも、それぞれがラテン語、アラビア語、ギリシア語を文章語とするという多言語状況であった（高山、一九九五、三九〜五九頁）。

イドリースィー図の作成を領導したのは、同王国の初代国王ルッジェーロ（ロゲリウス）二世（在位一〇九五〜一一五四）であった。同王は、一一三八年にイドリースィーを招聘するとともに、宗教や民族の別なく学者や旅行経験者を集めて、一五年間にわたって徹底した情報の収集と検討をもとに世界図の作成を推進した。その中心にいたのが、イドリースィーであった。私は、後述する根拠から、情報収集過程で中国に関する最新の地図情報として、古今華夷区域摠要図を収載する『歴代地理指掌図』がシチリア島に将来されていたと推量する。

地図は、一一五四年に完成した。それは、長さ約三五〇センチメートル、幅およそ一五〇センチメートル、重量一三四キログラムの純銀の銀板に刻まれていたという（Tibbetts, 1992, p. 159）。準備・作成期間の長さ、銀板の巨大さ、さらにシチリア王国の国際性などから考えて、それは詳細をきわめた世界図であったであろう。しかし完成年にルッジェーロ二世が逝去し、銀板図も同王の死後まもなく破壊されてしまう。

ルッジェーロ二世は、銀板世界図の完成にさきだって、その内容を説明するための書物の作成をイドリースィーに命じた。その著は『世界各地をふかく知ることを望む者の慰みの書』と題され、世界図と同時に完成した。この場合にみられるように、地図とそれに関わる書物の作成、いいかえれば「地図は書物とともにある」というのがイスラーム文明での地図のあり方であった（Karamustafa, 1992, p.5）。そのためイドリースィー図の原図は失われてしまったが、アラビア語写本をつうじて、今日も彼の世界図を知ることができる。図2－4には、一四五六年にカイロで手写された写図を掲げた。

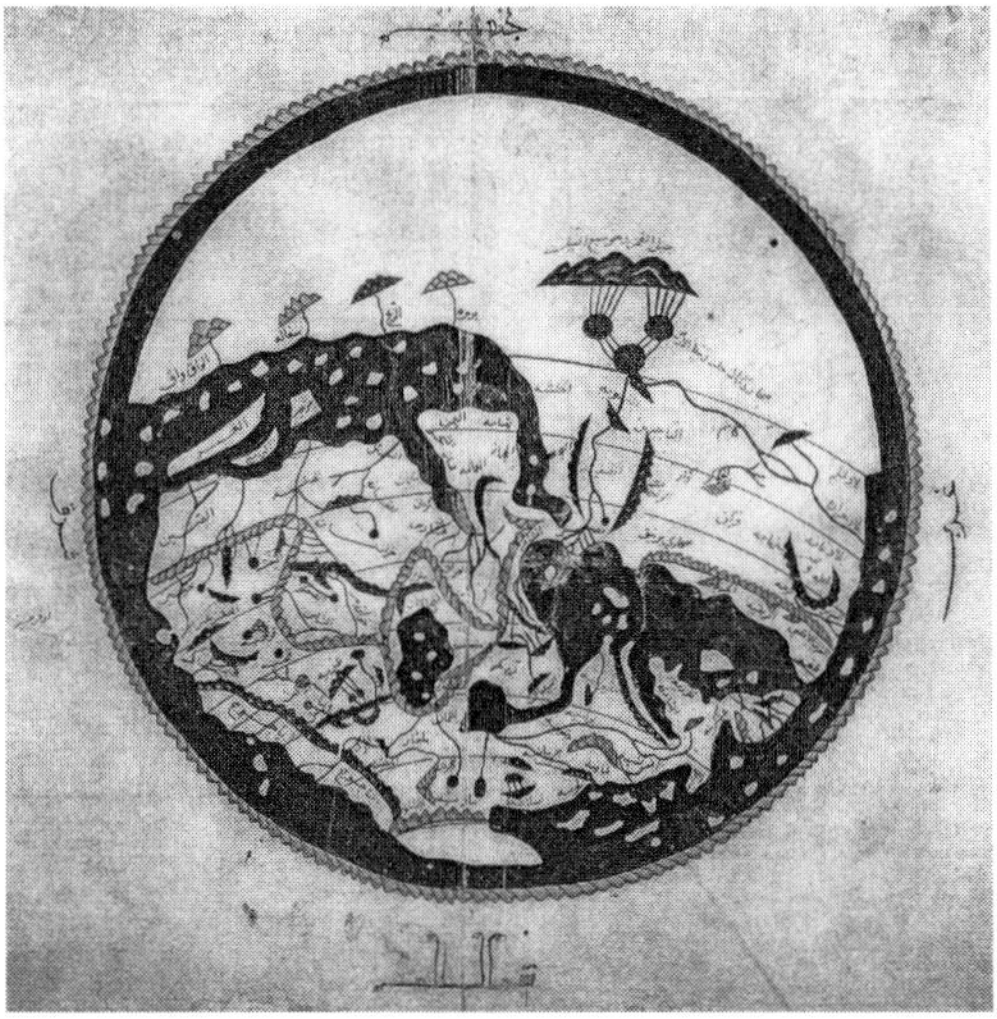

図2－4　イドリースィー図（カイロ手写本　1456年）

（2）　方位の〈顕〉・〈密〉二層構造

イドリースィー図を一見したところ、環海が円盤状の陸地を取りまき、中世ヨーロッパの世界図と同様に、地球円板説にもとづいて世界を描いているとの印象をうける。しかし中世イスラーム世界では、アリストテレス以来の地球球体説がひろく信じられていた。円板の陸地を環海が囲むという構図は、九世紀に成立したイスラーム地図学が当初から採用してきた地球の描出法であった。イドリースィー図は、それを踏襲したのである。

一四世紀の歴史家ハルドゥーンは、『歴史序説』の中で、地球について「表面は水でおおわれ」、「水に浮かぶ葡萄《ぶどう》の実のようなもので、地球の表面の一部分が、神の叡智のおかげで人間の住む場所として、……水の上に露出している」、それは「円形で」、「露出している部分は地球表面の二分の一で、そのうち人類の可住地域は四分の一」と述べている（イブン・ハルドゥーン、二〇〇一、九七～九八頁）。海陸の分布を「水に浮かぶ葡萄」と形容するのは、いかにも地中海・西アジアらしい。イドリースィー図で、陸地と海洋（環海を含む）の面積比を目算すると、ハルドゥーンのいうとおり、その比はほぼ等比である。

円は明確な中心をもち、その中心に最も聖なるものあるいは最も象徴的なものを配するのは、時代や場所をこえて共通する表現法である。イドリースィー図も、イスラームの聖地を円心に配して作図している。しかしそこにはマッカの名はなく、ヒジャーズと記入されている。ヒジャーズとは、マッカとマディーナの二聖都が所在する一帯の地方名である。

イドリースィー図は、南を上としている。ごく初期のイスラーム世界図は、古代ギリシア以来の北を上とする図法を採用していた（Tibbetts, 1992, p. 105）。しかしすぐに南を上とするようになり、それが、中世イスラーム世界図の一般的な図法となった。元来、イスラームには、東西南北で代表される絶対方位のうち、特定の方位のみを最尊・最良とする思想はない。イスラームでの聖なる方位は、聖地マッカのカアバ神殿へ「向かう方向（キブラ）」で、それは、場所によって変化していく相対的な方位である。キブラにしたがって全世界のイスラーム礼拝所（モスク）が立ち、全世界のモスクが自転車のスポークのようにハブにあたるマッカにむかって求極していく。それが、イスラームの世界観である。

この世界観を踏まえてイドリースィー図をみると、同図は「顕示された方位」と「密意された方位」という〈顕・密〉二層の方位をもつ世界図といえる。「顕示された方位」とは南を上とする方位である。一方、「密意された方位」とは、背後に隠されたキブラつまりマッカに「向かう方向」である。それは円心にある聖地マッカに収斂する求心線方位で、それによって世界の各地域・各地点のキブラの方向と同時に、マッカに求心・収斂するイスラーム世界の全体的な構成を理解できる。

なぜ「顕示された方位」は、磁石が示す北ではなく、南を上としているのだろうか。中世イスラーム文明の中心地帯は、地中海南岸からイランへと至る一帯にあった。イドリースィー図をはじめとする世界図も、マッカよりも北方にあたる中心地帯で作成された。そこからみて聖地マッカに「向かう方向」を上方とすると、当然、南が上となる。北ではなく、南を上として中世イスラーム世界の世界図が作成されたのは、そのためであろう。

（3）　プトレマイオス図の拒否と古今華夷区域摠要図の受容

イドリースィー図は円形図、プトレマイオス図は扇形図であって、両者はまったく異なった地図という印象をあたえる。また方位に関しても、イドリースィー図が南を上、プトレマイオス図は北を上としていて、その印象をさらに増幅させる。しかし両者には、隠れた重要な共通点がある。ともに、地球球体説をもとに作図していること、赤道に基準緯線を、またカナリア諸島を通る経線に基準子午線を設定していることなどである。けれども、それらは地図作成にあたっての準拠枠に関する共通点であって、そのことを知ったとしても、両者は異なった地図との印象を覆すには至らない。

通説では、「イドリースィー図は、プトレマイオス図を継承する世界図」とされる。しかしこの通説が妥当するのは、世界図作成にあたっての基本的な準拠枠のみであって、その他の点では相違が顕著である。とくに作図対象とした可住地域内部の描出に関しては、イドリースィー図がプトレマイオス図から「継承」するものは、ほぼナイル川の流路くらいにかぎられる。そこにみられるのは、むしろ「拒否」ともいうべき姿勢である。

その「拒否」姿勢を明確に示すのが、イドリースィー図における海域の描出である。その顕著な相違として、二点をあげうる。一つは、イドリースィー図が陸域を取りまく円環状の環海を描いていることであり、もう一つはインド洋を陸封から解放して東の環海に開いた大洋としていることである。ここでは、後者をとりあげて、地図的情報の東西交流にまで話題をひろげて考えることにしたい。

八世紀中期にバグダードを拠点としてアッバース朝が成立し、それを契機にインド洋交易が活発化していく。この時期には、前述したクラ地峡の陸路をともなうタイ湾ルートにかわって、マラッカ海峡経由の海路直行ルートが「中国への道」となった。同交易の発展とともに、ムスリム商人の広東への来航・来住も活発となった。当然、それは、プトレマイオス図のインド洋の描出は誤りという認識へと直結する。イスラーム世界では、ごく初期からそれは共通認識となっていたとされる。

ここで、イドリースィー図のインド洋描出を、くわしく検討することにしたい。インド洋の南方にはアフリカから東進する陸域を描き、そこに四つの山地・河川と地名、その最東端の岬付近に一地名が記入されている。写本によっては、最後の地名が省略されている場合もあるが、西方から三番目の地名は「ソファラ」と読める。ソファラは現在のモザンビーク中央部に位置し、金の集散地であると同時に、インド洋をめぐるアラブ人海域ネットワークの南西端に位置する港市であった。イドリースィーがソファラをアフリカ大陸東岸の延長部分に描いたのは、妥当といえる。

ハルドゥーンはインド洋を「シナ海」また「アビシニア海」とよび、そこには「一〇〇〇にものぼるといわれる島々」があり、「最大の島のうちに、セランディーブ（セイロン）島、……つぎにクルム島（スンダ列島）、……このインド洋中に、シナの南部を囲むようにしてワーク＝ワークの諸島があり、その東にスィーラーの島（朝鮮半島）がある」（イブン・ハルドゥーン、二〇〇一、一二一頁）と述べる。この記述にあるように、イドリースィー図もインド洋に多くの島々を描いている。これらのうち、セランディーブ島はインド洋のほぼ中央に描かれた四角形の島で、プトレマイオス図のタプロバナをひきついでいる。しかし巨大島嶼としては描かれてはいない。

　ここで問題としたいのは、インド洋の陸封からの解放、つまりインド洋を東方の環海に開かれた大洋とするイドリースィー図の描出である。かねてから、私は、同図が描くアジア大陸南東端の海岸線に注目してきた。理由は、その描出が、中国製の同時代世界図、具体的には古今華夷区域摠要図ときわめて類似していると考えてきたからである。しかしこれは、通説に反する考えである。たとえばハーヴェイは、中国制作の石刻・華夷図をとりあげて、それが他の文明圏での中世世界図の作成には影響をあたえることはなかったと述べる（Harvey, 1991, p. 17）。彼のいう他文明圏の中世世界図には、当然、イドリースィー図も含まれるであろう。とすると、ハーヴェイの所論に代表される通説にしたがえば、アジア大陸南端部の海岸線の描出をめぐって、古今華夷区域摠要図とイドリースィー図とを検討することは無意味となる。しかしここでは、その反証を提出したい。

　ハーヴェイの所論は石刻・華夷図をもとにしているので、まず、石刻・華夷図と古今華夷区域摠要図との関係をみることにする。石刻・華夷図は南宋・紹興六年（一一三六年）の制作で、唐代に賈耽《かたん》が八〇一年（貞元一七）に作成した海内《かいだい》華夷図を縮小して制作された。また古今華夷区域摠要図は、石刻・華夷図を参照図として作成された。これら三つの地図は、共通して図題に「華夷」を掲げているように、中国的世界観の基本にある〈華―夷〉区分をもとに世界を描くだけでなく、〈海内華夷図→石刻・華夷図→古今華夷区域摠要図〉という相承関係でむすばれた同系統の世界図といえる。したがって古今華

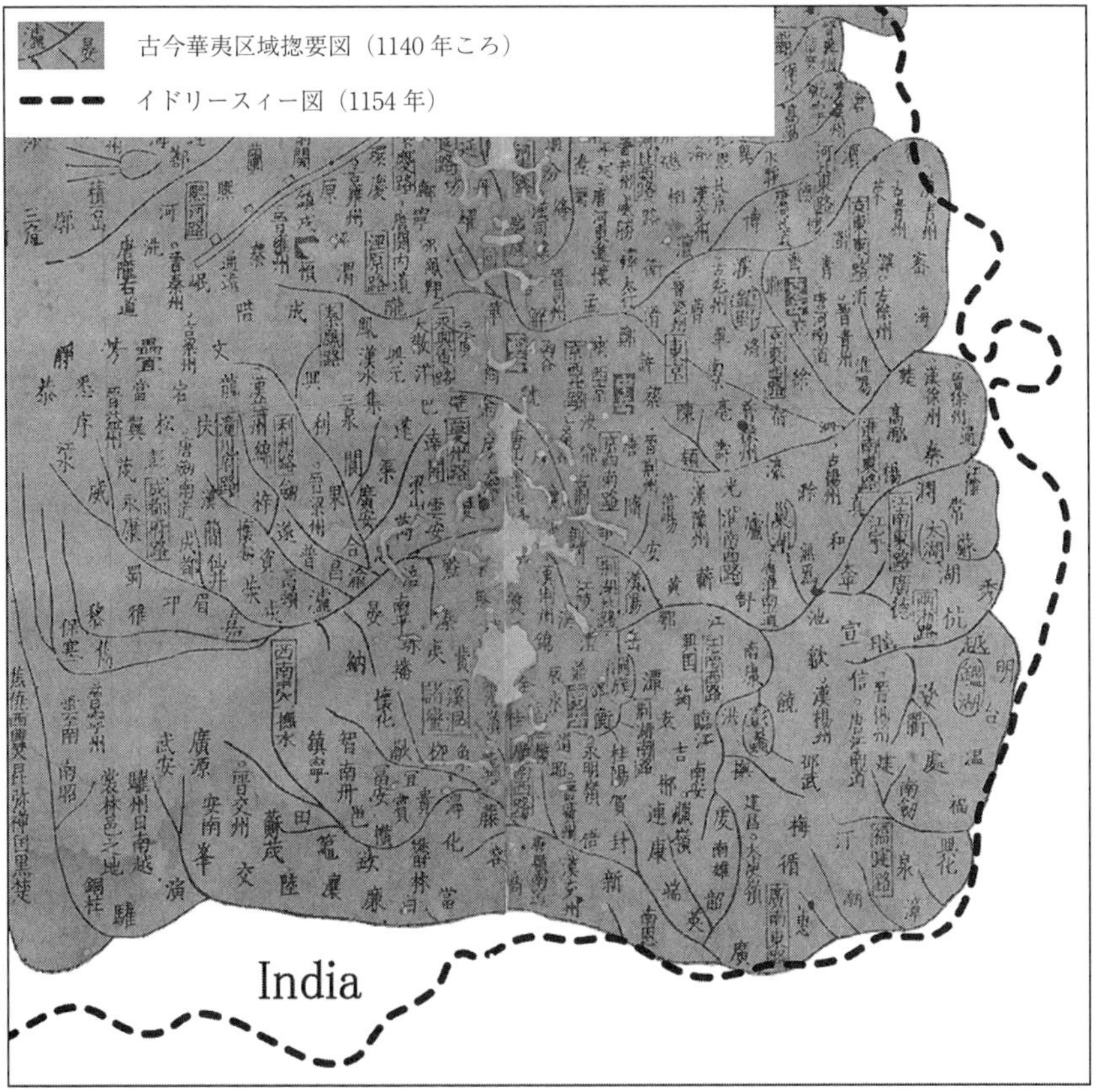

図2－5　古今華夷区域摠要図とイドリースィー図とのアジア南東端の海岸線比較

出典：筆者作成。

夷区域摠要図とイドリースィー図との関係を検討することは、石刻・華夷図とイドリースィー図との関係を検討することとおなじ意味をもつ。

図2－5は、イドリースィー図と古今華夷区域摠要図の面域をほぼ均等にして、両図が描くアジア南東端の海岸線を重ねあわせて作成した図である。両者の海岸線は、よく重合しあっている。とりわけインド洋の北東端から環海をまわりこんで北上していく海岸線は、おどろくほど見事な一致を示す。このことは、中国製の同時代つまり宋代の古今華夷区域摠要図に代表される「華夷図」系統の世界図をもとにして、イドリースィー図は同部分の海岸線を描いているとの推定をなり立たせる。イドリースィー図におけるインド洋の陸封

からの解放は、西方からのムスリム交易商人の活動による地理情報の収集だけでなく、中国製世界図の受容による革新でもあったといいうる。私は、そのとき受容された中国製地図の最有力候補が、以下の四つの理由から古今華夷区域摠要図だと考える。

①　図2-5に掲げた両図が描出するアジア大陸南東端の海岸線の高い一致度である。

②　古今華夷区域摠要図を収載する『歴代地理指掌図』の刊行は、南宋・紹興前期の一一四〇年頃と推定されている。その推定刊行年は、一一三八年から一一五四年までのイドリースィー図作成のための情報収集期間に含まれるという同時代性である。

③　石刻図では①が成立しても、運搬困難性から受容関係の想定はむずかしい。しかし『歴代地理指掌図』は印刷・刊行された書物であり、高い流通自由度をもつ。

④　もちろん石刻図の場合でも、持ち運び容易な拓本による受容の可能性も考えうる。図2-5とおなじ方法で、石刻・華夷図とイドリースィー図の当該海岸線を重ねあわせると、両者の一致度も大きい。しかし古今華夷区域摠要図の場合とくらべると、とくにインド洋北東部の海岸線のズレが目につく。この点からも、古今華夷区域摠要図をイドリースィー図の典拠図の第一候補としうる。

⑤　当時のインド洋交易の西方の拠点は、バスラを外港とするアッバース朝下のバグダードであった。同朝・第七代カリフのマアムーンは、九世紀前半に「知恵の館（バイト・アル＝ヒクマ）」とよばれる図書館を開設して、ギリシア語を中心に諸言語の文献を収集した。その中には、中国書も存在していたことが判明している。イドリースィー図が作成されたシチリア島については不明であるが、同図作成のための情報収集の一環として、バグダードを経由して中国地図また地理書が将来されていた可能性もあろう。

これらの理由の中で、⑤は推測にとどまるので除外するとしても、①〜④をもとに、イドリースィー図におけるインド洋北東端の海岸線描出が古今華夷区域摠要図を典拠としているとしうる。このことは、一二世紀のイスラーム世界と宋代中国との間での世界図をめぐる壮大な交流の存在を示すとともに、「華夷図」を中国世界のみに封閉する通説に対する反証となろう。

参考文献

石原道博編訳『新訂 魏志倭人伝・後漢書倭伝・宋書倭国伝・隋書倭国伝』中国正史日本伝（一）、岩波文庫、一九八九年a。

石原道博編訳『新訂 旧唐書倭国日本伝・宋史日本伝・元史日本伝』中国正史日本伝（二）、岩波文庫、一九八九年b。

イブン・ハルドゥーン著、森本公誠訳『歴史序説』第一巻、岩波書店、二〇〇一年。

応地利明『世界図の誕生』日本経済新聞出版社、二〇〇七年。

欧陽脩・宋祁撰『新唐書』商務印書館、北京、一九三六年。

辛島昇「インド・ローマ貿易と東南アジア」辛島昇編『世界歴史大系　南アジア史』三、山川出版社、二〇〇七年。

蔀勇造訳「新訳『エリュトラー海案内記』」東洋文化研究所紀要一三二、一九九七年。

シャヴァンヌ著、菊地章太訳『泰山――中国人の信仰』勉誠出版、二〇〇一年。

『続日本紀』慶雲元年七月朔条。

税安礼『宋本歴代地理指掌図』上海古籍出版社、一九八九年。

高山博『神秘の中世王国――ヨーロッパ、ビザンツ、イスラム文化の十字路』東京大学出版会、一九九五年。

班固著、永田英正・梅原郁訳注『漢書食貨・地理・溝洫志』（東洋文庫四八八）、平凡社、一九八八年。

プトレマイオス著、中務哲郎訳『プトレマイオス地理学』東海大学出版会、一九八六年。

ヘロドトス著、松平千秋訳『歴史』上、岩波文庫、一九七一年。

横倉権幸「ヒンドゥー文明の受容」京都大学東南アジア研究センター編『事典 東南アジア』弘文堂、一九九七年。

盧良志『中国地図学史』測絵出版社、北京、一九八四年。

Bhardwaj, S. M., *Hindu Places of Pilgrimage in India : A Study in Cultural Geography*, Univ. of California Pr., Berkeley, 1973.

Harvey, P. D. A., *Medieval Maps*, British Library, London, 1991, p.17.

Karamustafa, A., "Introduction to Islamic Maps", in Harley, J. B. & Woodward, D. eds., *Cartography in the Traditional Islamic and South Indian Societies* (The History of Cartography, Vol. 2, Book 1), Univ. of Chicago Pr., Chicago, 1992.

Tibbetts, G. R., "Later Cartographic Development", in Harley, J. B. & Woodward, D. eds., *Cartography in the Traditional Islamic and South Indian Societies* (The History of Cartography, Vol. 2, Book 1), Univ. of Chicago Pr., Chicago, 1992.

Tibbetts, G. R., "The Beginning of a Cartographic Tradition", in Harley, J. B. & Woodward, D. eds., *Cartography in the Traditional Islamic and South Indian Societies* (The History of Cartography, Vol. 2, Book 1), Univ. of Chicago Pr., Chicago, 1992, p. 105.

Tooley, R. V., *Maps and Map-makers*, Bonanza Books, N.Y., 1961.

コラム1　地図屏風に見る世界像

三好唯義

東西世界の接触と『世界の舞台』

一六世紀中頃の一五四三年（天文一二）、中国船に乗ったポルトガル人が九州の種子島に到達し、西洋世界は日本を〝発見〟した。同時にこれを日本側から見ると、日本人が西洋世界を〝発見〟したということになる。ポルトガル人を介してもたらされた鉄砲とキリスト教はその後の日本史を大きく変えたが、それらに勝るとも劣らない影響を与えたものに世界地図がある。そこにはそれまでの世界像とはまったく異なる姿があり、日本人はまさに世界を〝発見〟することになる。

一六世紀という時代は、ヨーロッパの人々が地球規模の世界をとらえた時代である。前世紀から続くコロンブスやマゼランの大航海事業によって、南北アメリカ大陸の存在を知り、大地は球体であることも理解した。さらにポルトガル人の種子島到達は、世界地図を描く上でアジア大陸がどこまで広がっているのかという、二世紀の偉大な天文学者で地理学者でもあるプトレマイオス以来の課題に決着をつけたのである。

大航海事業の成果をもって描かれた世界地図が、A・オルテリウスの地図帳『世界の舞台』（一五七〇年初版）の巻頭を飾る（図1）。この世界地図と前世紀の地図、たとえば復活したプトレマイオス世界地図との差異は、一世紀の間にヨーロッパの人々が獲得した地理的世界の大きさを示す。大航海時代とは何かという問いに対して、その成果を一目で知らしめるものである。

大航海事業によって、それまでの地域認識が拡大し、世界地図は大きく様変わりした。西洋と接触したばかりの日本はその成果を凝縮した『世界の舞台』をはじめ、ポルトガル人やイエズス会宣教師たちがもたらす西洋製地図を通して世界の姿を知ることとなった。ただ一六世紀後半に日本へもたらされた西洋製地図で、現在に伝わるものはない。あえて指摘すれば、東京国立博物館に所蔵される海図（「南洋鍼路図」一五九八年、「西洋鍼路図」）が、一六〇〇年に九州豊後に漂着したリーフデ号に積まれていたという説がある。

いっぽう史料の上では、織田信長が地球儀を見て大いに喜んだことがイエズス会士の書簡に記され、また『世界の舞台』が天正遣欧使節の土産物としてイタリアにおいて手渡され、日本帰国後の一五九一年にそれが存在していたことを記す史料もある。『世界の舞台』が日本へ来たことは確実で、当時最新の世界地図と各地域図は、人目に触れたはずである。

　そして『世界の舞台』は当時最もスタンダードな情報に基づく地図帳であるので、当時の日本へもたらされたであろう他の世界地図も、それと大差ない姿をしていたと考えてよいだろう。ではそれらの西洋製地図はどのように日本人に受け入れられたのだろうか。

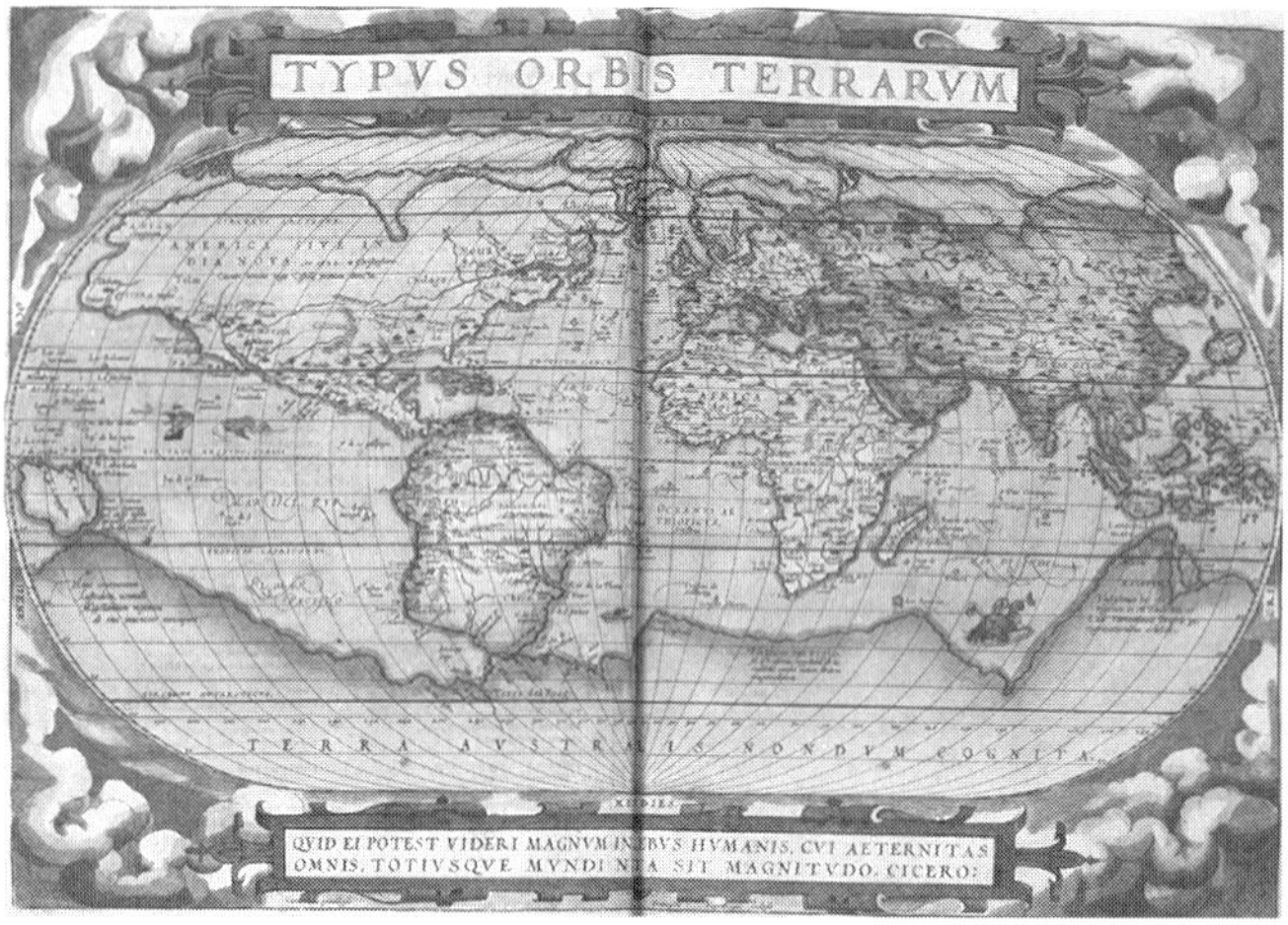

図1　A・オルテリウス『世界の舞台』（1570年初版）所収 世界地図（神戸市立博物館蔵）

Photo：Kobe City Museum / DNPartcom

一六世紀における西洋製地図の受容

　西洋製地図に基づいた日本人作世界図という点から見るならば、福井市の浄得寺に所蔵される「日本図世界図屏風」（重要文化財）が最も早いものといわれ、一六世紀末期に描かれたものといわれている。屏風は世界図と日本図が一対となっているが、世界図にはイベリア半島から日本までの航路線があり、大陸内部には誇張された河川や湖の描写がなされている。これらの特徴から、おそらく屏風に描かれた世界図はポルトガル製の世界地図を手本にしたことが考えられる。ただ、北海道にあたる「夷」島と朝鮮半島が明瞭に描かれており、そのような東アジア地域像は西洋製世界地図では一七世紀後半においても見られない。この屏風には同時代の西洋製地図よりも進んだ東アジア地域像が表現されており、画者・制作者は独自の地図情報をもって、より進んだ地図に仕立てたと考えられるのである。

　対をなす日本図の方にも、豊富な地理情報が読み取れる。日本列島の海岸線は複雑な出入りが表現され、北海道の一部も描かれる。さらに富士山の姿や東北地方に山脈が描かれ、琵琶湖には島（竹生島か）が浮かび、流れ出た川（淀川）の河口に形成された三角州は金色に着色されており、大坂を示しているものと思われる。九州には三つの丸印と文字で都市が明示されていることがとくに注目される。それらは博多（赤丸）、名越（肥前名護屋、白丸）、長崎（緑丸）で、名越からは対馬を経て朝鮮半島への航路線が引かれている。肥前名護屋が日本図の中において印されるべき三都市の一つに選択されることなど、日本史全体を通覧しても豊臣秀吉の朝鮮出兵（一五九二年）における前線基地になった時しか考えられない。この地図情報から読み取れる屏風の制作年代は一六世紀末期と特定されるのである。

この地図屏風の西洋製原図は確定できないが、それはポルトガル製地図がもともと極秘情報を手書きした数少ないもので、現在にほとんど残っていないためである。しかし次の一七世紀前半に描かれる世界図屏風は、その手本となった原図が刊行されたオランダ製地図であり、原図の特定と受け入れ成果である地図屏風との比較が可能である。

その原図を生み出した一六〜一七世紀のネーデルラントにおける地図製作と出版について触れてみよう。一六世紀後半は近代地図学が始まる時代だが、その要因の一つに地図出版の隆盛がある。それまで秘匿されていた地図情報が商品として出回ることになり、製作者は新しく優れた情報の獲得と出版に努めなければならなかった。

地図の印刷出版は、一五世紀末つまり西洋印刷史におけるインキュナビラ（incunabula〔初期印刷本〕）の時代に、プトレマイオスの地理書と地図帳が復活して出ることにより始まる。さらに大航海事業の成果を加えた新情報地図が、主にイタリア諸都市で一六世紀中頃まで印刷される。その後を引き継ぐのがネーデルラント地域である。

地図製作センターとしてのネーデルラント

ヨーロッパ西北部のライン・マース・スヘルデ三河川が北海にそそぐ河口付近の低地地帯をネーデルラントと呼び、現在ではオランダ、ベルギー、ルクセンブルクの三カ国が存在している。

そこは一五七〇年代からおよそ一世紀の間、世界最大の地図メーカーを生み出し、地図製作と販売のセンターであった。その中心都市は一六世紀のアントワープと一七世紀のアムステルダムで、前者を代表するのは地図メーカーのA・オルテリウスと地理学者のG・メルカトル、後者は地図メーカーのブラウ家とホンディウス家である。

アントワープは『フランダースの犬』で今の日本人にはよく知られている。一六世紀中頃の人口は一二万五〇〇〇人で、宝石研磨やガラス製造、印刷などの新しい産業も開拓され、交易の盛況とともに各地の地理情報もそこに集積されていた。世界地図帳『世界の舞台』を企画編纂したオルテリウスの邸宅には商人や政治家、文化人が集い、ブリューゲルやルーベンスも出入りした。その初版を出したディースト、その後を引き継いだプランタイン社のように、印刷分野でも時代の先端をきっていた。現在、プランタインは印刷博物館として保存されており、往時の偉容を伝えている。

当時のネーデルラントはスペインのフェリペ二世の統

治下に置かれていたが、一五七九年には北部七州がユトレヒト同盟を結成、独立運動を開始し、一六〇八年には休戦条約の締結によって事実上の独立を獲得した。そしてウエストファリア条約（一六四八年）によって、ネーデルラント連邦共和国（現オランダ）の成立となる。

このネーデルラント独立運動の進展にともない、アントワープの繁栄も傾き、一五八五年の陥落によって新教徒市民は追放される。その人と技術、情報を受け継いだのがアムステルダムである。南部からの移住者たちは、アムステルダムへ地図の情報、製作技術と職人、さらには販売の企画精神をも持ち込むこととなった。そこの人口は一六世紀初めには一万人程度で、一五八五年以後は急増し、一六〇〇年には五万人、二〇年代には一〇万人、五〇年頃には二〇万人に達した。その人口を支えたのが海上交易と商業活動で、ＶＯＣオランダ東インド会社（一六〇二年）はその中心的役割を担う。

拡大する交易と航海のために新しい地図は求められ、アムステルダムは地図製作と販売の中心地となってゆく。ブラウ家をはじめ、多くの地図メーカーや出版人を輩出し、アムステルダムは最新最良の地図を生み出していった。最新情報を獲得し地図として出版できることは、その国の国力を現している。一七世紀はオランダの〝黄金時代〟と呼ばれるが、それを象徴するものはオランダ東インド会社の交易、レンブラントやフェルメールの絵画芸術、そして地図製作なのである。

フェルメールとオランダの地図製作

アムステルダムにおける地図製作の活況を、フェルメールの絵画作品が伝えている。フェルメールは寡作な画家として知られ、その作品数は三五点とか三六点といわれるが、九点に壁掛け地図や地球儀、天球儀などが登場する。最もよく知られているのは『画家のアトリエ』（ウィーン美術史美術館蔵）だが、他にも『兵士と笑う娘』（フリッツコレクション、ニューヨーク）や『手紙を読む青衣の女』『恋文』（アムステルダム国立美術館蔵）など、その背景の壁に地図が掛かっている。フェルメールが描く地図や地球儀は、その細部まで丁寧に描写されており、彼の作品によってその存在が証明される地図があるなど、地図学への貢献も大きい。

全作品の四分の一に地図があることは、フェルメール自身が地図を好んだ、さらに当時は地図の人気が高くかつ日常的な存在であったことがわかる。フェルメールとオランダ地図学を重ねてみる。彼は一六三二年に生まれ、生涯の生活の本拠はアムステルダムの南西約七〇キロメートルに位置するデルフトで、一六七五年に没している。地図学で関連を探れば、フェルメールが六歳の時（一六三八年）に、アムステルダム最大の地図メーカーとなるブラウ家の初代Ｗ・ブラウが死去し、息子のＪ・ブラウがその後を継ぐ。Ｗ・ブラウはその晩年にオランダ東インド会社の公認地図作成者の地位を獲得し、一七〇六年までブラウ家が務めた。つまり、会社が獲得する最新の地理情報を一手に入手でき、それを速やかに出版することができたのである。たとえばフリース隊による日本北方地域の調査結果（一六四三年）を受け、一六四六年版世界地図で北海道の一部をどこよりも早く描き示している。

　ブラウ家は、J・ブラウの時に絶頂期をむかえる。一六六二年に刊行された『大アトラス（AtlasMaior）』は一一巻から成り、六〇〇図近い地図と三〇〇〇頁におよぶテキストを付す世界地図帳である。現代の技術と資本力をもってしても実現不可能と思えるような大著作で、オランダ地図学史上の最高峰として聳え立っている。

　ただ、一六七二年にその工房に火災が発生し原版のほとんどが焼失し、ブラウ家は衰退へと向かってゆく。それにあわせるようにオランダの国力そして地図製作活動も衰退し始め、やがてその地位をフランスに奪われるのである。この火災はフェルメールが亡くなる三年前であることを思えば、画家は偶然ながらブラウ家の絶頂期、つまりオランダが世界一の地図大国であった時期に居合わせたのであり、その社会の雰囲気が作品にも反映しているのだろう。

壁掛け地図（Wall Map）と日本

　一七世紀のアムステルダムで生み出される地図は、その情報の新しさと正確さはもちろん、装飾性豊かな芸術品であることが求められ、各地図メーカーは厳しい競争に鎬を削った。その成果物がフェルメールの絵画に出てくるような壁掛け地図（Wall Map）であった。地図には最新情報が描かれ、その周囲には世界各地の人物や都市の図、そこに君臨する王侯の姿などを配し、百科全書的な情報が得られるようになっている。さらに図中には擬人化像で「四季（春夏秋冬）」や「四大元素（火・大気・水・土）」を表現し、太陽系の惑星なども描き入れ、世界地図ながらも宇宙の全体像を描く壮大なマンダラ構造を有している。そのような地図は、人類史上において、一七世紀のオランダのみが作りえた傑作で、オランダの黄金期に咲いた大輪の花といえよう。しかし、壁掛け地図は室内に吊るされて見られるため傷みやすく、かつ新情報によって次々と作り直されるものなので、長く保存されることはない。現在にまで残る壁掛け地図は少なく、とくに大型の図は世界的稀覯品となっている。

　東京国立博物館には、江戸時代に伝わった大型の壁掛け地図が二点も保管されている（J・ブラウ作「世界図」一六四八年、二〇三・〇×三〇〇・九センチメートル、ブラウ作フィッセル改訂「世界図」一七世紀、二〇四・五×三〇〇・〇センチメートル）。二点とも横寸法が三メートルにとどく大型地図で、保存状態は良好である。これら大型壁掛け世界地図は日本への特別な贈り物として、オランダから徳川幕府に届けられたものと考えられる。たとえば、J・ブラウ作「世界図」（一六四八年）などは、いわゆる三〇年戦争（一六一八～四八）のウエストファリア条約締結に際して作成された記念碑的逸品である。さらにこの図は、新井白石が潜入宣教師シドッチを尋問し問答を重ねる時（一七〇九年）に広げていた「欧羅巴鏤板の輿地図」（『西洋紀聞』岩波文庫）に相当すると考えられている。その図を前にして、シドッチは「今は西洋地方にも、得易からざる所也」と語るが、壁掛け地図の脆弱性と稀少性を示す言葉だといえる。図中には書き込みや貼り紙など、後の蘭学者などが利用した形跡もあり、桂川甫周が翻訳した『新製地球万国図説』（一七八六年）などが生まれている。

江戸時代に伝わった壁掛け地図は、次のものが判明している。

①「一六〇九年版カエリウス世界地図」
②「一六四五年版ボアソ世界地図」
③「一六四六年版ブラウ世界地図」
④「一六四八年版ブラウ世界地図」
⑤「一六七八年頃版フィッセル改訂ブラウ世界地図」
⑥「ファルク世界地図、四大陸図」一七世紀末頃刊行

これらの大型壁掛け地図の、日本への最も早い伝来品はおそらく①「一六〇九年版カエリウス世界地図」（以下、カエリウス世界地図と略）であろう。現物の地図自体は伝存していないが、それを手本にした日本人作世界地図屏風や、さらに「泰西王侯騎馬図」などの初期洋風画の逸品が、一七世紀前半に描かれている。江戸時代の日本人は、壁掛け地図から地理情報ばかりか絵画芸術も取り出しており、日本とオランダ製壁掛け地図の関係はきわめて密接である。

西洋製地図に基づく日本人作世界図は前述したように、一六世紀末期に見られる。それに続く一七世紀前半には、カエリウス世界地図を基に、イエズス会による絵画教育を受けた日本人絵師の手によって豪華絢爛な世界図屏風が生み出された。その地図自体の刊行は一六〇九年なので、よって地図屏風が描かれた年代はそれ以降となる。世界地図の受け入れに際して、その原図の推移はポルトガルからオランダへという、一六～一七世紀における対外交渉相手に沿った動きをしている。ただし、この地図屏風を描くにあたりオランダ人が直接に関与したわけではない。原図はオランダ製であるが、描かれた地図屏風からはイエズス会（キリスト教）やポルトガルという要素が浮かび上がってくるからである。

カエリウス世界地図の受容例、つまりそれを手本にした地図屏風を挙げると、「万国絵図屏風」（宮内庁三の丸尚蔵館蔵）、「レパント戦闘図世界地図屏風」（香雪美術館蔵）、「四都図世界図屏風」（神戸市立博物館蔵）の三例がある。それらの屏風は世界図と異国情緒あふれる画題、たとえば外国の都市図や戦闘図といったものと一対になっている。さらにカエリウス世界地図の周辺にある装飾画からは「泰西王侯騎馬図」（神戸市立博物館・サントリー美術館蔵）が生まれている。これらの作品は一六～一七世紀の、海外への関心が高かった時代を反映した異国趣味の産物であり、日本美術史上では初期洋風画の傑作として位置づけられている。

カエリウス世界地図から生まれた三つの地図屏風は、初期洋風画の傑作であるという評価は揺るがないが、地図作品としてみた場合は明らかに優劣がある。つまり原地図の姿を最も継承し、なおかつ地図としての優劣をつけるならば「万国絵図屏風」「レパント戦闘図世界地図屏風」「四都図世界図屏風」となる。「万国絵図屏風」を

取り上げれば、どれほど精密に原図（西洋）を受け入れたかを知ることができ、なおかつ原図には存在しないポルトガル国図の挿入やアジア地域の改描などから、ポルトガル人やキリスト教イエズス会の関与を考察することができる。

いっぽう、原図に存在しない要素を多く描写する屏風を取り上げれば、その受容に際しての日本人の独自性をより浮かび上がらせることができるだろう。その観点で「四都図世界図屏風」（神戸市立博物館蔵）を取り上げてみよう。

「四都図世界図屏風」に見る変容

「四都図世界図屏風」は世界図（図2）と四都市図とが一対をなす、八曲一双の大型屏風（各一五八・七×四七七・七センチメートル）である。その四都市とは「リスボン」「セビリア」「ローマ」「イスタンブール」で、キリスト教徒と異教徒の都市を描いている。都市図の上部には、その地に関わる人物像が描かれているが、たとえばセビリアの上には騎乗の「イスパニア王」が配置されるなど、都市と人物との関連を理解していることがわかる。いっぽう、世界図の各地に金泥都市マークが数多く印されるが、中でもイタリア半島のローマがひときわ大きく印され、この屏風とキリスト教の関係が深いことを思わせる。

「四都図世界図屏風」は原図がメルカトル図法による矩形世界地図であるにもかかわらず、あたかも前記したオルテリウス『世界の舞台』の巻頭にあるような卵形世

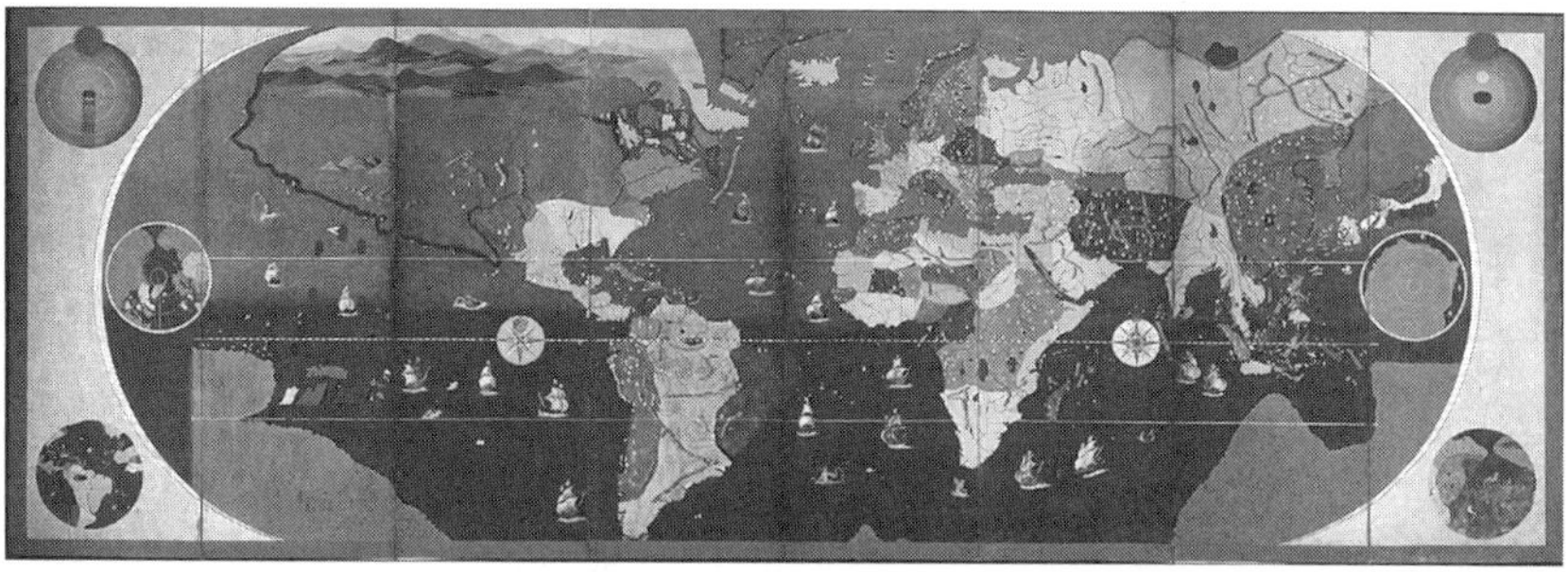

図2　「四都図世界図屏風」の内，世界図屏風（神戸市立博物館蔵）

Photo：Kobe City Museum / DNPartcom

界地図（図1）で描いており、大いなる変容の手が加わっている。その左右の膨らんだ部分に注目すると、世界図の東端には他地域との相対比で見て、明らかに巨大な日本列島が描かれている。その日本列島の南側には南極中心図が、その反対側の西端には北極中心図が描かれる。世界図周囲の四隅には四図があり、上が日蝕と月蝕の原理を示す図であり、下には日本を中心とした図とその対蹠地ブラジルを中心とする図がある。南極と北極を中心とした地図は原図にも存在するが、日蝕・月蝕図と日本中心・対蹠地図の四図は原図には無く、日本人絵師が描き加えたものである。地球を中心とする天動説に基づくが、日蝕・月蝕という天体現象を説明する新知識が江戸時代初期に描かれたことが注目され、また日本中心地図・対蹠地図は地球儀の知識もしくは存在が想定される。自己（日本）を中心に位置づけて世界を描くという視点があったことがわかる。

世界図には赤道が紅白の目盛り線で引かれているが、卵形に膨らんだ部分には赤道線は存在しない。描かれないのは当然で、赤道線上の目盛りを数えると三六〇度分がすべて刻まれている。つまり膨らんだ卵形部分は付け足しで、巨大日本を描くための空間調整（創造）というべきものである。地図の概念から遠く離れる三六〇度を越えた世界図なのである。巨大な日本列島を描いたのは、自己を中心とする主張の発露なのであろうか。

巨大な日本列島を描くこと、さらに日本中心図を挿入することは、自己を中心とした世界図作製を主張していると読みとれるかもしれない。別の例をあげれば、地図屏風に描かれる日本列島と朝鮮半島の姿は、原図である西洋製地図にはみられない進歩した姿に変化させている。西洋製地図に日本で作製されたいわば最新地図を差し替えており、この改描・改良も作製者側の主張と解することができる。もちろんこのような問題は地図だけ眺めて解決できるものではない。ただ、西洋製地図をそのまま真似るのではなく、なにがしかの改変を加えていることは日本人が描く世界図に見られる大きな特徴であることを留意しておかねばならない。

このようなことは江戸時代後期の「新訂万国全図」（一八一〇年）にも当てはまる。その世界地図は幕府天文方の高橋景保が天文学者の間重富やオランダ通詞馬場貞由等とともに、アロースミス世界地図を基に作製したものだが、原図では右端にあるはずの日本列島を中央に置く両半球世界図に仕立て、図の周囲には両極中心図と日本中心・対蹠図の四図を配置している。蘭学の進展による言語翻訳なども明瞭で、地図には膨大な地名が記されている。さらには間宮林蔵の調査結果を取り入れ、樺太（サハリン）を一島として明示し、西洋製地図を上まわる当時最高水準の世界地図となっている。

「四都図世界図屏風」の世界図屏風の海上には、多くの帆船が人魚や海獣などとともに描かれているが、これらの装飾的要素は原図のカエリウス世界地図にもある。しかし、東シナ海には五隻の和船が行き来しており、これらは原図にあるはずもなく、日本人絵師があえて描き加えたものである。これらの和船は、江戸時代初期の海外交易を担った朱印船を想起させる。往来している船の姿が、そのことを意味しているとさえ思わせる。朱印船交易の実相を描こうとするものならば、貴重な絵画史料といえるだろう。

沿岸部や海上にも見られる粒々表現は、浅瀬（バンク）を現したものである。南シナ海の西沙群島などは航海上の重要ポイントであったため、極めて大きく明瞭に表現されている。和船を描くことも含めて、日本人作世界図屏風においては、航海上のポイントを追加表現することが特色である。さらに大西洋など外洋と地中海などの内海では、波の荒さを違えて表現している。つまり外洋は大きい波、内海は小さく細かい波といったように、意図的に描き分けされている。画者には海と海上交通に関するこだわりが見て取れる。

海や船へのこだわりは一八世紀後期の地図屏風にもみられる。アムステルダムの地図メーカーファルク家が、一七世紀末頃に刊行した壁掛け地図「ファルク世界地図、四大陸図」の四大陸図を屏風に写し描いた「世界四大洲図四十八国人物図屏風」（神戸市立博物館蔵）が生まれる。大陸図を組み合わせた地図屏風は、江戸時代において極めて特異な存在である。この屏風も西洋製原図を丁寧に敷き写ししているが、やはり原本そのままではなく、日本人画者は改変を施している。海上の船に注目すれば、原図にある日本周辺海域に浮かぶ西洋船の一部を中国船に変えている。これは絵師があえて意図的にしたことであり興味深い。この東シナ海に浮かぶ中国船の写実性は見事で、この絵師が長崎で実際の中国船を見慣れていたこと、また同地で盛んに行われていた日中交易を伝えるメッセージではないかと考えられる。「四都図世界図屏風」にも朱印船交易を表すような船が東シナ海上に見られたが、日本人絵師の主張が海上に描出される点は、時代を越えて共通している。

江戸時代における西洋製世界地図の受容は、大画面の屏風という形式で現れることが多い。その手本としてオランダ製の大型壁掛け地図が重要な役割を果たしている。そして地図屏風には西洋の世界像をそのまま描くだけではなく、日本独自の改変を施している。日本列島の周辺地域を取り上げても、地図屏風の画者は同時代の西洋における地理知識を越えた地域像を描写し、いわば当時最高の世界地図を作り上げているのだ。日本人作地図屏風は東西文化交流の結晶といえるが、西洋と日本の地図史全体にかかわる重要な問題を含んでいる。

参考文献

織田武雄『地図の歴史』講談社、一九七三年（講談社学術文庫、二〇一八年、復刻）。
J・ブロトン著、西澤正明訳『世界地図が語る一二の歴史物語』バジリコ、二〇一五年。
B・ペンローズ著、荒尾克巳訳『大航海時代』筑摩書房、一九八五年。
三好唯義『図説　世界古地図コレクション』河出書房新社、一九九九年。
Shirley, Rodney W. *The Mapping of the World*, London: The Holland Press, 1983.

第Ⅱ部　印刷物による伝達

第3章　書籍がつなぐ世界
――『千一夜物語』――

杉田英明

1　写本から書籍へ

(1)　アラビア語版説話集の成立

『アラビアン・ナイト』*The Arabian Nights* の英語名で知られる『千一夜物語』*'Alf Layla wa Layla*（アルフ・ライラ・ワ・ライラ）は、九世紀から一九世紀に至る長い期間にアラブ世界で緩慢な成長を遂げ、口承や書写によって民衆のあいだに伝えられてきたアラビア語の説話集である。インド世界に起源を持ついくつかの物語がササン朝ペルシアにおいて中世ペルシア語の『千物語』*Hazār Afsāna*（ハザール・アフサーナ）としてまとめられ、さらにそれが九世紀初頭頃、アッバース朝治下のバグダードでアラビア語に翻訳されて、『千物語』*'Alf Khurāfa*（アルフ・フラーファ）ないし『千夜』*'Alf Layla*（アルフ・ライラ）が成立したと考えられている。これがのちの『千一夜物語』の中核をなす原本である。勿論、書物としての形態は手書きの写本（手稿本）であっただろう。「千夜の物語」Ḥadith 'Alf Layla の一部を含む、現存する最古の写本は、ヒジュラ暦二六六年サファル月（西暦八七九年一〇月）の年記を持つ、エジプト出土の紙片である。[1]

その後、ファーティマ朝からマムルーク朝、オスマン朝に至る一二〜一八世紀のカイロにおいて、原本を核として新たな物語が次々と付け加えられてゆき、その過程で説話集の標題も『千夜』から『千一夜』に変わったと推定される。この理由についてはさまざまな説が提示されているが、いずれにせよ、当初は「千」ないし「千一」は単に「多数」という意味しか持たなかったにもかかわらず、やがて数字が額面通り受け取られるようになり、その数を充当するために物語が集められたらしい。一九世紀初頭にこの説話集が初めて印刷本として登場したとき、そこにはすでに千一夜分の物語が含まれていた。逆の見方をすれば、『千一夜物語』という標題を持った書物としての体裁を整えるために、刊行の段階までに多くの物語が掻き集められたと言ってもよい。

一九世紀に刊行された主要なアラビア語原典版は、以下の四種類である。

・ブーラーク版、全二巻、一八三五年（al-Sharqāwī, 1835）。
・カルカッタ第二版、全四巻、一八三九～四二年（Macnaghten, 1839-42）。
・ブレスラウ版、全一二巻、一八二五～四三年（Habicht/Fleischer, 1825-43）。
・ベイルート版、全五巻、一八八九～九〇年（Ṣāliḥānī, 1956-58［1889-90］）。

ブーラーク（Būlāq）とは、エジプト・カイロ郊外の地名である。近代エジプトの啓蒙専制君主ムハンマド・アリー（Muḥammad ʿAlī 在位一八〇五～四八）の時代、ヨーロッパに派遣された留学生が持ち帰った印刷技術を生かすために、一八二一年、ここにアラブ世界最初の印刷所が建設された。その初期のアラビア語出版物の一つがブーラーク版『千一夜物語』であった。その意味では、同書はエジプト近代化の産物であったとも言えるだろう。他方、イギリス東インド会社の本拠地カルカッタ（現コルカタ）では、同地の官吏養成学校フォート・ウィリアム・カレッジやベンガル・アジア協会にゆかりの東洋学者たちの協力でカルカッタ第二版が刊行された。こちらも、ある意味では植民地主義の産物である。この両者は表現の細部などに異同があるものの、ほぼ同一内容の物語千一夜分を完備し、現在に至るまでこのアラビア語説話集の標準的原典と見なされている。

三つ目に挙げたブレスラウ版は、現在のポーランド南西部の都市ヴロツワフ（ドイツ語名ブレスラウ）の王立大学アラビア語教授ハビヒト（Maximilian Habicht. 一七七五〜一八三九）とその後継者フライシャー（Heinrich Leberecht Fleischer. 一八〇一〜八八）が刊行した原典版だが、さまざまな写本から寄せ集めた混成物の観があって、研究者以外にはあまり利用されてこなかった。ベイルート版は、同地のイエズス会神父サーリハーニー（'Anṭūn Ṣāliḥānī. 一八四七〜一九四一）が、ブーラーク版やカルカッタ第二版から猥雑な箇所を削除・改変し、一部はブレスラウ版独自の物語も取り入れた、現在までアラブ世界で版を重ねる一般向けの刊本である。

（2）ガランによるフランス語訳の意味

一九世紀にこうしたさまざまのアラビア語原典版が刊行されるようになった背景には、ヨーロッパの東洋学者の活動があった。その立役者となったのが、フランスのガラン（Antoine Galland. 一六四六〜一七一五）である。彼はイスタンブルをはじめシリア、エジプトなど中東各地に三回に亘って長期滞在し、王宮の収蔵庫や図書室のための古物蒐集担当官として骨董品や古銭、古写本などを探索、関連する主題について多くの著作を残している。一七〇〇年より少し前、たまたま「海のシンドバードの物語」の写本を入手したが、やがてそれが『千一夜物語』と呼ばれる大きな説話集の一部を成すらしいと知り、アレッポから『千一夜物語』の写本三冊（あるいは、失われた四冊目が存在したとも言われる）を取り寄せる。その翻訳を中心に、一七〇四年から歿後の一七一七年にかけて刊行されたのが、ガラン訳『千一夜物語』*Les mille et une nuit: contes arabes* 全一二巻である。

これは、ペロー（Charles Perrault. 一六二八〜一七〇三）の『童話集』（一六九七年）などの刊行によって説話への関心が高まっていた当時のフランス上流社会を中心に大評判となり、同時にヨーロッパ各国語訳も続々と現れるに至る。英語圏で『アラビアの夜の愉しみ』*Arabian Nights' Entertainments* すなわち『アラビアン・ナイト』という名前が作られたのもこの時期である。ガラン訳はアラビア語原典版より一世紀以上早く、印刷本として初めて世界に登場し、ヨーロッパ人にこの説話集の存在を知らしめるという重要な役割を果たしたことになる。それは同時に、ヨーロッパの東洋学者や一般読者の関心をも惹き、アラビア語原本探索の情熱が一九世紀のアラビア語原典版の刊行へと繋がったのだった。

そもそもアラブ世界では、『千一夜物語』は広場や街頭、茶店などで講釈師が語り演じたり、家庭での夜伽《よとぎ》の素材とされたりする大衆文学であったため、知識人階級はこれを正統的な文学の範疇には含めず、荒唐無稽で低俗な娯楽作品として低い価値しか与えてこなかった（ʿAmīn, 1953, p.56）。また、語り物として著名な『バヌー・ヒラール物語』*Sīra Banī Hilāl* や『アル＝マリク・アッ＝ザーヒル・バイバルス物語』*Sīra al-Malik al-Ẓāhir Baybars*,『アンタラ物語』*Sīra ʿAntara*,『サイフ・イブン・ズィー・ヤザン物語』*Sīra Sayf ʾibn Dhī Yazan* といった多くの大衆文学作品に比べると、『千一夜物語』はむしろ目立たない存在の一つに過ぎなかった。一八世紀のアレッポでも、一九世紀初頭のエジプトでも、『千一夜物語』の完全な写本は稀少だったという[2]。アラブの人々がこの説話集の価値に気づき、自らの伝統的遺産としてこれを再発見したのは、ヨーロッパでの関心の高まりと流行の結果である。

（3）作られた物語集

まったくの偶然ながら、ガランが入手した三冊は、一四世紀後半から一五世紀前半頃にまで遡る、現存する最古の『千一夜物語』写本であった。現在、パリの国立図書館に保存されているこのガラン写本は、近年、合衆国の研究者マフディー（Muḥsin Mahdī 一九二六〜二〇〇七）によってライデン版（Mahdī, 1983–94, Vol.1）として校訂・刊行された。しかしそこには第二八二夜までの四〇話ほどが収録されているだけで、結末もない。ガランは、この写本に依拠しつつも、先に独立した一七世紀の写本から訳してあった「海のシンドバードの物語」——これは元来『千一夜物語』とは無関係であった可能性が高い——を挿入し、さらに第八巻以降は、アレッポの修道士の記憶や別のアラビア語写本に依拠しながら翻訳を進めていった。つまり、ガラン訳のうち、元来のアラブ世界における『千一夜物語』は過半に過ぎず、残りは主としてガラン自身の付加によって創造されたことになる。こうした追加部分には「アラジン、あるいは不思議なランプの物語」「アリババと、女奴隷に退治された四〇人の盗賊の物語」「アフマド王子と妖精のパリー・バーヌーの物語」など、著名な物語も多く含まれている。

同様のことは、アラビア語原典版についてもあてはまる。先にも触れた通り、原典版は千一夜分の物語を充当するために、本来は無関係であった多くの説話を内部に取り込んでいる。「ウマル・アン＝ヌゥマーン王とその二人の御子シャッルカーンとダウ・アル＝マカーン、そして彼らに起こった驚異と珍奇の物語」（第四五～一四五夜）、「女奴隷タワッドゥドの物語」（第四三六～四六二夜）、「女のずるさとたくらみの物語」（第五七八～六〇六夜）、「ジャリーアード王とその息子ウィルド・ハーンとの物語」（第八九九～九三〇夜）などがそれに含まれる。ブーラーク版は一七七五年頃にエジプトで作られた千一夜分の物語と結末とを含む写本に依拠し、カルカッタ第二版はブレスラウ版の一部（これ自体、ガラン写本に起源を持つ）やカルカッタ第一版（一八一四～一八年刊）などの合成物であった。[3]

つまり、『千一夜物語』をあくまでもアラブ文学の一作品ととらえるやや窮屈な見方を取るならば、ガラン訳はそこから逸脱したヨーロッパ人の創造物ということになり、アラビア語原典版もまた、標題の「千一夜」に即した体裁を整えるために急遽拵えられた混成物ということになるかもしれない。しかし、これを世界文学の一環として見れば、世界史におけるアラブ世界とヨーロッパ人東洋学者との出会いの産物として評価することもできる。いずれにせよ、この説話集が書物の形態を取って刊行されるためには、アラブ世界とヨーロッパとの文化接触が必要だったことだけは確かである。

2　さまざまな翻訳

(1)　道徳律への配慮

アラブ世界の物語を書物としてヨーロッパ人読者に伝えるうえで重要な役割を果たしたのが、各国語への翻訳者の存在である。ガランの仏訳の登場以来、その重訳や翻案が数多くなされる一方で、アラビア語原典版が刊行されると、今度はそれらを底本とした新たな翻訳も現れるようになる。ここでは一九～二〇世紀に刊行された翻訳の代表例として、主としてブーラーク版に依拠した二点、

・レイン（Edward William Lane. 一八〇一～七六）の英語抄訳　全三巻、一八三九～四一年。

・マルドリュス（Joseph Charles Victor Mardrus. 一八六八～一九四九）の仏訳　全一六巻、一八九九～一九〇四年。

を、またカルカッタ第二版に依拠した翻訳から、

・ペイン（John Payne. 一八四二～一九一六）の英訳　全九巻＋補遺三巻、一八八二～八四年。

・バートン（Richard Francis Burton. 一八二一～九〇）の英訳　全一〇巻＋補遺六巻、一八八五～八八年。

・リットマン（Enno Littmann. 一八七五～一九五八）の独訳　全六巻、一九二一～二八年。

を挙げておこう。ガラン訳を含め、これらの翻訳にはそれぞれ特徴があり、読者はどの翻訳を繙くかによって異なった『千一夜物語』像を抱くことになっただろう[4]。

一例として、全体の枠物語（序話）において、シャハリヤール王の留守中、王宮の中庭で王妃らが奴隷たちと繰り広げる性の饗宴の場面を取り上げてみよう。大雑把に見ると、こうした猥雑な描写を削除して、言わば滅菌した本文を提供するのがガラン訳とレイン訳である。まず、ガラン訳の底本となったガラン写本（ライデン版）とガラン訳とを並置して示そう。

（a）ガラン写本

王妃が「マスウードや、マスウードや」と叫ぶと、一人の黒人奴隷が樹の上から地面に飛び降り、すぐさま彼女の許にやってきました。そして彼女の脚を持ち上げると、太腿のあいだに入り込み、彼女と戯れました。マスウードが王妃の上に乗っているあいだ、一〇人の黒人奴隷も一〇人の女奴隷の上に乗り、彼らは正午までこうした戯れをやめませんでした。

wa-ṣāḥat al-sitt yā masʿūd yā masʿūd, fa-naṭṭa ʿabd ʾaswad min fawq al-shajara ʾilā al-ʾarḍ wa-ṣāra fī al-ḥāl ʿind-hā wa-shāla sīqān-hā wa-dakhala bayn ʾawrāk-hā wa-waqaʿa ʿalay-hā, wa-ṣārat al-ʿashara ʿalā al-ʿashara wa-masʿūd fawq al-sitt, wa-lam yazālū ka-dhālika ʾilā niṣf al-nahār.

(Mahdi, 1984-94, Vol. 1: p. 59)

（b）ガラン訳

王妃が「マスウードや、マスウードや」と叫びながら手を叩くと、別の黒人が樹の上から下りてきて、大急ぎで彼女の傍らに駆け寄りました。

これらの女たちと黒人たちとのあいだに起こった事柄の一部始終を物語るのは、私の羞恥心（pudeur）が許しません。それに、それらを細々と語る必要もないのです。

[E]lle frappa des mains en criant: Masoud, Masoud! et aussitôt un autre noir descendit du haut d'un arbre, et courut à elle avec beaucoup d'empressement.

La pudeur ne me permet pas de raconter tout ce qui se passa entre ces femmes et ces noirs, et c'est un détail qu'il n'est pas besoin de faire.

(Galland, 1988, Vol. 1: p. 5)

一般にガラン訳は、対応する写本が存在する部分について見る限り、原文を比較的忠実に辿っているのだが、猥雑な箇所には婉曲表現が用いられ、右の引用のように原文を省略する旨を明記している個所も存在する。[5] これは、当時の彼の主たる読者であったルイ一四世（Louis XIV. 在位一六四三～一七一五）の宮廷に集まる人々の趣味を考慮した結果である。こうした特徴を持つガラン訳がのちに、児童文学としての翻案や改作のさいの底本に選ばれたのも当然であろう。

同様の配慮は、イギリス・ヴィクトリア朝（一八三七～一九〇一）の厳格な道徳律の支配下にあったレイン訳についても見られる。底本となったブーラーク版と並べて示そう。

（c）ブーラーク版

それから王妃が「マスウードや」と叫ぶと、一人の黒人奴隷が彼女の許にやってきて抱擁し、王妃も彼を抱擁しました。彼が王妃と交わっているあいだ、残りの男奴隷たちも女奴隷たちと同様の交わりを行い、彼らは日が傾くまで、接吻や抱擁や媾合《まぐわい》などをやめませんでした。

wa-ʾidhā bi ʾimraʾa al-malik qālat yā masʿūd fa-jāʾa-hā ʿabd ʾaswad fa-ʿānaqa-hā wa-ʿānaqat-hu wa-wāqaʿa-hā wa-ka-dhālika bāqī al-ʿabīd faʿalū bi al-jawārī wa-lam yazālū fī baws wa-ʿināq wa-nayk wa-naḥw dhālika ḥattā wallā al-nahār.

（al-Sharqāwī, 1835, Vol. 1: p. 3）

（d）レイン訳

それから王妃が「メスウードや」と叫ぶと、直ちに一人の黒人奴隷が彼女の許にやってきて抱擁し、王妃も彼を抱擁しました。他の奴隷たちと女性たちも同様にし、彼らはみな、日が傾くまで大騒ぎを続けました。

The King's wife then called out, O Mes'ood! and immediately a black slave came to her, and embraced her; she doing the like. So also did the other slaves and the women; and all of them continued revelling together until the close of the day.

（Lane, 1979–81 [1859], Vol. 1: p. 5）

ここでは、性的交渉を意味する"wāqaʿa"という原語が「抱擁（embrace）」に、「接吻や抱擁や媾合」の部分が「大騒ぎ（revelling）」という無難な単語に、断わりもなしに置き換えられている。レイン版自体は、訳者の長年に亘るエジプト滞在の経験を生かした学術的な注が多く付され、きわめて良心的な翻訳に仕上がっているが、道徳的に不穏当な箇所の改変については、序文でそうした全体的方針が示されていることを別とすれば、必ずしも個別に注記がなされているわけではない。しかし、こうした翻訳方針が、レイン訳を家庭や児童の読書に適したものとしている点はガラン訳とも共通する。

（2）　付加と改変

これらと逆向きの改変を行っているのが、バートンとマルドリュスの訳である。バートンはナイル川源流の探索をはじめとする多くの探検行で知られ、ヴァーツヤーヤナ（Vātsyāyana. 四世紀頃）の『カーマスートラ』*Kāma-Sūtra* やナフザーウィー（al-Nafzāwī. 一五世紀頃）の『匂える園』*al-Rawḍ al-ʻAṭīr* といった性愛文献を含む多言語からの膨大な翻訳を残している。彼の翻訳は、とくに猥雑箇所の誇張表現と、性風俗に関する異常なまでの関心を反映させた膨大な注が特徴である。右に引いたのと同じ、序話の場面は次のように訳されている。

（e）カルカッタ第二版

それから王妃が「マスウードや」と叫ぶと、一人の黒人奴隷が彼女の許にやってきて抱擁し、王妃も彼を抱擁しました。彼が王妃と交わっているあいだ、男奴隷たちも女奴隷たちと同様の交わりを行い、彼らは日が傾くまで、接吻や抱擁や媾合《まぐわい》や戯れをやめませんでした。

wa-ʼidhā bi ʼimraʼa al-malik ṣāḥat yā masʻūd fa-jāʼa-hā ʻabd ʼaswad fa-ʻānaqa-hā wa-ʻānaqat-hu wa-wāqaʻa-hā wa-ka-dhālika al-jawārī faʻalū bi-him al-ʻabīd wa-lam yazālū fī baws wa-ʻināq wa-nayk wa-riḥāq ḥattā wallā al-nahār.

（Macnaghten, 1839–42, Vol. 1: p. 3）

（f）バートン訳

間もなく王妃が「おおわが殿、サイード様、こちらへいらして下さいな」と大声で叫ぶと、木立のなかの一本の樹から、白目を剝《む》き出しにしたまま目をぎょろつかせ、涎を流した巨大な黒人がさっと飛び降りましたが、それは実に忌まわしい光景でした。彼は大胆にも王妃に近づくと、その首に腕を巻きつけ、王妃も彼をひしと掻き抱きました。それから男は彼女に接吻し、まるで釦孔《ぼたんあな》が釦を締めるように、自分の脚を相手の脚に絡ませ、彼女を押し倒して楽しみました。他の奴隷たちも女を相手に同じ真似をし、誰もが自分の情欲を満足させたのです。彼らは日が傾き始めるまで、接吻や抱擁や媾合や戯れをやめませんでした。

[T]he Queen [. . .] presently cried out in a loud voice, “Here to me, O my lord Saeed!” and then sprang with a drop-leap from one of the trees a big slobbering blackmoor with rolling eyes which showed the whites, a truly hideous sight. He walked boldly up to her and threw his arms round her neck while she embraced him as warmly;

then he bussed her and winding his legs round hers, as a button-loop clasps a button, he threw her and enjoyed her. On like wise did the other slaves with the girls till all had satisfied their passions, and they ceased not from kissing and clipping, coupling and carousing till day began to wane;

(Burton, 1885, Vol. 1: p. 6)

バートン訳の底本はカルカッタ第二版とされているが、引用部分については細かな措辞の違い——同義語による置き換えや語順の変更——を別とすれば、本文はブーラーク版とほとんど同一である。ところが、そのアラビア語原文と対照すると、対応するのは傍線部分のみで、残りはすべてバートンの付加であることが判る。黒人奴隷の容姿や表情、「まるで釦孔が釦を締めるように」といった性交場面の描写などは、この説話集に好色文学の名を与えるのに十分である。さらにバートンは、「実に忌まわしい光景でした」という箇所に、本文とは直接関係のない、かなり露骨な性風俗に関する注を付している[6]。本文へのこうした典拠のない加筆や注記は、バートン訳においては猥雑箇所にとくに多く見られる。その他、同訳は訳者が創作した艶笑譚や猥褻詩さえ挿入され[7]、底本から大きく逸脱した内容であることは否めない。

他方、マルドリュス訳も「没我的逐字訳」(Mardrus, 1899-1904, Vol. 1: p. xx) という触れ込みにもかかわらず、実際は訳者による自由な翻案と言うべき内容になっている。亡命グルジア人家系に属するマルドリュスは、カイロに生まれ、パリで医学を修め、北アフリカのフランス植民地で医務官として活動、パリでマラルメ (Stéphane Mallarmé 一八四二〜九八) をはじめ多くの文学者の知遇を得て、その翻訳は当時一世を風靡した。当該箇所については、

(g) マルドリュス訳

それから突然、王妃が「おおマサウード、やあマサウード」と叫ぶと、すぐに彼女の許へ一人の屈強な黒人奴隷が駆け寄ってきて抱擁し、王妃もまた彼を抱擁しました。それから黒人奴隷は、彼女を仰向けに倒し、その上にのしかかりました。それを合図に、他の男奴隷たちもみな、女性たちを相手に同じことをしたのです。一同は長いあいだそれを続け、夜明けが近づくまで接吻や抱擁や媾合《まぐわい》やそれに類した事柄をやめませんでした。

Et soudain la femme du Roi s'écria: « O Massaoud! Ya Massaoud! » Et aussitôt accourut vers elle un solide nègre noir qui l'accola; et elle aussi l'accola. Alors le nègre la renversa sur le dos et la chargea. A ce signal, tous les autres esclaves hommes firent de même avec les femmes. Et tous continuèrent longtemps ainsi et ne mirent fin à leurs baisers, accolades, copulations et autres choses semblables qu'avec l'approche du jour.（Mardrus, 1899-1904, Vol. 1: p.5）

と、バートンに比べれば加筆や改変（傍線部分）は比較的控えめである。しかし、翻訳全体として見ると、文学的香気を高めるための自由な装飾が随所に施され、底本とされるブーラーク版やその他の原典版には存在しない物語をさまざまな箇所から集めてきて、それを千一夜の枠内に収めるなど、アラビア語原本の面影をほとんどとどめていない。

（3）中性的な翻訳

これらに対し、アラビア語原文に忠実で、訳者の個性を抑えた翻訳がペインの英訳とリットマンの独訳である。ペインは詩人・翻訳家として生涯を過ごし、ウマル・ハイヤーム（'Umar Khayyām. 一〇四八～一一三一）からボッカチオ（Giovanni Boccaccio. 一三一三～七五）、フランソワ・ヴィヨン（François Villon. 一四三一頃～六三以降）に至る多様な作品の翻訳を残している。彼の『千一夜物語』は英語圏における最初の全訳であるが、五〇〇部の限定出版であったことや、直後に刊行されたバートン訳――それはペイン訳の剽窃と非難されている――の蔭に隠れて忘れ去られてしまった観がある。右と同じ個所の訳しぶりは以下のごとくである。

（h）ペイン訳

それから王妃が「マスウードや」と叫ぶと、一人の黒人奴隷が彼女の許にやってきて抱擁し、王妃も彼を抱擁しました。彼が王妃と交わっているあいだ、他の奴隷たちも女性たちと同様の交わりを行い、彼らは日が傾き始めるまで、接吻や抱擁や媾合《まぐわい》や戯れをやめませんでした。

Then the queen called out, "Ho, Mesoud!" And there came to her a black slave, who embraced her and she him. Then he lay with her, and on like wise did the other slaves with the girls. And they ceased not from kissing and clipping and clicketing and carousing until the day began to wane.

(Payne, 1882-84, Vol. 1: p. 3)

底本としたカルカッタ第二版の対応箇所と比べると、ペイン訳は原文を過不足なく訳出していることが判る。"lie with" は単に「〜とともに横たわる」という文字通りの意味ではなく、「〜と性交する」という古語の意味を響かせているのだろう。ちなみに、原文の「接吻や抱擁や媾合や戯れ」を "kissing and clipping and clicketing and carousing" と頭韻を踏む四単語に置き換える工夫がなされている部分は、バートンによって "kissing and clipping, coupling and carousing" とほとんどそのまま踏襲＝剽窃されており、バートンがいかにペイン訳に負っているかがここからだけでもよく窺われる。ペイン訳とバートン訳とが出揃った一八八六年の段階で、批評家のリーヴ（Henry Reeve. 一八一三〜九五）は、ペイン訳が原文に忠実なあまり、原文の持つ野卑さ（indelicacy）まで再現してしまっていると批判しながら、「ガラン訳は子ども部屋向き、レイン訳は図書館向き、ペイン訳は書斎向き、そしてバートン訳は下水溝向き」（Reeve, 1886, p. 184）という有名な評言を残している。これは正鵠を射た判断だっただろう。

最後に、長らくチュービンゲン大学教授を務めたリットマンの独訳についても一瞥しておこう。彼の訳は原文に忠実な、ときに生真面目過ぎる訳として、主として研究者から高い評価を勝ち得てきた。

（i）リットマン訳

しかし王妃が「マスウードや」と叫ぶと、一人の黒人奴隷が彼女の許にやってきて抱擁し、王妃も彼を抱擁し、彼は王妃の上に身を重ねました。男奴隷たちも女奴隷たちと同様の交わりを行い、日が傾くまで、接吻や抱擁や戯れや情交は果てることがありませんでした。

Die Königin aber rief: »Mas'ûd!« Da kam ein schwarzer Sklave und umarmte sie, und auch sie schloß ihn in ihre

Arme, und er legte sich zu ihr. Ebenso taten die Sklaven mit den Sklavinnen; und es war kein Ende des Küssens und Kosens, des Buhlens und Liebelns, bis der Tag zur Neige ging.

(Littmann, 1984 [1921-28], Vol. 1: p. 21)

いくらかおとなしくそっけない訳であるうえ、ペイン訳と比べると文の切り方に多少の異同はあるが、原文に忠実であることに変わりはない。

これら多様な翻訳に関する問題は、ペイン訳やリットマン訳のような地味で中性的な翻訳より、バートンやマルドリュスのような癖のある、訳者の個性が強く打ち出された——とくに猥褻趣味を強調した——訳の方が一般に持て囃され、それこそが本来の『千一夜物語』の姿だと多くの読者に誤解されてきた点にある。それが、読者の異国趣味や「官能的東洋」という固定観念をいっそう増大させたことは疑いがない。

3　異文化を見る窓

(1)「中世アラブ社会の縮図」

『千一夜物語』は、その絶大な人気のゆえに、ヨーロッパの人々のあいだに中東世界への関心を掻き立て、彼らがその世界を知るための参考書となってゆく。その際に注意すべきは、翻訳者たち自身がこの説話集を「中世アラブ社会の縮図」ととらえていた点であろう。

最初の翻訳者であるガランは、『千一夜物語』の序文において、同書が「オリエントの人々の風俗習慣や、マホメット教および異教の儀礼」によって人々を楽しませてくれ、しかも「それらの事柄は、それについて記した著述家たちの作品や、旅行家たちの報告書以上によくここに書き留められている」(Galland, 1988, Vol. 1: pp. XXXI-XXXII) と述べ、物語自体の持つ面白さのみならず、中東の社会を知る資料としての価値にも言及している。他方、レインは、ペルシアやトルコ、インドへの旅行者はしばしば、ガラン版の曖昧な性格に欺かれて、これらのアラブの物語がそれら諸国の現地人に固有の風俗を描写していると思い込んできた。だが（中略）舞台がペルシアやインド、あるいは中国に設定されているときでさえ、ほとんどの場合、物語の叙述する人々や衣裳や建造物が見られるのはアラブ諸国、とりわけエジプトなのである。
（Lane, 1979-81 [1859], Vol. 1: pp. ix-x）

として、「アラブの性格や風俗習慣を叙述する際の完全性と忠実性」（Lane, 1979-81, Vol. 3: p. 686）にこそ、物語の主要な価値が存することを強調している。彼は、説話集の最終的形態が一六世紀にまとめられて以来、その写本はほとんど手を加えられることなく一九世紀に印刷・刊行されたという立場を取っていた。コーヒーや煙草、大砲といった、一六世紀以降にアラブ世界に導入された事物への言及は、写字生による付加と見なしている（Lane, 1979-81[1859], Vol. 2: p. 293, Notes 100; Vol. 3: p. 563, Notes 2 and 8, p. 679）。これは、写本に関する知見が格段に拡大した現代の時点から見ればいささか楽天的に過ぎる見方であるが、いずれにせよ、その前提にあるのは、一七九八～九九年のナポレオン遠征を契機とする急速な近代化が始まる以前、アッバース朝からマムルーク朝に至るまで、アラブ世界ではほとんど変化や進展のない「中世」が続いていたという考え方である。

（2）　準拠枠としての説話集

ヨーロッパからの旅行者たちが中東の現実を眺める際、『千一夜物語』をいかに重要な参考書としていたかは、数多くの旅行記の記録から容易に窺うことができる。たとえばガラン訳刊行の直後、一七一六年から一八年にかけて、オスマン帝国の駐在大使としてイスタンブルに赴任する夫に同行、現地の風俗習慣を書簡に書き留めたモンタギュー夫人（Mary Wortley Montagu. 一六八九～一七六二）(8)は、一七一八年三月一〇日付けでロンドンなる妹フランセス（Frances Pierrepont, Lady Mar. 一六九〇～一七六一）に宛てた通信において、前スルタン・ムスタファ二世（Muṣṭafā II. 在位一六九五～一七〇三）の妃の邸を訪問したときの様子を詳細に報告したのち、次のように記している。

さてあなたは、これまでずっとあなたを楽しませてきたお話が、（少なくとも）私の手でたくさんの装飾を施されたものだと想像しておられることと存じます。これではあのアラビアの物語（the Arabian tales）にあまりにもそっくりだ（と、そうあなたはおっしゃるでしょうね）、刺繍されたナプキンにせよ、七面鳥の卵（a Turkey's egg）ほどもある大きな宝石にせよ。――でもあなたはお忘れですわ、あの物語こそまさにこの国の作者の手になるもので、（魔法を別とすれば）当地の風俗の本物の描写だということをね。

（Montagu, 1965–67, Vol. 1: p. 385）

「刺繍されたナプキン」とは、晩餐時の食卓に出された絹と金の縫い取りがある、花をあしらった豪華な使い捨ての紗の布切れ、「七面鳥の卵ほどもある大きな宝石」とは、前スルタン妃の頸飾りの先に付されたエメラルドを指している。夫人は信じがたいほどの奢侈を『千一夜物語』の描写になぞらえたうえで、そのいずれもが真実であることを確認する。もっとも、『千一夜物語』に描かれるアラブ世界と、現実に訪問したトルコ世界との差異はまったく捨象されてしまっている。

この後も、『千一夜物語』は東方旅行者の参照枠として利用され続ける。具体的な個別の物語への言及が見られる例としては、ナポレオンによるエジプト遠征に随行した画家・考古学者のドゥノン（Vivant Denon. 一七四七～一八二五）の旅行記が挙げられる。彼は、エジプトの床屋が「他のあらゆる場所におけると同様、偉大なお喋り屋で噂好き、政治屋で語り物師であり、『千一夜物語』中でしばしば賦与されたあの性格をそのまま保持している」（Denon, 1803, Vol. 3, pp. 232–233）と述べ、ガラン訳に収められた「せむしの物語」に登場するお喋り床屋への示唆によって、現実と物語との一致を確認する。また、一八七六年から翌七七年のイスタンブル滞在体験を反映させたロティ（Pierre Loti. 一八五〇～一九二三）の処女作『アジヤデ』*Aziyadé*（一八七九年）では、「昔話のアラジン（Aladdim）を思わせる服装」（Loti, 1989, p. 107; ロティ、九六頁）をしたスルタン宮殿の守衛への言及がある。ロティとほぼ同じ一八七八年から翌七九年にかけて、アラビア半島のネジュド地方を探検したイギリスのブラント（Anne Blunt. 一八三七～一九一七）も、ハーイル近くの険峻な谷間を見て、シンドバードの航海譚に登場する「蛇が棲むダイヤモンドの谷」（Blunt, 1881, Vol. 2, p. 28; ブラント、一九二頁）を想起している。

一方、イギリスの考古学者・探検家のベル（Gertrude Bell. 一八六八～一九二六）は、一九一四年に同じハーイルの町を訪問、十一日間に亘って軟禁状態に置かれる。三月二日、彼女はさまざまな不安や疑念や陰謀の渦巻くこの町での一週間を「『アラビアン・ナイト』のなかの一章を生きたかのように感じる」（O'Brien, 2000, p. 82）と、不倫の恋の相手でもある友人ダウティー＝ワイリー（Charles Doughty-Wylie. 一八六八〜一九一五）宛ての書簡に記し、さらに四日の晩、アミール（首長）の母親に招待されたときは、

> 私は（この奇妙な場所にある、月明かりに照らされた静かな幾筋もの道を厳かに馬に跨って通り抜けながら）出かけてゆき、宮殿の女たちと『アラビアン・ナイト』から直接抜き取られたような二時間を過ごしました。幾世紀ものあいだ生き続けてきた通りの、習慣において混じりけのない東方を見ることのできる場所はわずかしか残されていないと思いますが――ハーイルはその稀少な場所の一つなのです。
>
> （O'Brien, 2000, p. 85）

と述べて、中世以来不変の中東世界という観念と説話集とを結びつけてもいる。こうした例はほとんど枚挙に遑がないほどである。

それは中東への旅行者だけに限ったことではなかった。明治日本を訪問したヨーロッパ人のなかにも、日本での体験から『千一夜物語』の個々の説話を連想したグリフィス（William Elliot Griffis. 一八四三〜一九二八）のような事例がある。彼は一八七〇年にいわゆる「お雇い外国人」として来日、七四年まで福井や東京で教鞭を執った。その体験をもとに刊行した『皇国』*The Mikado's Empire*（一八七六年）は、ハーン（Lafcadio Hearn. 一八五〇〜一九〇四）やモース（Edward Sylvester Morse. 一八三八〜一九二五）の著作と並ぶ貴重な明治日本の記録として評価されている。そのなかで著者は、東京の浅草寺《せんそうじ》において、胡麻油で揚げる烏賊《いか》の悪臭を嗅いだときの体験に触れ、

> アリババが「開け胡麻」という呪文を唱えたとき、四〇人の盗賊の洞窟がなぜかくも簡単に開いたのか、この神国にやってくるまで私にはまったく判らなかった。今ならそれが判る。胡麻油でいっぱいのフライパンの一〇フィート風上

に立った者は誰でも、その臭いが、二〇もの扉を開かねばならないほど強いことに気づくからである。

(Griffis, 1900 [1876], p. 380; グリフィス、七〇～七一頁)

と記す。また、福井で役所の人員削減が敢行された際には、

幾世紀ものあいだ日本の最大の災厄は、働かない役人や怠惰な穀潰《ごくつぶ》しが多過ぎることだった。シンドバードは海の老人(the Old Man of the Sea)を振り落としたのだ。新生日本万歳。

(Griffis, 1900 [1876], p. 526; グリフィス、二三三頁)

と、馘《くび》になった役人たちを「海の老人」——「海のシンドバードの航海譚」の第五航海で、主人公の肩の上に両足を巻きつけたまま離れようとしない怪物——に譬えている。グリフィスはのちに、ガラン訳の英訳を編集・改作し、自ら序文を付した『千一夜物語』(Griffis, c. 1891)も手がけるほどこの説話集を好んでいたようだ。

(3) 藝術家たちの霊感源

『千一夜物語』の翻訳はヨーロッパの藝術家たちにも影響を与え、文学から美術、音楽、舞踊、のちには映画に至るまで、この説話集を霊感源としたさまざまな作品が生み出され、それがまた一般の人々の中東に対する見方を規定することになった。多くの場合、そこに描かれるのは、異国趣味に彩られた空想世界である(9)。

たとえば、作家ベックフォード(William Beckford. 一七五九～一八四四)の『ヴァテック』*Vathek*(一七八六年)は、怪奇趣味と残虐性に溢れたゴシック小説として知られ(Beckford, 1970)、メレディス(George Meredith. 一八二八～一九〇九)の『シャグパットの毛剃《けぞり》』*The Shaving of Shagpat*(一八五五年)は、魔神(genie)や怪鳥や魔法対決の現れる異空間を作り出す(Meredith, 1898)。他方、テニスン(Alfred Tennyson. 一八〇九～九二)の詩「アラビアン・ナイトの思い出」Recollections of the Arabian Nights(一八三〇年)では、「幼年時代の絹の帆」を輝かしい夏の朝風で孕ませながら、ティグリス河沿いにハールーン・

アッ＝ラシードの盛時のバグダードへと時間を溯行する体験が詠まれている（Tennyson, 1969, pp. 205-210）。ここでは、純粋無垢な至福に満ちた明るい少年時代の思い出と結びついた説話集の世界が、中世以来の時間が停止したかのごとき理想世界としての中東と同一視されている。

　翻訳書や再話本への挿絵は、画家たちが想像力を発揮する格好の舞台となった。とくに一八五〇年代以降、イギリスを中心に印刷技術の革新が起こり、石版画から六〇年代には木版、九〇年代以降はカラー印刷や写真版の技術が普及、児童文学の興隆とも相俟って挿絵の領域は飛躍的な発展を遂げる。たとえばクレイン（Walter Crane. 一八四五～一九一五）の絵本『アラジン』（Crane, 1875）には浮世絵版画の影響が見られ、中国や日本の風俗が黒人女性の召使と同居している。ラング（Andrew Lang. 一八四四～一九一二）の『アラビアン・ナイト』（Lang, 1898）に付されたフォード（H. J. Ford. 一八六〇～一九四一）の挿絵には、ラファエル前派の影響を受けたケルト風の女性像が描かれ、ハウスマン（Laurence Housman. 一八六五～一九五九）編『アラビアン・ナイトの物語』（Housman, 1907）や、『船乗りシンドバードその他の物語』（Dulac, 1914）を飾るデュラック（Edmund Dulac. 一八八二～一九五三）の挿絵には、浮世絵やペルシアの細密画の技法が反映する。「バートン・クラブ版」として知られるバートン訳の普及版（Burton, 1903）は、レッチフォード（Albert Letchford. 一八六六～一九〇五）の裸体画などを数多く収め、官能性を強調するバートン訳の特徴をいやが上にも高めていた[10]。

　音楽の分野では、リムスキー＝コルサコフ（Nikolai Rimsky-Korsakov. 一八四四～一九〇八）の交響組曲『シェエラザード』*Schéhérazade*（一八八八年）が一九一〇年、パリのバレエ・リュス公演において応用され、バクスト（Léon Bakst. 一八六六～一九二四）の衣裳、フォーキン（Mikhail Fokine. 一八八〇～一九四二）の振付、踊り手ニジンスキー（Vatslav Nijinsky. 一八九〇～一九五〇）の超人的技巧により、異国情緒と官能性に溢れた一幕物の舞踊劇に仕立てられた。ここでは、説話集の序話にある、王妃と金の奴隷との密通とハレムでの性の饗宴、シャハリヤールによる全員の処罰という筋立てが生かされている[11]。さらに、リムスキー＝コルサコフの作品の標題を借り、マルドリュス訳の影響を受けつつ作られたクリングソール（Tristan Klingsor. 一八七四～一九六六）の詩集『シェエラザード』*Schéhérazade*（一九〇三年）は同年、ラヴェル（Maurice Ravel. 一八七五～一九三七）によって歌曲集に編まれた。その第一編「アジア」は、アジア、アジア、アジアよ／夢のような、お伽話の古い国、／そこには幻想が眠っている／神秘にあふれた森の中の／女王のように、アジアよ、／私は出かけたい／今宵、港に揺れている帆船に乗って、／曰《いわ》くありげに、たった一人で、（後略）(12)

という旅への憧れで始まり、ダマスカスやペルシアの町々、「黒い顔に巻かれた絹の美しいターバン」や「藪睨みの／貪欲な商人たちと／裁判官と大臣ども」、「東洋の曲った大きなサーベルで／罪なき者の頸をちょん切る死刑執行人」らを見てみたい、異国の旅人として「魔法の宮殿」に留まりたい、戻ってからはシンドバードのように、夢見ることが好きな人々に冒険譚を語りたいという願望を列挙する。これは典型的な異国趣味の一覧表と言ってよい。

4 非ヨーロッパ世界での受容

（1） 日本と中国

ヨーロッパ世界で大流行した『千一夜物語』は、当然のことながら非ヨーロッパ世界へも伝播し、それぞれの地域や国の言葉に訳されていった。ここではその数例のみを紹介しよう。

日本では明治初年の永峰秀樹訳『開巻驚奇暴夜物語《あらびや》』（一八七五年）や、井上勤訳『全世界一大奇書』（一八八三～八八年）以来、主としてガラン版の英語訳をもとにしたさまざまな抄訳が行われてきた。とくに大正期以降は、児童文学の興隆とも相俟って、杉谷代水訳『新訳アラビヤンナイト』（一九一五～一六年）や中島孤島訳『アラビヤンナイト』（一九二九年）など、少年少女向けの優れた再話本が生まれている。一方、アラビア語原典版のヨーロッパ語訳からの重訳としては、レイン訳の全訳が大正末から昭和初年にかけて二種類（日夏、一九二五～二七。森田、一九二五～二八）、バートン訳の全訳が戦前（大宅、一九二九～三〇）と戦後（大場、一九五一～五六）に一種類ずつ、マルドリュス訳の全訳が戦前から戦後にかけて一種類（豊島他、一九四〇～五九）刊行された。戦前の大宅壮一訳は検閲に配慮した自己規制や伏せ字が多く、バートン訳自体が国内では稀覯本であったことも手伝って、「淫本」としての評判を高める結果になった。

全体としては、ヨーロッパ語訳を媒介としての受容であったため、児童文学と好色文学という二極分化した見方や、現実の中東アラブ世界を知るための準拠枠という捉え方もそのまま踏襲された点が特徴と言えよう。カルカッタ第二版からの全訳（前嶋・池田、一九六六〜九二）が実現したのは戦後になってからである。

中国では、日本に四半世紀ほど遅れた一九〇三年に最初の抄訳がガラン訳系統の英語版からなされ、以来『天方夜譚』ないしは『一千零一夜』の標題で、主として英訳をもとに、数多くの中国語訳が刊行されている。[13] アラビア語原典版からは、回族出身の納訓（一九一一〜八九）による、ベイルート版からの翻訳が存在する点が異色である。これは、冒頭にも紹介した通り、サーリハーニー神父により大幅な改変がなされた刊本であった。たとえば、序話の性の饗宴場面は、

（j）ベイルート版

彼らは飲んだり遊んだり、歌ったり詩を吟じ合ったりし始め、ついには日が傾くに至りました。

wa-ʾakhadhū fī al-shurb wa al-luʿb wa al-ghināʾ wa tanāshud al-ashʿār ḥattā wallā al-nahār.

（al-Ṣāliḥānī, 1956-58, Vol. 1: p. 6）

とまったく無難な表現に書き改められており、納訓もここを「她們（中略）又吃又喝、唱歌跳舞、一直玩到日落」（彼らは食べたり飲んだり、歌ったり踊ったりして遊び続け、ついに日没に至りました）と、ほぼそのまま訳している（納訓、一九五七、第一巻、二頁）。ガラン訳系統ないしはベイルート版のような「滅菌」された本文がもっぱら提供されてきた点に、中国の場合の特徴がある。

（2）中東アラブ世界

ガラン訳刊行以来、ヨーロッパにおける流行によって『千一夜物語』の価値を再認識したアラブ世界では、これを自らの

伝統的遺産の一部として回復しようとする動きが一九世紀末以降に顕著に見られるようになった。ベイルート版の刊行もその一環としてとらえることができる。だがとくに、演劇や文学の分野への影響は、ヨーロッパの場合に劣らぬほど広範囲に及んでいる。[14]

たとえば、アラブ世界最初の創作劇として知られる、レバノンのマロン派キリスト教徒ナッカーシュ(Mārūn al-Naqqāsh, 一八一七~五五)による『愚か者アブー・アル＝ハサン』*'Abū al-Ḥasan al-Mughaffal*(一八五〇年初演)は、ガラン訳に起源を持つ「目覚めた眠り人」による喜劇であった(al-Naqqāsh, 1869, pp. 108-271)。また、エジプトの作家フサイン Ṭāhā Ḥusayn(一八八九~一九七三)とハキーム Tawfīq al-Ḥakīm(一八九八~一九八七)の共作『魔法の城』(Ḥusayn/al-Ḥakīm, 1937)は、シャハラザードを登場させた最も初期のアラブ小説と言える。以後、現代に至るまで、シャハラザードとシンドバードは、アラブ世界の現状に諷刺や批判を加えたり、作家や詩人の悲哀や苦悩、あるいは希望を表現したりするために最も頻繁に利用される文学的形象となっている。

一九世紀末以降のアラビア語版『千一夜物語』の諸刊本についてまず注意すべきなのは、一四世紀に溯る中核をなす原話のみならず、後にヨーロッパで付加された部分をもそのまま受け入れている点である。たとえば、本来はアラビア語原本が存在しない「アリババ」「アラジン」といった物語も、ヨーロッパ語からアラビア語に訳し直され、一般に普及している。また、元来はヨーロッパ語訳に付された挿絵がそのまま、ブーラーク版の再刊本(al-'Adawī, 1931)や、現代の児童向け再話本(Kaylānī, 1987)に利用されているといった事実も存在する。これは、ヨーロッパ人画家が半ば想像で描いたアラブ社会の映像を、アラブの人々自身が違和感なく受け入れている例ということになるだろう。

第二に、猥褻表現への対応である。ベイルート版がこの点では大幅な改変を行って、無難な刊本として広くアラブ世界で受容されてきたことは前述した。しかし一九八五年、無削除版と銘打った、原本の性愛表現をそのまま収めた刊本がベイルートで出されるや、エジプトでこれを発禁処分にするという事態も生じている(Pinault, 1992, pp. 3-4)。カルカッタ第二版の影印版(Macnaghten, 1996-97)も、カイロで刊行直後に発禁とされた。戦後のヨーロッパ世界とは異なる倫理基準を持つ世界では、猥褻表現への許容度に差が生じるのは当然のことであろう。

この説話集は、近代以降に世界全体に伝播し、多くの有名な物語や登場人物たちを共有財産とした点では、まさに世界を繋ぐ書物であったと言えるだろう。ただし、標題こそ同一であっても、時代や地域によって、その成立事情や内容、分量、言語、受容形態などは少しずつ変化していった点に特徴がある。言い換えれば、書物としての説話集は複数の文化を跨ぐ形で、その相互作用の中で成立し、伝播していったが、その過程で説話集自体も変容し、受容の仕方も地域や文化、時代によって異なっていたことになる。それは、たしかに世界を繋ぎはしたが、同時に、異文化に対する誤解や固定観念を生み出すことで、逆に世界を分断する働きもした。

とくに第二次大戦後は、地域を問わず、映画や演劇、音楽、絵画、アニメーションなど、書物以外の媒体への『千一夜物語』の応用が一般化すると同時に、さまざまな物語や筋立て・道具立て、登場人物などが部品として取り出され、それらが独自に組み合わせられて新たな物語が生み出される機会も増えている。もはや一冊の書物としての『千一夜物語』を読まなくとも、人々は別の経路でその内容に触れることができるのである。いやそれどころか、最近では主なヨーロッパ語訳が電子図書館でも読めるようになり、そもそも紙媒体の書籍としての『千一夜物語』という概念自体が揺らぎつつあるようにも見受けられる。かつて書物として世界を繋いだこの説話集は、流布と拡散の結果、今度はそれぞれの文化の内部で解体し、溶解して、別の媒体に変容してゆきつつあるのかもしれない。

（二〇一四年九月七日脱稿）

注

＊　引用文中の並字の丸括弧内は原文自体の注記ないし補足、小字の丸括弧内は訳語に対応する原語を示す。

＊　出典注に原文と邦訳の書誌情報を付した引用文は、とくに断わりがない場合、必ずしも邦訳には依拠していない。

（1）『千一夜物語』全般についての最新の研究成果は、Marzolph/Leeuwen（2004）に簡潔にまとめられている。

（2）Russell（1794, Vol. 1, pp. 384-385, Note IIIVIII）; Lane（2003 [1860], pp. 414-415）. ラッセル（Alexander Russell. 一七一五～六八）の異母弟で、第二版の編者パトリック（Patrick. 一七二六～一八〇五）がもたらした写本は、第二八一夜までを含む「ラッセル写本」（一七五〇年から一七七一年のあいだに書写）として知られ、後に触れる「カルカッタ第一版」（Shirwānī, 1814-18）のもとになった。

（3）『千一夜物語』の写本伝承、ガランの役割、校訂版の成立については、Mahdi（1983-94, Vol. 3）および Grotzfeld（2004）などが詳しく論じている。カルカッタ第一版については、前注（2）参照。

（4）主要なヨーロッパ語訳の比較と評価については、Gerhardt（1963, pp. 65-113）が詳しい。

（5）こうした訳者自身の言葉の挿入は、例えば二世紀以上あとのウェイリー（Arthur Waley. 一八八九～一九六六）訳『源氏物語』においても、「若紫」巻で源氏と藤壺が密会する場面で、「起こった事柄のすべてを私が語る必要はございません」I need not tell all that happened（Waley, 1925-33, Vol. 1, p. 158）といった形で現われる。ウェイリーは日本の伝統的物語文学における「草子地《そうしじ》」（作者が説明・注釈を加える部分）の手法を援用して、原文（池邊義象編、一九一四、一二七頁）にはない言葉を挿入している。

（6）Burton（1885, Vol. 1, p. 6, note 1. 邦訳＝大場、一九五一～五六、第一冊、二四三頁）。「淫蕩な女たちが黒人を好むのは、彼等の陰部が大きいからである。私は嘗つてソマリランドである黒人のものを測つたが、普通の時にほぼ六吋《（インチ）》あつた。これは黒人種やアフリカ産動物、例へば馬の一特徴である。これに反して、純アラビア族――人も動物も――はヨーロッパの平均水準に達しない（後略）」（引用の大場訳原文は旧字体。丸括弧付きのルビは引用者による）。

（7）艶笑譚は Burton（1885, Vol. 5: pp. 135-137, "How Abu Hasan Brake Wind." 邦訳＝大場、一九五一～五六、第一〇冊、一五一～一五四頁、第四一〇夜）。猥褻詩は Burton（1885, Vol. 3: p. 303. 邦訳＝大場、一九五一～五六、第七冊、七八頁、第二一六夜）。

（8）息子のエドワード（Edward Wortley Montagu. 一七一三～七六）も旅行家・外交官として東方と繋がりを持ち、一七六四～六五年書写の『千一夜物語』写本（オックスフォード・ボドレー図書館所蔵「ウォートレー・モンタギュー写本」）をエジプトからもたらしたことで知られる。

（9）ヨーロッパや北米における『千一夜物語』の波動については、たとえば Irwin（1994, pp. 237-292. 邦訳＝アーウィン、一九九八、三一三～三八八頁）に詳しい。

（10）一九世紀後半から二〇世紀にかけてのイギリスにおける『千一夜物語』挿絵の展開については、たとえば Hackford（1982）が論じている。

（11）この作品の成立や反響については、『ディアギレフのバレエ・リュス 1909-1929』四八～五〇頁などが参考になる。

（12）「アジア」の原詩と楽譜は Ravel（1966 [1914] pp. 1-38）、引用した窪田般彌（一九二六～二〇〇三）による訳詩は、Ravel（1995）附属冊子二四～二六頁による。

（13）　中国における『千一夜物語』の受容については、樽本（二〇〇六）が詳しく、同書二六五～二七四頁に「漢訳アラビアン・ナイト目録」が付されている。

（14）　アラブ世界での動きについては、Sa'd（1962）や Walther（2004）が詳しく論じている。なお近年では、『千一夜物語』の本来のアラビア語標題（アルフ・ライラ・ワ・ライラ）ではなく、英語名『アラビアン・ナイト』をそのままアラビア語に翻訳した『アラビアの夜』*al-Layālī al-'Arabīya*（アッ＝ラヤーリー・アル＝アラビーヤ）という呼称もしばしば目にするようになっている。

参考文献

（1）一次資料（『千一夜物語』刊本）

（a）　アラビア語

al-'Adawī, al-Shaykh Muḥammad Qiṭṭa (ed.). *'Alf Layla wa Layla.* 4 vols. Cairo: al-Maṭba'a al-Bahīya al-Miṣrīya, 1931.

Habicht, Maximilian/Fleischer, Heinrich Leberecht (eds.), *Tausend und eine Nacht, Arabisch, nach einer Handschrift aus Tunis.* 12 vols. Breslau: Josef Max & Comp. (Vols. 1–8)/ Ferdinand Hirt (Vols. 9–12), 1825–43.

Kaylānī, Kāmil. *'Alā' al-Dīn.* Qiṣaṣ min 'Alf Layla, no. 8. Cairo: Dār al-Ma'ārif, 1987.

Macnaghten, W. H. (ed.). *The Alif Laila, or Book of the Thousand Nights and One Night,* Commonly Known as 'The Arabian Nights' Entertainments;' Now, for the First Time, Published Complete in the Original Arabic, from an Egyptian Manuscript Brought to India by the Late Major Turner Macan, Editor of the Shah-Nameh. 4 vols. Calcutta: W. Thacker and Co. / London: Wm. H. Allen and Co., 1839–42; 4 vols. in 8 parts. al-Dhakhā'ir nos. 11–18. Cairo: al-Hay'a al-Miṣrīya al-'Āmma li Quṣūr al-Thaqāfa, 1996–97.

Mahdī, Muḥsin (ed.). *The Thousand and One Nights from the Earliest Known Sources.* Arabic Text Edited with Introduction. 3 vols. Leiden: E. J. Brill, 1983–94.

Ṣāliḥānī, 'Anṭūn (ed.). *'Alf Layla wa Layla.* 4th edition. Compiled by Ra'fat al-Buḥayrī. 7 vols. Beirut: al-Maṭba'a al-Kāthūlīkīya, 1956–58 [1889–90].

al-Sharqāwī, 'Abd al-Raḥmān al-Ṣafatī (ed.). *'Alf Layla wa Layla.* 2 vols. Maṭba'a Būlāq, 1835.

Shīrwānī, Shaykh 'Aḥmad 'ibn Muḥammad al-Yamānī (ed.). *The Arabian Nights Entertainments.* 2 vols. Calcutta: Printed by P.

Pereira, at the Hindoostanee Press, 1814–18.

（b） ヨーロッパ諸語

Burton, Richard F. *A Plain and Literal Translation of the Arabian Nights' Entertainments, Now Entituled, The Book of the Thousand Nights and a Night.* With Introduction Explanatory Notes on the Manners and Customs of Moslem Men and a Terminal Essay upon the History of the Nights. 10 vols. Benares: Printed by the Kamashastra Society for Private Subscribers Only, 1885.

——. *A Plain and Literal Translation of the Arabian Nights' Entertainments, Now Entituled, The Book of the Thousand Nights and a Night.* With Introduction Explanatory Notes on the Manners and Customs of Moslem Men and a Terminal Essay upon the History of the Nights. 10 vols. Printed by the Burton Club for Private Subscribers Only, n.d. [1903].

Crane, Walter. *Aladdin; or the Wonderful Lamp.* Shilling Series. Wood-Engraving by Edmund Evans. London, Glasgow and New York: George Routledge & Sons, 1875.

Dulac, Edmund. *Sindbad the Sailor & Other Stories from the Arabian Nights.* London: Hodder & Stoughton, 1914.

Galland, Antoine. *Les mille et une nuits: contes arabes.* Edition revue et préfacée par Gaston Picard, précédée d'une notice sur Galland par Charles Nodier, 2 vols. Paris: Garnier, 1988.

Griffis, William Elliot. *The Arabian Nights Entertainments.* Adapted for American Readers from the Text of Dr. Jonathan Scott, with an Introduction. 4 vols. Boston: D. Lothrop Company, c. 1891.

Housman, Lawrence. *Stories from the Arabian Nights.* Drawings by Edmund Dulac. London: Hodder and Stoughton, 1907.

Lane, Edward William. *The Thousand and One Nights, Commonly Called, in England, The Arabian Nights' Entertainments.* A New Translation from the Arabic, with Copious Notes, Illustrated by Many Hundred Engravings on Wood, from Original Designs by William Harvey. A New Edition, from a Copy Annotated by the Translator, Edited by His Nephew, Edward Stanley Poole. 3 vols. London: East-West Publications / Cairo: Livres de France, 1979–81 [London: John Murray, 1859].

Lang, Andrew. *The Arabian Nights Entertainments.* Selected and Edited, London: Longmans, Green, and Co., 1898.

Littmann, Enno. *Die Erzählungen aus den Tausendundein Nähten.* Vollständige Deutsche Ausgabe in sechs Bänden, zum ersten Mal nach dem Arabischen Urtext der Calcuttaer Ausgabe aus dem Jahre 1839 übertragen. 6 vols. Wiesbaden: Insel Verlag, 1984 [1921-28].

Mardrus, J. C. *Le livre des mille nuits et une nuit.* Traduction littérale et complète du texte arabe. 16 vols. Paris: Editions de la Revue Blanche (Vols. 1-11)/ Librairie Charpentier et Fasquelle (Vols. 12-16), 1899-1904.

Payne, John. *The Book of the Thousand Nights and One Night.* Now First Completely Done into English Prose and Verse, from the Original Arabic. 9 vols. London: Printed for the Villon Society by Private Subscription and for Private Circulation Only, 1882-84.

（c）　日本語

井上勤訳『全世界一大奇書』全一〇分冊、報告社（第一～五分冊）、報告堂（第六～一〇分冊）、一八八三～八五年。第一～一一分冊合本、福田栄造、一八八八年。

大場正史訳『バートン版　千夜一夜物語』全二一冊、角川文庫、一九五一～五六年。

大宅壮一（訳者代表）『千夜一夜』全一二冊、中央公論社、一九二九～三〇年。

杉谷代水訳『新訳アラビヤンナイト』上下、模範家庭文庫、冨山房、一九一五～一六年。

豊島与志雄・佐藤正彰・渡辺一夫・岡部正孝訳『千一夜物語』全二六冊、岩波文庫、一九四〇～五九年。

中島孤島訳『アラビヤンナイト』世界童話全集、近代社、一九二九年。

永峰秀樹訳『開巻驚奇暴夜《あらびや》物語』全二冊、奎章閣、一八七五年。

日夏耿之介訳『壹阡一夜譚《アラビヤンナイト》』世界童話大系第一二～一四巻、亜剌比亜篇一～三、全三冊、世界童話大系刊行會、一九二五～二七年。

前嶋信次・池田修訳『アラビアン・ナイト』全一八冊＋別巻一冊、平凡社東洋文庫、一九六六～九二年。

森田草平訳『千一夜物語』世界名作大観第二部、各国篇七～一〇、全四冊、国民文庫刊行会、一九二五～二八年。

（d） 中国語

納訓訳『一千零一夜』全三冊、北京・人民文学出版社、一九五七年。

（2） 一次資料（その他）

（a） アラビア語

Ḥusayn, Ṭāhā/al-Ḥakīm, Tawfīq. *al-Qaṣr al-Masḥūr*. Cairo: Maṭba'a Dār al-Nashr al-Ḥadīth, 1937.

al-Naqqāsh, Mārūn. *'Arza Lubnān*. Beirut: al-Maṭba'a al-'Umūmīya, 1869.

（b） ヨーロッパ諸語

Beckford, William. *Vathek*. Edited with an Introduction by Roger Lonsdale. London: Oxford University Press, 1970.

Blunt, Lady Anne. *A Pilgrimage to Nejd, the Cradle of the Arab Race*. Second Edition. 2 vols. London: John Murray, 1881.

Denon, Vivant. *Travels in Upper and Lower Egypt, in Company with Several Divisions of the French Army, during the Campaigns of General Bonaparte in that Country*. Translated by Arthur Aikin. 3 vols. London: T. N. Longman, O. Rees and Richard Phillips, 1803.

Griffis, William Elliot. *The Mikado's Empire*. Ninth Edition with Supplementary Chapters Including the War with China and History to 1898. New York and London: Harper & Brothers Publishers, 1900 [1876].

Lane, Edward William. *An Account of the Manners and Customs of the Modern Egyptians: The Definitive 1860 Edition*. Cairo: The American University in Cairo Press, 2003 [1860].

Loti, Pierre. *Aziyadé*. Préface, bibliographie, chronologie et notes de Bruno Vercier. Paris: GF Flammarion, 1989.

Meredith, George. *The Shaving of Shagpat: An Arabian Entertainment*. The Works of George Meredith. Vol. 25. London: Archibald Constable and Co., 1898.

Montagu, Lady Mary Wortley. *The Complete Letters*. Edited by Robert Halsband. 3 vols. Oxford: The Clarendon Press, 1965–67.

O'Brien, Rosemary (ed.). *Gertrude Bell: The Arabian Diaries, 1913–1914*. Syracuse, NY: Syracuse University Press, 2000.

Reeve, Henry. “The Arabian Nights.” *The Edinburgh Review*, Vol. 164 (No. 335), July 1886, pp. 166–199.

Russell, Alexander. *The Natural History of Aleppo: Containing a Description of the City, and the Principal Natural Productions in Its Neighbourhood*. The Second Edition, Revised, Enlarged, and Illustrated with Notes, by Pat. Russell. 2 vols. London: G. G. and J. Robinson, 1794.
Tennyson, Alfred. *The Poems of Tennyson*. Edited by Christopher Ricks. London: Longmans, Green and Co Ltd, 1969.
Waley, Arthur（tr.）. *The Tale of Genji: A Novel in Six Parts by Lady Murasaki*, 6 vols., London: George Allen & Unwin, 1925–33.

（c）日本語

池邊義象編『源氏物語』上、校註国文叢書第一冊、博文館、一九一四年。

グリフィス／山下英一訳『明治日本体験記』平凡社東洋文庫、一九八四年。

ブラント、レディ・アン／田隅恒生訳『遍歴のアラビア――ベドウィン揺籃の地を訪ねて』りぶらりあ選書、法政大学出版局、一九九八年。

ロティ、ピエール／工藤庸子訳『アジヤデ』新書館、二〇〇〇年。

（d）楽譜・録音資料

Ravel, Maurice. *Schéhérazade: Trois poèmes pour chant et orchestre（ou piano）*, sur des vers de Tristan Klingsor. Textes français et anglais. Paris: Durand & Cie, Editeurs, 1966 [1914].
――. *L'Enfant et les sortilèges/Shéhérazade*, London: The Decca Record, 1995（POCL-1537）.

（3）二次資料

（a）アラビア語

'Amīn, 'Aḥmad. *Qāmūs al-'Ādāt wa al-Taqālīd wa al-Ta'ābīr al-Miṣrīya*. Cairo: Maktaba al-Nahḍa al-Miṣrīya, 1953.
Sa'd, Fārūq. *Min Waḥy 'Alf Layla*. 2 vols. Beirut: al-Maktaba al-'Ahlīya, 1962.

（b）ヨーロッパ諸語

Gerhardt, Mia I. *The Art of Story-Telling: A Literary Study of the Thousand and One Nights*. Leiden: E. J. Brill, 1963.

Grotzfeld, Heinz. "The Manuscript Tradition of the *Arabian Nights*," in Marzolph/Leeuwen, 2003, Vol. 1, pp. 17-21.

Hackford, Terry Reece. "Fantastic Visions: British Illustration of the *Arabian Nights*," in *The Aesthetics of Fantasy Literature and Art*. Edited by Roger C. Schlobin. Notre Dame, Indiana: University of Notre Dame Press, 1982, pp. 143-175.

Irwin, Robert. *The Arabian Nights: A Companion*. London: Allen Lane, The Penguin Press, 1994.

Marzolph, Ulrich/Leeuwen, Richard van. *The Arabian Nights Encyclopedia*. 2 vols. Santa Barbara: ABC-CLIO, 2004.

Pinault, David. *Story-Telling Techniques in the Arabian Nights*. Leiden, New York and Köln: E. J. Brill, 1992.

Walther, Wiebke. "Modern Arabic Literature and the *Arabian Nights*," in Marzolph/Leeuwen, 2003, Vol. 1, pp. 54-61.

（c）日本語

アーウィン、ロバート／西尾哲夫訳『必携アラビアン・ナイト――物語の迷宮へ』平凡社、一九九八年。

樽本照雄『漢訳アラビアン・ナイト論集』清末小説研究会、二〇〇六年。

『ディアギレフのバレエ・リュス 1909-1929』展覧会図録、セゾン美術館、一九九八年。

コラム2　書籍商としての長崎屋

片桐一男

長崎と長崎屋に蘭書の出廻り

「書籍商としての長崎屋」といっても、これは難しい。

・　長崎屋が書籍商ではなかった。
・　しかし、書籍商としての機能も果たしていたと思える節もみえる。
・　過密化した近世都市・江戸の日本橋にあって、長崎屋が、何回類焼に遭い、全焼したことか、数えきれない。そのため長崎屋が一切の資料を失っている。

長崎屋が、自己を語る資料を失っているとなれば、周辺から零細な資料の収集に努め、再構成してみなければならない。短時日に出来ることではない。

ＪＲ新日本橋駅は地下深い。この駅が出来るその昔、地下蔵の資料も烏有に帰した。ますますわからなくなってしまった。

さて、四番出口を地上に出て振り返ると、壁面に、中央区民文化財として「長崎屋跡」を示すプレートが目に入る。

説明文に、「ここは長崎屋という薬種屋があり」とも、「長崎に駐在したオランダ商館長の江戸登城、将軍拝謁の際の定宿になりました」ともある。

江戸の庶民が見上げる窓越しに、チラッとオランダ使節たちの顔だけが見えている長崎屋の一景。葛飾北斎が『画本東都遊』に描く「長崎屋」図が添えてある。教科書をはじめとして、諸書が、長年、この図だけを紹介してきた。いかに資料不足であるかを示している。

注目の史跡でありながら、これだけでは、長崎屋が史的にどんな機能・役割を果たしてきたのか、ましてや「書籍商としての長崎屋」といわれても、さっぱりわからない。

それにもかかわらず、史跡に指定されている。先のプレートは「商館長に随行したオランダ人の医者の中には、ツンベルクやシーボルトなどの一流の医学者がいたので、蘭学に興味を持つ桂川甫周や平賀源内はじめ日本人の医者、蘭学者が訪問し、長崎以外における外国文化の交流の場として、あるいは、先進的な外国の知識を吸収していた場として有名になりました。（平成十四年三月）」と記している。蘭学創始の金字塔、杉田玄白らの『解体新書』誕生と所縁《ゆかり》深い記念の場所として知られているから区民の史跡になっているのであろう。

人体の構造を実見したいと、杉田玄白は刑死体の観臓（解剖を観察）許可を町奉行に願い出た。ようやく許可の知らせが、長崎屋の二階で会合していた玄白のもとにもたらされた。明和八年（一七七一）三月三日のことである。翌四日の観臓に集まった人のうち、前野良沢と杉田玄白が、奇しくも、同版のオランダの解剖書『ターヘル・アナトミア』を持っていた。前野良沢は先年長崎遊学時に入手したものであるという。杉田玄白の所持本は、先年長崎屋に滞在したオランダ人が譲ってもよいというものを、小浜藩酒井侯に買ってもらったもの。翌五日から築地鉄砲洲にある中津藩の前野良沢の宿所で翻訳開始、オランダ語の学習と同時進行の血の滲むような努力の様子は、のち『蘭学事始』に活写されている。四年後に成果『解体新書』の公刊をみ、蘭学普及の契機となった。よく知られていることである。

ここで注意すべきことは、その頃、長崎に蘭書が出廻っていたこと、江戸の長崎屋に蘭書がもたらされていた、ということである。長崎屋がどんな機能を果たしていたというのであろうか。

日蘭貿易——輸入の品々は何か

幕府がキリスト教の禁圧と貿易の維持・継続をはかって、一六四一年、平戸のオランダ商館を長崎の出島に移転させ、管理の徹底に踏み切った。のちに「鎖国」と呼ばれる時代の到来である。

鎖国体制下とはいえ、長崎港には、毎年、唐船と蘭船の定期的来航をみた。来航の唐人と蘭人、ともに外国人で日本語を話さない。貿易継続のためには通弁・通訳に従事する人材の用意をしなければならない。ここにおいて、貿易官兼通訳官としての唐通事と阿蘭陀《オランダ》通詞の養成がはかられた。

唐船の唐商、蘭船のオランダ商人は貿易業務に専念、珍奇で珍貴な船載の品々を持ち運んだ。加えて海外情報「風説書《ふうせつがき》」をもたらした。より確実な情報として、唐商は「書籍」を輸入した。漢籍の中に含まれる漢訳洋書、その中にキリスト教の布教に関わる書籍がみられるかどうかが大問題。書物目利《しょもつめきき》の働きが必要であり、長崎聖堂の向井氏が活躍した。輸入厳禁の「禁書」は焼却処分となった。

一方、蘭船でオランダ商人たちは貿易品として書籍を輸入したであろうか。

オランダ東インド会社の貿易品である本方荷物《もとかたにもつ》、主として反物類にも、上級商人の個人貿易品、雑貨を主体とする脇荷物《わきにもつ》にも、その荷物目録（リスト）を見分しても「書籍」は見当たらないのである。禁教政策の影響が大きく作用していたことかとも考えられる。しかし、蘭学発達の前提条件を考えた場合、これは奇異に感じられる。それにもかかわらず、長崎に蘭書が出廻り、江戸の長崎屋に蘭書がもたらされていたのである。どんな事情があったのであろうか。

蘭船でオランダ商人たち、本方荷物、脇荷物のほかに、将軍への献上物《けんじょうぶつ》や幕府高官への進物《しんもつ》、出島の日常生活で使用する品、遣い捨てにする品々など沢山の品を持ち渡っていた。この中に、かなりの書籍が含まれていたようである。日本人は書物好きである。蘭方医たちはオランダ語の医学書を求め、蘭学者は珍しい世界の地理書、歴史書に興味を示し、航海や天文、測量などの技術書にも目を向けた。交歓、交換、交流に有効な品々であったのである。

書籍についての情報を知って、日本から注文書が手渡されて、次に来航するときに持ってきてもらうということも、だんだん盛んになった。オランダのハーグにある国立中央古文書館の日本関係文書の中に、この種の注文書（アイス・ブック〔Eische Boek〕）を多数見ることができる。書籍の内容・分野も拡大していったようである。

カピタンの江戸参府と贈物

唐船と蘭船、やってきた唐商は唐人町の唐館に、オランダ商人は出島の蘭館に滞在、唐通事と阿蘭陀通詞、常に好一対をなして長崎の異国情緒、国際色を形成してきたものである。

同様に扱われたとみられるこの好一対、決定的な相違点があったのである。

来航の唐商の数は、毎年、多数にのぼったが、彼らはいずれも私的な貿易商人で、国家組織の団体ではなかった。これに反し、来航のオランダ商人は国家の特許を受けた国家的背景に支えられたオランダ連合東インド会社の商館員として来日、滞在し、貿易業務に従事した。

幕府は、海外諸国を通信の国（国交の国）と通商の国に分けていた。通信の国・朝鮮は江戸時代、一二回にのぼる朝鮮通信使を派遣してきた。琉球国は一八回にのぼる江戸登りを行っている。

通商の国と位置づけられた中国の私的商人である唐商には江戸への参府は許されなかった。同じ通商国と位置づけられたオランダではあったが、国家的背景を持った組織の商館員としてトクガワニッポンに受け入れられ、ヨーロッパの対日貿易を独占、商館長カピタンの江戸への参府が義務づけられ、大名の参勤交代に準じた扱いの旅をしたのである。

かくて、キリスト教国の人、オランダ＝カピタンが随員をともなって、長崎の出島から、江戸の将軍のもとへ、なんと一六六回にものぼる参府の旅をしたのである。要点を整理しておこう。「目的」は独占的対日貿易の許可・継続に対する「御礼」の表明であった。

「御礼」は、本丸の将軍と西丸の世子に対する「拝礼（謁見）」と「献上物」の呈上の二つからなる。幕府高官にも「進物」を贈り、御礼の「廻勤《かいきん》」を行って、貿易の円滑・拡大化をはかった。

「御礼」に対する「返礼」としては「御条目《ごじょうもく》（貿易の許可・継続条件五カ条）」の読み聞かせと、「下《くだ》され物《もの》」の二つであった。

将軍に対する「献上物」、幕府高官に対する「進物」と呼んでいる贈り物。献上物と進物には、舶載の羅紗、奥縞、更紗など、珍しい高価な反物類が主であった。その時その時の事情によって、特別の珍品、たとえば、洋酒、薬、望遠鏡、地図、豪華本、時計、オルゴール、印刷機、珍獣、珍鳥、植物などなどが贈られた。時に書籍のまじっていたことが注目される。

　このほかに、オランダ人は生活上の遣い捨て品をはじめ、日本人の好みそうな、珍奇な蛮品の数々を持ち渡った。長崎での交歓と交換、江戸での交歓と交換、長崎から警固についてくる日本人も、長崎で入手した舶載の蛮品を江戸へもたらし、交換の品としたり、収入ともした。中でも書籍は値の高い有効品であった。

　「参府の人員構成」は、オランダ人と日本人から成っている。オランダ人はカピタン、書記、医師の三人が常例。日本人は六〇人ほど。

①　監視・管理役として、上・下の検使、勘定役、その従者。

②　通弁・通訳として、江戸番大・小通詞、見習通詞とその従者。

③　蘭人付き世話役として、諸色売込人《しょしきうりこみにん》、蘭人部屋付、料理人とその従者。

④　運搬人等として、宰領頭《さいりょうかしら》・日雇頭《ひやといかしら》・船頭《せんどう》・水主《かこ》ら。

に大別できる。これによって、幕府が参府の義務を課し、禁教下の日本を旅させたことから、

①　警固・警備と監視・管理を厳にしている。

②　通弁をはじめ、購入品の出納、会計事務、料理、部屋付の世話から見物の世話まで、安全の確保とサービスに努めた。

③　一切の移動・運搬を引き受けていること。

がわかる。結局、「保護」と「監視」を目的としていたことが判明する。

　毎年、右にみた内外の人々が書籍も持ち来たったのである。

定宿・長崎屋の様子

目的地江戸の定宿は、日本橋本石町三丁目の長崎屋源右衛門方であった。町奉行所の普請役《ふしんやく》二人と組同心《くみどうしん》二人が、昼夜、詰切で警固。朝六時《むつどき》開門。五時《いつゝどき》（二〇時）〆切。夜九時《ここのつどき》（零時）に鍵をおろした。出入の者に「焼印札」を持たせ「判鑑」と引き合わせて通す。品物は「品書（リスト）」を普請役が見届け、「小印（見届印）」と「押印」をして廻す。オランダ人の諸品買い入れは、大通詞と諸色売込人（コンプラドール）によって見分がなされた。品物は長崎屋が改めを受けてから見せる、というものであった。

　京は河原町三条下ル町の海老屋、大坂は過書町の長崎屋、下関は大町年寄の伊藤家と佐甲家が交代で宿を務めた。小倉は船頭町一丁目の大坂屋で、諸事、江戸の長崎屋に準ずるものであった。

長崎屋の二階座敷は多目的ホール

カピタンの江戸参府で、オランダ人はカピタンと随員

二名の計三名、付添・警固の日本人定員五九人。一六六回というから、江戸参府参加延べ人数は、オランダ人約五〇〇人、日本人一万人余りを数える。

　しかし、江戸参府定例化以前の南蛮人、五カ所糸割符商人、長崎町年寄が毎春将軍家に対する年賀出府、寛政二年（一七九〇）以降に参府休年出府通詞、その他が加わると、はるかにその数は増加する。

　右の人々が宿泊・滞在の期間に、面会に訪れた蘭方医・蘭学者、はては諸侯、幕府役人など、物の売り込みに訪れる商人などなど、その数はふくれあがった。

　面談・交歓の様子を、具体的に列挙してみたいところであるが、ここでは紙幅に余裕がない。分野別に、代表例を一、二挙げてみるにとどめたい。

① 学術研究室（二階座敷）
・はやくは、青木昆陽がオランダ語の質問に春ごとに一〇年も通い続けて、成果『和蘭文訳』『和蘭話訳』などをものした。
・大槻玄沢が記録した『西賓対晤』にみえる江戸の蘭方医たち、役人たち。
・杉田玄白が、江戸でオランダ語の学習が可能であろうか、と訪れたのも前野良沢にさそわれて同道した明和の初年頃のことであった。
・シーボルトが参府随行のときは、最上徳内がしげしげと訪問、「エゾ語辞典」の編纂に取り組んだほどである。

② 日蘭交歓のサロン（二階座敷）
・はやくは、平賀源内が訪問客に交じって訪問。カピタンが投げかける智恵の輪を開けることのできる者ありやという問い。末座の源内が見事に開けて、一座の感嘆を受け、カピタンからその智恵の輪を贈られたこともあった。
・シーボルト参府随行の晩、お気に入りの家臣神谷源内を従い、江戸の菓子商フレデリク・ファン・ギュルペンこと伊勢屋七左衛門兵助も交えて、中津の奥平昌鹿侯が歓談の一時《ひととき》を過ごされた。シーボルトの語り弾《ひ》くピアノの妙《たえ》なる楽《がく》の音《ね》は長崎屋の窓から外に流れ出て、江戸庶民の心を鷲掴みにした。

③ 交換・密談の場（二階座敷）
・官の眼科医土生玄碩が将軍下賜の葵の紋服を贈って、眼の治療に便利な瞳孔を開く薬をもらった。
・天文方の高橋景保は、伊能忠敬の「大日本沿海輿地全図」の写を贈って、クルーゼンシュテルンの世界周航記をもらったという。
・老中を務める古河藩主土井《どい》利位《としつら》の江戸家老鷹見十郎左衛門ヤン・ヘンドリク・ダッペルのちの泉石が、日光産の鳥の剥製そのほかの手土産を持参してシーボルトに贈り、何かもらった。何だったのだろうか。
・江戸城の長崎掛りの御坊主組頭川嶋円節も長崎屋を訪問、オランダ人一行を迎える管理上の見分というが、蘭人滞在中も訪れている。密談の行われた可能性もたかいと思われる。

まだまだ、挙げていったらきりがない。オランダ人から書籍や薬物の譲渡、長崎から随行の日本人がもたらす舶載の珍品や書籍、江戸の蘭方医、蘭学者、蘭癖の諸侯有司らが踵《きびす》を接して長崎屋訪問を繰り返したのである。

長崎屋の家業は薬種問屋

筒袖にほ《（ぼ）》たん掛して　長崎屋
　旅寝廿日に　かき《（ぎ）》る　かひたん《（カピタン）》

と、狂歌に詠まれてもいるごとく、カピタンの長崎屋滞在は、平均二〇日前後であった。オランダ宿の長崎屋といっても、一年のうち二〇日間の宿で生計が成り立つわけがない。長崎屋は南蛮交易の時代から、南蛮人や五カ所の商人など海外貿易に携わる商人を泊め、輸入の薬種を取り扱う薬種商が本業であった。

　享保二〇年（一七三五）三月、長崎屋源右衛門は「唐《とう》人参座《にんじんざ》」を命じられ、「座人《ざにん》」を務め、輸入の「人参」を手広く扱った。

　明和年中（一七六四〜七二）には「和製《わせい》龍脳《りゅうのう》売《うり》弘《ひろめ》取《とり》次所《つぎじょ》」も命じられた。蘭方医の仕事は舶載の高価な薬物を使用して診療活動に励んだだけでなく、高価な輸入薬に代わる代薬の開発に努めることであった。そのような和製の妙薬も長崎屋は手広く扱ったのである。長崎屋が二階座敷を多目的ホールとして、オランダ人、江戸の蘭方医・蘭学者、蘭癖の人々の利用に供したことは、家業発展のためにも、きわめて有効なことであったのである。

鎖国のトクガワニッポンから出ていった文物

古来、ところを選ばず、「旅」につきものは、名物の飲食、名所・旧跡の見物、珍しい土産品の入手で、旅の三要素といってもよい。

　キリスト教国の人カピタンたちが、市中へ、勝手に見物や買い物に出ることは許されない。土産にする品々が欲しいとなれば、商人から売り込みに来てもらわなければならない。かといって、どっと押しかけられたら入り切れず、管理も行き届かない。

　結局、阿蘭陀宿に比較的近い範囲で、オランダ人の求めに応ずる商人がきまっていった。江戸の「長崎屋　定《じょう》式出入商人《しきでいりしょうにん》」として、一三一軒、京の「海老屋定式出入商人」として三六軒を突き止めることができた。業種の多様さが見て取れる。

　江戸の長崎屋定式出入商人として、嘉永三年（一八五〇）現在の顔ぶれ二七軒が判明している。この中に、小伝馬町三丁目の錦絵熨斗紙類を扱う萩原屋、通弐丁目で印刷類を扱う印判屋、堀江町壱丁目で團扇類を扱う湯波屋あたりが、文房具、ひいては書物にも関係があるか、とも見受けられるが、直接的な商人とは思われない。

　これに比して、京の海老屋定式出入商人三六軒のうちに、三条寺町西へ入で「書林」を経営する「丸屋善兵衛」の名を見ることは注目に値する。カピタン一行が帰路の京で書籍を買い入れてヨーロッパへ持ち帰った。

　大坂の長崎屋為川でも、下関の伊藤家、佐甲家でも、小倉の大坂屋でも同様のことで、一泊一休の各宿駅でも、贈り物の交換、売り買いが行われた。

日本から持ち出された、ヨーロッパからみれば、神秘の鎖国ニッポンからの文物・書籍は、珍稀な品々、書籍であったのである。

はやくは、ドイツにのこるケンペルコレクション。次いでスウェーデンはウプサラにのこるツュンベリーコレクションを観れば、一目瞭然である。のちのシーボルトコレクションの如きはオランダのライデン、ハーグをはじめ、ドイツやウィーン、ロシアにも拡散して遺っている。総合的な調査とユニオンカタログの作成が待たれる。各種の書籍が見受けられる。

蕃書売捌所に変身

安政五年（一八五八）一〇月に至り、長崎屋源右衛門は長崎から差し廻す蕃書（輸入の洋書）を売り捌く「蕃《ばん》書売捌所《しょうりさばきじょ》」を命じられた。勘定奉行から町奉行に知らされている。その文面によると、長崎から差し廻されるという蕃書には「長崎東衙官許《とうがかんきょ》」「安政戊午《あんせいぼご》」の改済印が捺してあると知らされている。

幕府の蕃書調所から洋書調所、開成所と変遷して引き継がれ、現に国立国会図書館にある洋書類の中に、右の二顆を捺した洋書を見いだすことができ、他に諸藩や蘭学塾、蘭学者に流布した洋書の中にも間々見受けることのできるのは、右の事情による。

このようにして、長崎屋は江戸で最初の外国書籍の取次店となった。その頃のことを伝える懐古談を、順天堂の創立者である佐藤進が遺している。

又其頃慥には覚へぬが、江戸の本町辺に長崎屋という本屋があって、其所に一年に二三度和蘭陀より原書の来る事がある。其れを聞くと其本を求むる資力のある書生は、佐倉より江戸まで、十三里もある所を下駄や草鞋で求めに出かけた事もある。実に今の修業をする生徒の夢にだも想像されぬ次第でありました。（『太陽』臨時増刊、明治十二傑二六一頁）

西洋医学を志す医学書生にとって、江戸で蘭書が購入できるという、なんと嬉しいことであったか、察せられる。

もっとも、長崎屋が本石町三丁目で蘭書の販売を行ったのはきわめて短期間のことである。安政六年六月に長崎屋は鉄砲洲船松町二丁目に転宅した。類焼を避けるためであった。

江戸長崎会所に変身

万延元年（一八六〇）三月に至り、長崎屋源右衛門方に設置されていた「唐人参座」を、以後「江戸長崎会所」と改称する旨の通達がなされた。長崎会所は、長崎における唐・蘭貿易に対応する日本側の役所である。

改称理由は、本石町三丁目から、すでに鉄砲洲船松町二丁目に引越して営業していた長崎屋源右衛門が、去々安政五年（一八五八）以来、「蕃書」と「西洋銃」の「入札払」をし、長崎へ「御用物の差上げ方」や、長崎会所に関わる「御用」を取り扱って、唐人参の売捌きなどは「休業」していて、名目（＝名称）が合わないから、以後、江戸長崎会所と改称し、源右衛門に会所附の「御用達」を申し付ける、というものであった。

長崎屋が輸入薬種商から、長崎から差し廻される書籍、武器などの輸入商品を扱う業者に変わっていたことを知り得る。

長崎屋に残っていた書籍

カピタンの江戸参府は嘉永三年（一八五〇）が最後である。このあとオランダ領事官等の宿を務めたこともあったが、開国後、世界的激動の波を受けて、やがて、長崎屋は終焉を迎える。

明治二年（一八六九）、長崎屋源右衛門が維新政府の「外国官」へ「渡」した「西洋書」の「書目」を『東京市史稿』が伝えている。すなわち、「巳（明治二年）四月十二日外国官江渡済」となった「長崎屋源右衛門より差出候西洋書目」というのがそれである。合計冊数は、なんと「〆壱万七千弐百八拾冊」にものぼっている。詳細な全貌は書目そのものを見てもらわなければならないが、一三八項目一万七二八〇冊を大雑把に分類してみると、次のように数えあげることができる。まず分野別の項目は、機械・技術書（二二）、軍事書（二二）、医・薬書（一四）、語学書（一二）、辞書（各種）（一一）、地図・地理書（一〇）、窮理書（七）、歴史書（七）、天文書（六）、鉱物書（五）、文法書（四）、人種論（四）、動物書（四）、植物書（四）、数学書（四）、経済書（一）、万国公法（一）、雑書（一）計一三八。

右のうち、語学書、辞書、文法書は総じて、英・仏・独語関係のもので、蘭語関係が見当たらない。これら純然たる語学関係書にまじって、機械、兵学、海・陸軍、医学関係の辞書がまじっている。医・薬関係の書よりも軍事書の項目が多く、次いで地図・地理書、歴史書、人種論などが目に付く点はいかにも開国後のニッポンが、新時代の世界の列強を意識している現象とも思える。同様のことは、項目数としてはただ一項目であるが、万国公法の書が二〇五冊の数にのぼっている。注目に値する。時代の書として需要の高かった輸入書であったと察せられる。

大雑把な部類分けを試み、一瞥、目に付いた点を二、三指摘したにすぎない。長崎屋が取り扱った輸入書籍について、多角的な集計・分析・考察が待たれる。

実は、右の書目のほかに、(1)「運上所御備書籍として引残候書目」、(2)「外国官江引渡候書目」、(3)「山口範蔵殿ゟ《より》御談ニ付引除ヶ置候箱分之書目」というものがあった。(1)は二五項目一一五冊、(2)は四〇項目三〇〇冊と二箱、二桶余、(3)には五四項目二七七冊余を数えている。これらの中にも辞書、字典類、語学書がみえる。各国の歴史書・地理書も多く、偉人伝もみえる。大万国公法、小万国公法というものも目に付く。算術書や窮理・軍事書もまじっている。これらの輸入書が、それぞれ落ち着き先の部局でどのように活用され、役立てられたものか、注目に値する。一切の検討は今後の課題である。

長崎屋――薬種商から書籍商へ

本業が薬種商であった長崎屋、南蛮の時代から、鎖国下の紅毛《オランダ》時代を通じて、南蛮宿、阿蘭陀宿を務めて久しかった。

このルートと場を通じて、海外からの貿易品、世界の書籍が入ってきていたのである。

渡来して宿泊・滞在したオランダ商人たちは、神秘の国・トクガワニッポンから珍しい品々を持ち出した。書籍も持ち出して、ヨーロッパ経由で、世界に拡散させていたのである。

類焼に次ぐ類焼に遭った長崎屋、一切の資料が烏有に帰している。零細な断片資料を集積、組み合わせ、分析・考察を加え、極力、組織的に概観してみようと試みてはみた。

しかし、長崎屋の二階座敷が多目的ホールの役割を果たし、そこに集《つど》う内・外の人々の顔ぶれ、長崎屋を通過した文物の多様さを語り尽すには、紙幅が許さなかった。出入りした「書籍」の書名を具体的に挙げ、移動を追うことも割愛せざるを得なかった。

ただ、予想をはるかに超えて「書籍」の出入りしていたことだけは見えてきた気がしている。

入ってきた書籍、出ていった書籍が、どんな働きをしたか。一切は今後の課題である。

参考文献

＊　書目をはじめ、断片的な法令、零細な事例などについては、一切、次の拙著を参看願いたい。

片桐一男『阿蘭陀宿長崎屋の史料研究』雄松堂出版、二〇〇七年。
片桐一男『それでも江戸は鎖国だったのか――オランダ宿　日本橋長崎屋』吉川弘文館、二〇〇八年。
片桐一男『江戸のオランダ人――カピタンの江戸参府』中公新書、二〇〇〇年。

第4章　近代的新聞の可能性と拘束性

——日露戦争の時代における新聞のメディア的変容——

加藤裕治

1　「出来事を知らせる」ことの変容——日露戦争における新聞報道への熱狂

日露戦争直後の一九〇七年に『東京朝日新聞』の記者となった生方敏郎は、昭和になってから明治・大正の世相を回想する中で、生活におけるメディアの影響について多くのエピソードを書き残している。この回想を読むと、日清戦争と日露戦争では、その戦争の伝えられ方が大きく異なることに気づく。

生方によれば、日清戦争時にその戦争と戦場を伝えたのは、まずは錦絵や際物の芝居といった虚実入り交じった作品なのであった。彼が興味を持ったのは、たとえば日本軍が勇ましく、一人も後ろを見ずに突撃している場面を描いた錦絵であり、松崎直臣大尉や白神源次郎ら、戦場での勇士の姿を描いた『平壌包囲攻撃』といった本であった。また際物の芝居はどれも紋切り型で、日本兵と支那兵が戦って日本が勝利し「日本人はたいへんたいへん強いあります」と敵兵に言わせるといった筋立てだったという。一方、当時、博文社から出版された詳細な記事と写真で戦争をリアルに伝える『日清戦争実記』(1)を生方は手に取るのだが、そこに掲載された記事や写真にはあまり興味がわかなかったという。当然、既に新聞もあったが、戦争情報を警察署が掲示板に書き出すので、それを見に行くことが多かったというのである（生方、一九二六→一九七八、三三～四七頁を参照）。

しかしそれから一〇年後、日露戦争時に戦争を伝える中心的なメディアとして生方が記憶しているのは新聞である。たとえば日本海海戦の勝利を号外で知った際には、「私は急に体がぽかぽかして家にじっとしてはいられなくなり」、友人の家に駆け込んで、先に号外で情報を得た友人たちと一緒に戦争談をして盛り上がったという（生方、一九七八、一八〇〜一八二頁）。彼の回想には、戦争の話題を新聞から得たことが頻繁に記載されている。

この生方の回想にあらわれる日本海海戦の詳報は、当時、欧米を始めとして世界中にもほぼリアルタイムで伝達されていた。たとえば第二次世界大戦後インドの初代首相となったジャワハルラール・ネール（ネルー）はイギリス旅行中の一九〇五年五月の末、ドーヴァーからの汽車の中で、対馬沖での日本の大勝利の記事を熱い気持ちで読みふけっていたと回想している（ネール、一九六五、三二頁）。五月二七日、二八日の日本海海戦の結果を、イギリス旅行中のネールと東京の生方が、ほぼ同時に受容し熱狂する。この例からもわかるように、日露戦争時、新聞を通した情報や感情の共有は、空間を越えて体験される時代になっていた。

しかし一方、生方は戦地の友人からの手紙に次のような感想をもらす。その友人の手紙には戦地の寒さやつらさが書かれていた。しかし、それを受け取った生方は「無理もない、車を引くことは生れて初めてだろうし……」と言うのみなのである。生方は新聞を通した戦争報道には興奮を隠さないのだが、友人からの手紙には非常に素っ気ない。むしろ彼の言葉を「泣きごと」として処理してしまう。

つまり、それまでの時代と比較して、日露戦争の時代は人々が戦争を知る方法に大きな変化が起こったのである。(2) この変化とは、新聞ジャーナリズムの発展やメディア産業の興隆、あるいは技術的な電信や印刷技術の発展といった要素だけでは説明しきれない。生方の回想からもわかるように、人々が「出来事を知る」態度や方法の社会的な変容が起こっていたのである。それが新聞報道への熱狂を支えた背景にあった。

生方の回想にあるように日清戦争の頃、写真など含め戦場の「事実」を知ることは、まだ人々をそれほど捉えるものではなかった。人々は、錦絵や際物芝居が伝える虚実の入り交じった紋切り型の表現で、戦争の出来事を把握することを好んでいたのである。

ところが一〇年後の日露戦争時、人々の「出来事を知る」経験は大きく変化する。その象徴のひとつは、国木田独歩の小説のタイトルにもなった「号外」であった。当時の新聞が速報性と確実な事実の伝達を宣伝文句としていたように、人々が求め始めたのは、限りなくリアルタイムで伝えられる「事実」の報道であった。虚実が入り混じる錦絵や勇士談による「お話」の戦場ではなく、新聞の「事実報道」や写真によってリアルな戦場を知ることが求められたのである。ただし注意しなければならない点がある。「事実報道」や写真があるからリアルなのではない。リアルな戦場や戦争は、「事実報道」や写真が伝えるものだと人々が信憑しはじめたのである。

さらに生方の回想から明らかになるのは、新聞といったメディアから報じられる戦場や戦争のリアリティが、身近な人々の言葉や感情以上に影響を与えてしまうという倒錯が起こったことである。遠く離れたネールと生方の間で熱狂が共有されてしまう一方、親しい友人からの手紙による戦場報告にはリアリティを感じないといったことが起こる。人々は身近な者たちの話以上に、新聞が伝える戦場や戦争の情報を重視し、それに熱狂する。

私たちは「新聞」と聞くと、あまりにも自明なメディアと考えてしまう。しかし、ここで問い直すべきなのは、私たちが忘却してしまっている新聞のメディア的特徴ではないだろうか。日露戦争の時代、人々は新聞を読むことを、どのような新たな体験として感じたのか。それを取り出すことで私たちの忘却も再考すること。これが本章の目的である。

次節では、まずメディア史やメディア論的な知見をもとに新聞のメディア的特徴を簡潔に説明する。その後、日露戦争当時の世界の新聞の状況を概括した後、新聞がとらえる戦争や戦場が、人々の体験や感覚に与えた影響を論じていきたい。なお、その際には日本の新聞を中心に説明するが、合わせて海外の新聞——とくに当時、イラストや写真を多用し興隆したイギリスの大衆新聞——も参照する。

2　初期新聞から近代的新聞へ——新聞報道の「誕生」とその意味

（1）ブロードサイドと日本の初期新聞から〝新聞〟を考える

日露戦争の時代に、人々の「出来事を知る」経験が大きく変化することを先に指摘しておいた。しかし、逆に新聞以前、出来事はどのように伝えられていたのだろうか。このことを知るには新聞以前に出来事を人々に知らせる、「ニュースの文化」とでもいうべきものを考えておく必要がある。

この点について、イギリスにおけるジャーナリズムの誕生について論じた村上直之の議論が参考になる。「新聞王国」と呼ばれ『タイムズ』といった伝統紙をもつイギリスであるが、多くの民衆にとって政治を論じ意見表明の場となる高級紙は縁遠い存在であった。一方、多くの都市民衆に読まれていたのがブロードサイド・バラッド（以下ブロードサイド）である。

ブロードサイドとはバラッド形式と呼ばれる俗謡と散文そして絵が混じった読み物であり、唄いながら販売される一枚ものの印刷物であった。一九世紀には時事性に富んだニュースバラッドも登場し、世紀の中頃には一五〇万部の部数を誇ったものもあったという。こうしたブロードサイドは殺人など民衆の興味を引く事件を扱い、犯罪者の生涯、裁判、告白、処刑の模様が書かれ、最後にバラッドと、絞首台の光景などの挿絵が掲載されるといったものだった（村上、一九九五、四～九頁）。

このように記述すると、ブロードサイドは近代的な新聞の前史的な印刷物に思える。しかし村上が指摘するように、人々は現在でいうニュース報道とは異なる感覚でブロードサイドの記事を受け取っていたようなのである。ブロードサイドは、確かに実際に起こった出来事を伝える。だが記事には日付が無いものが多く、事件の発生を指摘することに重きが置かれてはいなかった。また事件の細部（たとえば絞殺なのか刺殺なのか等）にもあまりこだわらない。ブロードサイドは、処刑者の嘆きから始まり悔悛へと至る定型のストーリーを人々に提供し、教訓物語のために個々の事件や出来事を伝えることが目的だったのである（村上、一九九五、七～一二四頁）。

当然ブロードサイドの時代には、印刷のスピードといった技術問題もあるだろう。しかし日付があまり重要視されていないとは、繰り返すが、ブロードサイドが事件の発生日時や、リアルタイムでの事件の共有を、主たる目的としていなかったことを示している。事件の伝え方も悔悛劇がなぞられ、その犯罪者の動機や細部の情報はあまり重視されない。ここには、最新情報が重要であり、それを共有しなければならないという近代的な時間意識はあまり感じられない。最新の事実情報の確認というより、人々に納得や共感を与える物語として出来事を伝えることが、ブロードサイドには求められていたのである。

村上が指摘するこうしたイギリスの例と類似する現象は、日本の初期新聞の時代にもみられる。たとえば明治初頭、『日新真事誌』といった新聞を日本で刊行したジョン・R・ブラックが、東京のある商店を訪れたエピソードは興味深い。その店の主人は新聞を取ることを勧められるのだが、目の前に出された新聞を読んだ後、一部あるのだから次の日の新聞を取る必要はないとブラックに応える。その主人は次の日、別の記事を載せた新聞が出ることが理解できなかったのである（蛯原、一九三四−一九八〇、五四〜五七頁）。このエピソードは、毎日記事が更新されるという新聞メディアの特徴への理解がないだけでなく、人々にとって次々に更新される情報取得の習慣が無いこと、あるいは必要なかったことを示している。

また他にこうした明治初頭の新聞の特徴を示す例として、新聞錦絵をあげることができる。明治一〇年前後を中心としたきわめて短い期間に発行されていた新聞錦絵は、殺人といった特定の記事を取り出し、それに関連する錦絵を描いた一枚ものの印刷物であった。興味深いのは、この錦絵に掲載される記事には二年ほど前のものもあり、速報性はあまり重視されていなかったようなのである（高橋、一九八六−一九九二、土屋、一九九五参照）。

こうしたイギリスのブロードサイド、また日本の初期新聞の特徴からわかるのは、現在の私たちが当然とみなす新聞のメディア性がまだ十分に了解されていなかった社会の存在である。一九世紀の半ば以降から日露戦争期の間に起こったのは、こうしたブロードサイド的、あるいは初期新聞的なメディア環境が背景に退き、別種の――そして現在の私たちには当たり前の――時間感覚や情報性の水準において「出来事を知らせる」メディアとして、新聞が確立したということなのである。

では、こうした近代的な新聞の特徴とは何か。長谷正人はマーシャル・マクルーハンがメディアの変化を説明する際に使用する概念「スケール、ペース、パターンの変化」を使いながらそれを端的にまとめている。以下、簡潔に紹介したい（長谷、二〇〇九、一六〜一九頁)。

まず「スケール」の変化とは、物理的に近い隣人のことより、遠く離れた出来事に興味を持つという倒錯的視点を生み出したことである。冒頭で述べた生方の回想が示しているように、親密な友人の手紙より、号外や新聞の情報に人々はリアリティを感じ始める。

さらに新聞の「ペース」とは、日刊＝日々情報が更新される発行のペースである。(江戸の瓦版のように)報じるべき事件があるから新聞が出るのではない。新聞が毎日、ニュースを流通させることで情報取得の必要性が生まれるのである。こうした情報の消費態度を「近代社会のせわしない時間感覚」と長谷は呼ぶが、人々は必要からではなく、ニュースが日々取り留めなく出現するペースがあるからこそ(まさにそれがニュースだが)、そのペースでニュースを受容することを常識としていくのである。

先にも述べたように日露戦争の特徴は号外であった。日清戦争時も号外はあったが、日露戦争では多いときに一日、五回もの号外が出ていたように(佐々木、一九九九、二二一頁)、比較にならない発行ペースとなる。号外とは出来事の発生に対し、あたかもその発生と同時にその情報を共有しようと志向するメディアである。日露戦争時の号外の多さは、こうしたペースで出来事を知ることが、人々にとってどれほど刺激のある感覚であったのかを示している。

さらに長谷は新聞の「パターン」を、本といった印刷物と異なり、新聞紙面では相互の記事が何のつながりもないにもかかわらず、並列され掲載されることと指摘する。新聞の記事は先のブロードサイドや新聞錦絵のような一事件で一枚ではなく、「モザイク状の配列」(マクルーハン、一九八七、二〇八頁)なのである。しかし、こうした新聞紙面の記事掲載のあり方は、そこに事件や出来事の発生の「同時性」、つまり異なる場所で同時にさまざまな出来事が生起している状況を読者に可視化させるだろう。日露戦争の戦争と戦場は、こうした互いに連関のない記事が並列されるパターンから想起されるものになっていく。

日露戦争の前後は、人々がこうした「スケール、ペース、パターン」からなる新聞のメディア性を了解していった時代だといえる。つまり、新聞がそうした特徴を持つメディアであることが社会的に確立していったのである。こうした新聞メディアの変化は、当然、人々の戦争や戦場の見方を変化させていくだろう。以下、こうした新聞が生み出す戦場や戦争の見え方を問うことを目的とする。

しかし、その前にいったん、日露戦争当時の日本と世界の新聞の状況――報道新聞・大衆新聞化――を概括し、当時の新聞界の状況を把握しておきたい。

（2）大衆化する新聞――日露戦争時の世界における新聞の状況

日露戦争の始まった明治三〇年代後半、山本武利はこの時代の日本の新聞を「報道新聞の時代」と位置づける（山本、一九九〇、一六七〜一八五頁）。新聞はニュースの速報性を向上させるため、海外通信社との連携を進めたり、登場したばかりの無線技術を利用するなどして、独自の取材活動を盛んに試みていた。

たとえばこの時代は、東京・大阪の両『朝日新聞』が大きく躍進した。報道新聞として多くの従軍記者を各軍に派遣し[3]、国際的な通信社であるロイターとの契約などによりニュースの収集体制を高め（有山、二〇一三）、報道体制を整えたからである。

また当時、新聞紙面に写真が掲載されることはまれであったが、一九〇四年一月より紙面に写真を常時掲載することを可能にした『報知新聞』は、日露戦争時に部数を急速に伸ばす（山本、一九九〇、一七一頁）。この後、各紙で新聞の写真掲載が常態化していく。

一方で、それまでスキャンダリズムで名をはせ、東京で多くの部数を誇った黒岩涙香の『万朝報《よろずちょうほう》』は報道活動の不活発さで部数停滞を招く。また『日本』といった政論や言論掲載を中心とした新聞は衰退していく（山本、一九九〇、一六九〜一七二頁）。前節で述べたように、社会の多くの人々が新聞に時事性や速報性を求めるようになり、新聞もそれに応じて盛衰が生じていたのである。

一方、欧米でも内川芳美が「大衆新聞時代」と指摘したように、報道を重視する大衆紙が全盛期を迎えていた（内川、一九九二）。アメリカは、一八九八年の米西戦争直前、ウィリアム・ランドルフ・ハーストが「君は画をかけ。余は戦争を用意する」と記者に電報した有名なエピソードでも知られる、イエロー・ジャーナリズムの時代であった。

　また当時、日英同盟を結んでいたイギリスは『タイムズ』といった政論・論説中心の高級紙の伝統があり、日露戦争時にはそうした高級紙は客観性の高い報道を行っていた（立命館大学日露戦争史料調査会、二〇一四）。しかし、大衆はそのような新聞には目を向けず、発行部数が停滞していた。

　そうした時代において、後にノースクリフ卿として貴族に列せられることになるアルフレッド・ハームワースは、一八九六年、庶民向けの『デイリー・メール』を創刊する。短く簡潔な文章と見出しの派手さ、また読者参加型の社会キャンペーンの実施等で読者を増加させ、ボーア戦争中の一九〇二年には当時のイギリス日刊紙で最高の発行部数一〇〇万部に達したという（小林、二〇一一、一三一〜一三六頁）。この後、イギリスでは『デイリー・エクスプレス』、続けて一九〇三年に『デイリー・ミラー』等の大衆紙が次々と創刊される（小林、二〇一一、一三一〜一三六頁：Williams, 2010, pp. 132-135）。

　当初『デイリー・ミラー』は女性向けを標榜したが、販売部数の問題から刊行後すぐに「最初のイラスト日刊紙」となり、イラストや写真を多用する新聞の先駆けとなった。初期には一面の題字の脇に「すべてのニュースは電信、写真、そして簡潔な記事による」との標語を自ら記載したように、速報と視覚性の重視、そして短文によるわかりやすい記事をセールスポイントに掲げていた。

　一九〇三年に発行された翌年に開戦した日露戦争は、こうしたビジュアルを多用する『デイリー・ミラー』には、おそらく格好の報道対象であったのだろう。日露両軍人の肖像や各種大砲や艦船といった兵器の写真、戦地の光景、行軍する兵士や野営の様子、出征兵士の家族写真だけでなく、日本の市井の人々や各種の風俗（芸者や花見の様子）といった文化的な興味からの記事や写真も多数紙面に掲載されている。

　こうした大衆紙は、煽情性が高く客観性の低い娯楽的な新聞と見なされることが多い(4)。しかし多くの民衆が日本や日露戦争を知ったのは、高級紙以上にこうした大衆紙からなのであった。

3　新聞が報道する戦争と戦場(1)——「瞬間」と「俯瞰」から伝える

(1)「瞬間」で報じられる戦場——爆発・沈没に価値を見いだす新聞

本節では日本の報道新聞と海外（イギリス）の大衆紙を比較しながら、その新聞報道の特徴を見ていきたい。このとき開戦直後の一九〇四年二月九日に起こった韓国・仁川沖の海戦報道は当時の新聞の特徴をよく示している。というのも、この海戦をめぐる報道は迅速性が競われ、一方イギリスの大衆紙も、ほぼリアルタイムにこの海戦の状況を報じたからである。

この海戦ではロシアの艦船ワリヤーグとコレーツが日本の攻撃を受け最終的に沈没する。緒戦であるだけでなく二隻の軍艦が沈没したこともあり、新聞は大々的に報道を行った。たとえば『大阪朝日新聞』は、二月一〇日に次のような号外を出している。

図4-1　『大阪朝日新聞』における仁川沖海戦の報道——コレーツ爆発の挿絵

●仁川の海戦公報　二月十日午前零時十五分仁川發三時十五分東京着九日午後仁川港第二艦隊旗艦浪速にて司令官瓜生少將發海軍大臣宛　九日正午露艦ヴァリヤーグ及びコレーツ仁川より出で來る我艦隊之を八尾島以西に邀撃す砲戦三十五分の後彼は仁川港に退却せり午後四時三十分コレーツは爆發し其後ヴァリヤーグ及び露國汽船ズンガリーも破壊沈没せり我艦隊は一の死傷者なく艦隊も損害なし軍氣大に振ふ

この日、『大阪朝日新聞』は一日で四回もの号外を発行する。また海戦直後だけでなく、二月二二日には「米人某の写真に拠

FOR THE "DAILY ILLUSTRATED MIRROR" WAR MAP SEE PAGES 8 and 9.

The Daily ILLUSTRATED Mirror.

½d.　　½d.

A Paper for Men and Women.

No. 56.　　THURSDAY, FEBRUARY 11, 1904.　　One Halfpenny.

DAY OF VICTORY.

Japan Sinks Two Russian Warships and Disables Seven Others.

RUSSIA LOSES TWO SHIPS OF WAR.

図4－2　『デイリー・（イラストレイティッド・）ミラー』における仁川沖海戦の報道

る」というキャプションとともに、コレーツの爆発の瞬間の挿絵を掲載する（図4－1）。

　また、この仁川の海戦は欧米でもほぼリアルタイムで報道される。たとえば『デイリー・ミラー』は（この時期の新聞名は『デイリー・イラストレイティッド・ミラー』）二月一一日に、その一面に「勝利の日」という見出しでこの海戦を報道する。記事の横一面、紙面の三分の二は、背景に黒煙を噴く艦船、中央には沈没しつつある艦船を大きく描き、手前には救命艇に乗る水兵らしき人々を描いた巨大なイラストを掲載し、視覚性を強調した紙面となっている（図4－2）。

　日本の号外が二月一〇日、イギリスでは二月一一日にイラスト入りで報道される速さである。速報性の観点でいえば、まさにグローバルな「情報戦争」（山田、二〇〇九）時代にふさわしい情報伝達であった。ただし厳密にいえば、日本の新聞も含め、その時に書かれた各種の記事がどこまで確かな情報に基づいたものであったかは疑問が残るが[5]、こうした緒戦の報道には、当時の速報性という新聞の特徴が現れている。

　興味深いのは、ここで日本とイギリス双方の新聞が、爆発・沈没という瞬間そのものを伝達することにニュース価値を見いだしたことである。新聞は「海戦の生起と結果」に留まらず、その海戦の中の一点でしかない「爆発・沈没の瞬間」こそを共有（目撃）しようとする。ここで新聞は究極のリアルタイム報道を目指しているのである。これはベネディクト・アンダーソンが「想像の共同体」（アンダーソン、一九九七）で指摘した、新聞による時間意識の共有（アンダーソンは新聞の日付を指摘する）の極限といえる。

ただしあくまで、戦場がこうした爆発・沈没といった「点」を重視するのは、新聞がそれをニュース的な「事実」として提示するからである。人々は新聞報道を通じて、(劇的に見える) 爆発・沈没といった瞬間を戦場における重要な情報と見なす。日清戦争の際には「海戦談」や「直話」として伝えられることが多かった戦場は、爆発や沈没といった瞬間の集積で伝えられるものとなる。またそれは新聞記事にもスペクタクル的な要素が求められたことを示しているだろう。

(2)「俯瞰」から報じられる戦場——地図と記事の組み合わせから戦場をとらえる

さらに当時の日本の新聞やイギリスの大衆紙で目を引くのが、地図の挿入である。日本の新聞は日清戦争時、海岸線と地名程度が入っている簡単なものを掲載していた。しかし、日露戦争時、新聞紙面に挿入される地図は、一見、精密に見える地勢図や鳥瞰図的なものなど、多様な形態のものが現れる。

たとえば『大阪朝日新聞』は開戦後すぐに「旅順附近形勢圖」を掲載する (明治三七年二月一一日号)。その地図には旅順方面の各地名、さらに砲台、電信局、電線、大道路、小道路、鉄道等の位置記号が (真偽のほどはともかく) 細かく記載され、さらに次のような註釈が付けられていた。

> 旅順口防備に關する圖説は已に去る七日の紙上に掲載したるが茲に掲ぐるは別方面より得たる旅順附近の形勢を示したる者なり原圖は露國近年の測量に係り多年彼地に在りし某氏が其親しく踏査せる所を我が軍人が調査したる材料とを綜合して圖上に既成未成の砲臺を書加へたる者なればかの防備圖と参照するに最も適當なる者なり

この地図は「某氏」「軍人」という匿名の人物が調査したものと説明され、空想でも推察でもない確実な情報として読者の前に差し出される。情報の出自を持ち出すことで、地図のリアリティを高めているのである。しかし、ここで指摘したいのは、情報の確実性や誤報の可能性ではなく、こうした旅順の各種拠点 (それがどれほどの重要性を持つかどうかは別として) が、あたかも一望できてしまうとする感覚を生み出す地図の想像力である。

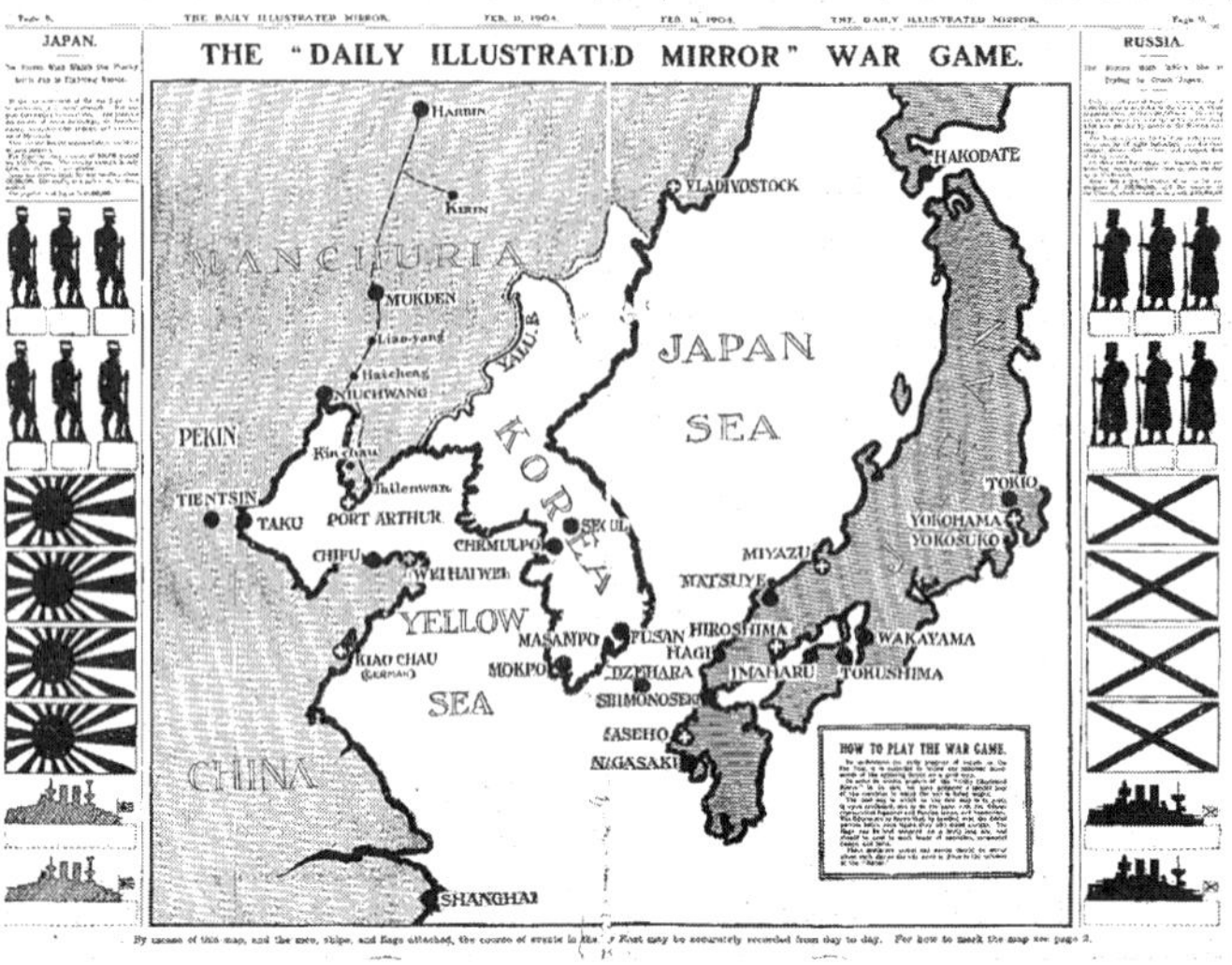

図4－3　『デイリー・ミラー』の「ウォーゲーム」地図とその記事

若林幹夫は、現実が反映されて地図になるのではなく、逆に地図に描かれることによって、はじめて目に見える「事実＝現実」として人々が物事を確認すると指摘する（若林、一九九五→二〇〇九）。そうだとすれば、新聞に掲載される地図は、戦場の現実の反映というより、むしろそれによって、読者に俯瞰的な位置から戦場を見渡すことを可能とする感覚を与えるものとなる。新聞の戦場報道は、本来誰も見ることができない戦場を一望可能とし、その上で整理されたわかりやすい戦場を伝えてしまうのである(6)。

こうした新聞における地図の利用は、イギリスの新聞にも散見される。歴史的には『タイムズ』が、一八七一年の普仏戦争時に紙面に地図を掲載したことがあったという（島津、二〇〇一）。ただし、その後『タイムズ』ではあまり用いられなかったというが、日露戦争直前に現れた『デイリー・メール』や『デイリー・ミラー』といった大衆紙は頻繁に地図を掲載する。その中には黄海周辺から日本の北海道、九州までを含む精緻な地図もあり、まずは日露戦争の起こる中国と日本周辺を正確に把握できるような情報を提供する啓蒙的な記事も散見される。

しかし、一方で『デイリー・ミラー』は、こうした地図とはまったく異なる機能をもった地図を掲載する（一九〇四年二月一一日号）。「デイリー・イラストレイティッド・ミラー　ウォーゲーム」とタイトルをつけた地図は注目に値する（図4－3）。

地図の左右には日本とロシアの軍事力の説明がある。日本側に「勇気ある小さなJap、ロシアと戦う軍事力」、ロシア側に「日本を殲滅させようと試みる軍事力」と見出しをつけ、その見出しの下には兵員数や海軍艦艇の数、人口等を提示する。飯倉章は当時のイギリス新聞を論じながら、戦争初期は日本に対してlittleという言葉が多用されていると指摘するが（飯倉、二〇一〇、一二六〜一二七頁）、この紙面にもその言葉が使われている。日本は「勇気ある」として讃えられながら、一方で「Jap」という表現も使われており、当時のイギリスの複雑な意識が垣間見える。

注目すべきは、切取り線とおぼしき線で囲われた兵士や軍艦のイラストが掲載されている点である。下記の囲み記事に「ウォーゲームの遊び方」との注意書きがあり、今後の『デイリー・ミラー』の伝える日々の戦争速報に合わせて、そのイラストを切り取り駒にして地図に配置すると、現在の戦況が理解しやすいと説明されている。

この地図は日露戦争の拠点を簡潔に示し俯瞰的にみせることで、まさに戦場を一望できる感覚をもたらすだろう。さらにこの大衆紙は、その地図上に兵士や軍艦の駒を配置し、速報される情報に合わせてその駒を動かせと提示するのである。このように、実際の戦争をゲーム的に見立ててしまう大衆紙的な振る舞いへの批判はあるだろう。だがここで指摘したいのは、この地図によって大衆紙が報道に時間の流れを組みこもうとした点である。

こうした地図と駒が意味するのは、ゲームのように俯瞰的に戦争をとらえ、日々の情報に合わせその軍隊が動くさまを視覚的にだけでなく、リアルタイムな時間の流れの中でとらえようとするライブ性の意識ではないだろうか。これにより、人々は日々刻々と動く戦線や艦隊を可視的に把握可能とする想像力を、新聞から与えられるだろう。またこの地図は新聞の部数促進（明日の速報がなければ駒は動かせないので）を狙った、この時代の大衆紙の商業性の帰結ともいえそうだ。しかしそうした商業性も、俯瞰的かつライブ性をもって戦場と戦争をとらえたいとする感覚が人々に求められるからこそ成立するものだろう。

4　新聞が報道する戦争と戦場(2)――「人」への興味から伝える

（1）大衆紙で流通する「東郷」――新聞間で相互引用される通称

前節では、戦場をどのように新聞が位置づけ報道するかについて論じてきた。しかし戦争を報じる視点として、新聞は単にそうした戦場からだけではない、まったく別の視点を生み出す。それは軍人を中心とした、「人」への興味（ヒューマンインタレスト）からの報道である。こう聞くと、当たり前な報道の視点と見なされるかもしれない。しかしそれは自然な視点ではない。それは新聞メディアのまなざしが生み出した「事実」なのである。

当時の日本の新聞をみると、とくに軍人を中心に、その経歴に加え、生い立ちや周囲の人々からの評判、また多数のイラストや肖像写真を用いた記事が掲載されている。また『報知新聞』では、軍人の家屋紹介といった記事までが掲載される。

一方、こうした日本の新聞と同様に、イギリス大衆紙も日本の軍人を頻繁に紹介する。ただし日本の新聞が司令官だけでなく、戦死者にも関心を持っていたのに対し、イギリスの新聞で取り上げられていたのは、満洲総司令官の大山巌をはじめ、黒木為楨、乃木希典そして東郷平八郎といった司令官たちが中心であった。とくに中でも東郷は、戦争を通して大衆紙や絵入り新聞で「Admiral Togo」の名のもと、盛んに紹介されていた。

たとえば開戦直後の『デイリー・ミラー（デイリー・イラストレイティッド・ミラー）』（一九〇四年二月一五日号）では、些か日本人離れした姿にみえる肖像イラストとともに東郷が取り上げられている（図4-4）。ここで東郷は「東郷、日本のネルソン（TOGO, THE NELSON OF JAPAN）」とされ、イギリスへの留学経験などが紹介される。

このように東郷を「日本のネルソン」とする記事は、日露戦争の初期からイギリス大衆紙によく見られるものであった。たとえば同じく『デイリー・ミラー（デイリー・イラストレイティッド・ミラー）』の二月一八日号、旅順港第二次攻撃時と思われる記事（詳しくは「明治三七八年日露戦史」参謀本部編第一巻八〇頁の記載を参照）では、「the bull-dog Nelson of Japan」として東郷が紹介されている。

こうした「日本のネルソン」というイギリス紙の通称は、日本の新聞に引用して報じられる。たとえば一九〇四年六月三〇日『東京朝日新聞』には、「英米の新聞は既に東郷提督を以て東洋のネルソンなりと……」として東郷が「東洋のネルソン」と欧米で呼ばれていることを前提にした記事がある。このような引用を経て、イギリスでの東郷の通称が、日本の新聞紙上で流通したようなのである。

イギリスの大衆紙が東郷を「日本のネルソン」と呼んだのは、戦争開始から間もない時期であった。大衆紙のこうした通称は、おそらく多くの読者にとっては未知の国であった日本の人物を、身近な人物に置き換え、読者自身の知識で理解できるようにしようとする、大衆ジャーナリズムの啓蒙的で比喩的な手法であったと推察される。

しかし、ここで日本の新聞メディアは、イギリスでの東郷の呼び名を引用し、微妙に言い回しを変化させながら、イギリスで既定の「事実」としてその名称を使用する。このような、報道が報道を参照する言説のネットワークの中で、軍人のイメージが創り出されていくのである。

Page 4.　THE DAILY ILLUSTRATED MIRROR.　FEB. 15, 1904.

TRAINED IN ENGLAND.

VIOLENT STORMS DEVASTATE SOUTHERN COASTS.

NEWS IN LITTLE.

TOGO, THE NELSON OF JAPAN.

NO BLOODCURDLING POSTERS

図4-4 『デイリー・ミラー』における東郷の肖像（TOGO, THE NELSON OF JAPAN）

さらにこうした司令官といった人物を強調する報道は、日露戦争の戦場を、数多くの一兵卒からのまなざしでとらえるのではなく、司令官である東郷から見た戦場と戦争であるかのような視点を読者に与えるだろう。

(2) 家族記事——戦場の対極にある戦争報道

加えて新聞は、軍人へのまなざしを、その私的な話題——自宅での様子や家族との会話——へと拡張していく。『朝日新聞』では遺家族訪問記が戦争を通して社会面の定番記事となり、戦死者の人となりを伝えるものとなる（朝日新聞社、一九九〇、四五〇〜四五一）[7]。またたとえば『報知新聞』では「東郷大将の家庭」といった連載記事が掲載されている。その記事では東郷が旅順陥落の報を聞き、身内との宴会でいつになく機嫌がよく「俺が一ッ唄を謡はうか」として唄を歌い始めたといったエピソードが語られている（一九〇五年二月二日号）。それは公的な場では見せない東郷の私的な姿を新聞に掲載したゴシップであり、（本当か嘘かは別として）通常であれば見聞きできないエピソードを、新聞紙上で人々に公開するものとなる。

こうした家庭のエピソードは、イギリスの大衆紙でも取り上げられている。たとえば、『デイリー・ミラー』（一九〇五年四月二五日号）には、「有名な日本の提督の家族」という見出しで東郷の家族写真、また別面に東郷とその娘である千代（子）に関わる記事が掲載されている。

この記事は「東郷提督の家族」と見出しがあり、次のような内容であった。ある時、ひどい風邪であったが前線に赴く命令を受け取った東郷に対し、妻のてつは風邪が治るまで寝ていればと言う。だが東郷は妻の肩を軽く叩き、それはできないと言う。それを娘の千代は一部始終見ており、駅に向かう途中、東郷に向かってなぜ母親を叩いた（誤解だが）と責める。東郷はそれを詫び、娘に妻への謝罪を頼んだというのである。

このエピソードの真偽は定かではないし、大衆読者をとらえるための「俗受け」記事ではある。だがこうした「俗受け」記事にもいくつかの機能がある[8]。一つ目はこうした家庭の記事は戦場の経歴や勇士ぶりではなく、軍人の軍人らしくない側面、多くの人々と何ら変わらない人間味の側面を伝える。それは軍人への親密性を構築するだろう。もう一つは物理的に距離があり、さらにまったく読者に関係のない家庭のやりとりを、「聞ける・覗ける」感覚を与える。日本の新聞だけではない。はるか遠いイギリスの大衆紙の紙面でも、日本の軍人の家庭のやりとりを聞き、覗き見しているようなリアリティがもたらされるのである。

この時代の新聞は、軍艦が爆発・沈没するその瞬間をあたかもリアルタイムに目撃可能とするような記事（瞬間性）、戦争や戦場を一望でき、戦場が可視化される感覚（俯瞰性）、そして他者の家庭の会話をあたかも聞いているかのような記事（覗き見性）を、一枚の紙面の上で実現したのである。新聞とは、このように互いに無関係な記事の並列を可能にし、さらにそれらを越境・横断可能にする紙面＝モザイク性を持つ。この特徴はその受け手に対し、互いに無関係な世界（＝記事）を、自由に越境・横断してとらえられる快楽を与えるだろう。(9) そのような可視性と快楽を与えたのが日露戦争時の新聞であった。新聞は、美談で人々の関心を引いたり、勇ましい論調でナショナリズムの興隆を支えるだけでなく、こうしたメディア形式の特徴によって、戦争と戦場の新たな見方と情報提示のあり方を人々に提供したのである。

5　日露戦争の新聞——初期新聞の時代と疑似環境化する時代の狭間で

本章で論じたように、日露戦争時の新聞は、それ以前の時代の「出来事を知ること」と異なる体験を人々に受容させることになった。その近代的な新聞としてのメディア的特徴は前節までに述べてきた通りである。

こうした新聞紙面から戦争や戦場を知ることとは、それ以前の定型化された物語や勇士の視線へと回収されて出来事を知ることとは異なる、ある種の解放性を読者に感受させるものとして現れただろう。この時代に新聞報道が熱狂的に求められたのは、そうした戦争・戦場の新たな光景を開いた、新聞のメディア的特徴の成立を考慮に入れておく必要がある。

しかし、こうした新聞報道のあり方は、日露戦争以後に登場するメディア論が指摘するほど読者を意図的に導こうとするものでもない。いわば〝無邪気〟なのである。生方の回想にはそれを物語る一説がある。

……同じ日の夕方に初瀬は、旅順港沖で敵の機械水雷にかかり沈没した。こういう記事が新聞に出て来ると、実際この先どうなるかというような心細さを感じないわけには行かなかった。……それほど悲観しない人でもやはりこの時分は一喜一憂で、何事もただ新聞を頼りに、勝てば喜び、不吉の報知を見れば幾分か気を腐らせた（生方、一九二六→一九七八、一六五頁）。

日露戦争の時代は、この引用のように新聞の生み出している戦場と戦争が、「事実」として信憑されもしたのだろう。しかしこの日露戦争の後、たとえば内田魯庵のエッセイでは、新聞がただ一日の寿命しか持たず、その材料は拙速に処理され、各記事はただ「二分間三分間の興味を持たしめる」ためのメディアであると指摘される（内田、一九〇九→一九九四、六八頁）。新聞のメディア的な特徴が批判の対象として語られるようになるのである。

こうした批判の先には、新聞が作りだすメディア環境に対する反省的な考察も現れる。その一つがウォルター・リップマンの『世論』（一九二二年）であろう。そこでは新聞が創り出す「疑似環境」が問題となる。新聞というマスメディアによるメディア環境が、人々にとって拘束的で、現実を歪めることが批判されるのである。

日露戦争の時代の新聞は、初期新聞が示していたような前近代的なメディア空間の時代と、マスメディアが疑似環境的な情報空間を生み出すと指摘される時代の狭間のメディアであった。その新聞の試みは、近代的メディアの可能性を示すものであったが、同時に戦場や戦争を〝誤解〟させてしまうようなイメージ空間の成立でもあった。

注

（1）この『平壌包囲攻撃』は、藤野房次郎編で、一八九六年に博文館より出版された著作だと考えられる。この著作は日清戦争後に出版されているが、そもそもは読売新聞に連載されていたものである。新聞連載時には「従軍記の類」ではないとの記述があり、また著作の冒頭には、読売新聞の主筆でもあった高田早苗が本書を「講談の改良」「軍事思想の普及」「真事実の保存」の立場から書かれたものとの序文を寄せている。現在から見れば、「フィクション」と「ノンフィクション」の中間に位置づけられるようなこうした著作が、この当時どのように扱われ、どのように読まれていたのかは、より詳細な検討が必要である。

（2）木下直之は戦争画について、日清戦争では現実的な絵画が登場する一方、荒唐無稽な錦絵的な絵画も残存するといった状況であったと指摘する。しかし日露戦争ではこうした錦絵的な絵画はほぼ一掃されたという（木下、一九九三）。こうした同時代の絵画や写真の表象の様式の変容とその意味については、酒井（二〇〇六）、大久保（二〇一一）、向後（二〇一三）などの研究を参照のこと。

（3）日露戦争は日清戦争と異なり戦時公報体制が整えられ、従軍記者に対応するため陸軍従軍新聞記者心得（明治三七年二月一〇日陸軍省告示第三号）などが制定された。また従軍記者は一軍あたり一社一名と制限されたが、有力紙は地方紙の名義を借り、多い場合には四〇名以上の大記者団を派遣したという（嶺、二〇〇七、一八四頁）。

（4）大衆紙への批判としてはW・シュラムらの研究など参照（シュラム、一九六八）。また著名なダニエル・ブーアスティンの『幻影（イメジ）の時代』も、大衆紙的なニュース報道はそもそも悪しきものとして批判の対象であることが前提となっている（ブーアスティン、一九六四）。

（5）この海戦はたとえば次のように報道される。「……ワリヤグ艦長傷き又火を艦内に失し辛うじて鎮火したれど彼等は最早進戦の勇なく再び前錨地に引帰せり……今は水雷艇を用ふるの他ならんと思い居るうち……（明治三七年二月一五日『東京朝日新聞』仁川海戦詳報　一三日佐世保特派員発電）」。電報に基づくこの記事は、あたかも実際に見たかのように沈没寸前のロシアの艦船内の状況やその乗組員の考えまでを掲載している。これは本来、「事実」の名を借りた「想像」に近い。しかし新聞が「事実」のメディアという信憑を持つ以上、これは「想像」ではなく「事実」の真偽として扱われる。このように新聞が「事実」を信憑させるメディアとして成立する過程については、佐谷（二〇〇九）を参照のこと。

（6）紅野謙介は、この時代に地図と言葉がミキシングされ、行ったことのない場所を地図から想像するという読み方が成立したと指摘する。また当時、島崎藤村が田山花袋に送った書簡に「新聞紙に於る科学的記述体の戦報、戦評等を争つて読むの今日の習慣は、今後の著述界に注目すべき事象と思はれ候」とあり、こうしたメディアの変化に存在する文化的コンテクストに注目することを指摘している（紅野、一九九二）。

（7）当時の批評雑誌『新公論』（一九〇四年九月一九（八）号、八一〜八三頁）には、遺族の迷惑を顧みない取材や、借りた写真や手紙を返却しない新聞社への批判が掲載されている。逆にいえば、こうした取材のあり方が頻繁に行われはじめたことを示している。

（8）阪本俊生（一九九九）は、一九世紀後半から二〇世紀に至るこうした大衆紙のゴシップ記事（覗き見趣味的な記事）について言及し、この記事形式には、都市住民に娯楽を提供する以上の機能があると指摘している。その機能とは不安への対処である。つまり都市住民が混沌とした都市生活の中で、他の人間の行為や振る舞いを解釈したい――これを阪本は神話的な役割とする――とする願望に、実話として応えるものであると説明している。

（9）前田良三はドイツ文化論の文脈ではあるが、新聞紙面の視覚性に注目し、その紙面が相互に異質な複数のニュースをパーツとして、同一平面に併存させる特徴を持っていると指摘する。こうした新聞の特徴は「見ること＝全体の配置を瞬時に把握する」ことを、「読むこと」に優先させるという（前田、二〇一三）。本論の戦場を「見渡せる」感覚とは、この前田の指摘する視覚性の側面も持つといえる。

＊　本章の三節と四節は拙稿「「逸聞」において論じられる戦争――日露戦争新聞報道における「戦死者家族訪問記」の「語り」が意味するもの」千葉大学『社会文化科学研究』第八号、二〇〇四年、八七～九四頁の一部と重複する。ただし本書に掲載するにあたり内容を大幅に見直した。

参考文献

＊　なお日露戦争当時の新聞、雑誌といった一次史料は、本文中にその発行年月日を示した。

朝日新聞社『朝日新聞社史　明治編』朝日新聞社、一九九〇年。

有山輝雄『情報覇権と帝国日本Ⅰ　海底ケーブルと通信社の誕生』吉川弘文館、二〇一三年。

ベネディクト・アンダーソン著、白石さや・白石隆訳『増補　想像の共同体――ナショナリズムの起源と流行』NTT出版、一九九七年。

飯倉章「欧米のメディアから見た日露戦争」平間洋一編著『日露戦争を世界はどう報じたか』芙蓉書房出版、二〇一〇年、一二一～一六八頁。

磯部佑一郎『イギリス新聞史』ジャパンタイムズ、一九八四年。

内川芳美「大衆新聞時代の開幕」『外国新聞に見る日本』第三巻本編・下、毎日コミュニケーションズ、一九九二年。

内田魯庵「二葉亭四迷の一生」紅野敏郎編『思い出す人々』岩波文庫、一九〇九↓一九九四年。

生方敏郎『明治大正見聞史』中公文庫、一九二六↓一九七八年。

蛯原八郎『日本欧字新聞雑誌史』名著普及会、一九三四↓一九八〇年。

大久保遼「『日露戦争実記』における視覚の構成　誌面構成・従軍写真班・活動写真」『マス・コミュニケーション研究』第七八号、二〇一一年、二〇九～二三〇頁。

片山慶隆『日露戦争と新聞――「世界の中の日本」をどう論じたか』講談社、二〇〇九年。

金子靖夫「新聞の〝さし絵〟〝写真〟初登場と、当時の社会的背景との関連性について」『富山国際大学地域学部紀要』第一号、二〇〇一年、一六七～一八六頁。

木下直之「画家たちの日清戦争」『芸術新潮』第四四号（一二）、一九九三年、七八～八二頁。

向後恵里子「写される戦場――日露戦争画報雑誌における石板・写真銅版印刷による「版の画」をめぐって」『近代画説』第二二号、二〇一三年、八〇～九三頁。

紅野謙介『書物の近代――メディアの文学史』筑摩書房、一九九二年。

小林恭子『英国メデイア史』中央公論新社、二〇一一年。

小森陽一・成田龍一編著『日露戦争スタディーズ』紀伊國屋書店、二〇〇四年。

酒井敏「顔のリアル――松崎直臣の表象をめぐって・〈勇士〉の肖像Ⅱ」『国語と国文学』第八三号、二〇〇六年、二四～三四頁。

阪本俊生『プライバシーのドラマトゥルギー――フィクション・秘密・個人の神話』世界思想社、一九九九年。

佐々木隆『メディアと権力――日本の近代一四』中央公論新社、一九九九年。

佐谷眞木人『日清戦争――「国民」の誕生』講談社現代新書、二〇〇九年。

島津展子「ニュー・ジャーナリズムの誕生――一九世紀末英国の新聞報道とその影響」『大阪学院大学通信』第三二巻第六号、二〇〇一年、一五～三〇頁。

ウィルバー・シュラム編、学習院大学社会学研究室訳『新版マス・コミュニケーション――マス・メディアの総合的研究』東京創元新社、一九六八年。

高橋克彦『新聞錦絵の世界』角川文庫、一九八六→一九九二年。

田中健一・氷室千春編『図説　東郷平八郎――目で見る明治の海軍』東郷神社・東郷会、一九九五年。

田中宏巳『東郷平八郎』筑摩書房、一九九九年。

土屋礼子『大阪の錦絵新聞』三元社、一九九五年。

ジャワハルラール・ネール著、磯野勇三訳『ネール自伝　上巻』角川書店、一九六五年。

長谷正人「メディアの物質性――研究の方法一」伊藤守編著『よくわかるメディア・スタディーズ』ミネルヴァ書房、二〇〇九年、一六～一九頁。

ダニエル・J・ブーアスティン著、星野郁美・後藤和彦訳『幻影（イメジ）の時代――マスコミが製造する事実』東京創元社、一九六四年。

前田良三『可視性をめぐる闘争――戦間期ドイツの美的文化批判とメディア』三元社、二〇一三年。

マーシャル・マクルーハン著、栗原裕・河本仲聖訳『メディア論――人間の拡張の諸相』みすず書房、一九八七年。

松村正義「日露戦争と外国新聞従事記者」『外務省調査月報』第二号、二〇〇四年、一九～四四頁。

嶺隆『新聞人群像――操觚者たちの闘い』中央公論新社、二〇〇七年。

村上直之『近代ジャーナリズムの誕生——イギリス犯罪報道の社会史から』岩波書店、一九九五年。

山田朗『世界史の中の日露戦争——戦争の日本史二〇』吉川弘文館、二〇〇九年。

山田俊治『大衆新聞がつくる明治の〈日本〉』日本放送出版協会、二〇〇二年。

山本武利『新聞記者の誕生——日本のメディアをつくった人びと』新曜社、一九九〇年。

ウォルター・リップマン著、掛川トミ子訳『世論』（上下）岩波書店、一九八七年。

立命館大学日露戦争史料調査会『日露戦争を報道した海外紙記事翻訳集　二〇〇九-二〇一三　松山市受託研究報告書』松山市、二〇一四年。

若林幹夫『増補　地図の想像力』河出文庫、一九九五→二〇〇九年。

Sharf, Frederic A., Anne Nishimura Morse, Sebastian Dobson, *A Much Recorded War: The Russo-Japanese War in History and Imagery*, Boston: MFA Publications, 2005.

Williams, Kevin, *Read All About It !:A History of the British newspaper*, Oxford: Routledge, 2010.

Schudson, Michael, *Discovering the News: A Social History of American Newspapers*, New York: Basic Books, 1978.

コラム3　新聞の世界的ネットワーク

澤田　望

大英帝国の中のナイジェリア新聞

アフリカ大陸で発行された英字新聞の発展とその情報源の拡大を、大英帝国の拡張にともなう郵便・電信制度に帰するものとするのは、おそらくあまりにも短絡的であろう。新聞の紙面は、編集者や投稿者の持つさまざまなネットワークに支えられていた。一方で、大きな経済的利益が見込めないとされた地域における通信・交通設備の歴史は、しばしば植民地政策との関連性なしに語ることが難しい。よって本コラムでは、新聞の世界的ネットワークについて、大英帝国に属した過去を持つナイジェリアを事例として考えてみたい。

ここで最初に留意すべきは、現在ナイジェリアと呼ばれる地理的枠組みが、いくつかの歴史的な段階を経て設定されたものだということである。一九世紀半ばまで奴隷を輸出する基地であり、徐々に椰子油貿易の重要な拠点となったラゴス島と周辺地域を、イギリスは一八六一年に直轄植民地とする。その後、ラゴス植民地は六六年から七三年まではガンビア、シエラレオネ、ゴールドコーストとともに西アフリカ植民地として編成された。七四年から八五年まで同植民地は、ゴールドコースト植民地の管轄下に置かれ、一九〇六年には南部ナイジェリア保護領に編入された。その後一九一四年に、北部ナイジェリア保護領と南部ナイジェリア保護領が合併してナイジェリア直轄植民地・保護領が成立した。後述するように、当時の新聞に現れる世界が時代とともに変遷しただけでなく、新聞に携わる者たちが自らの所属を想起した地理的・概念的枠組みもまた変容したのであった。

南西部ナイジェリアにおける出版事業は、英国聖公会宣教協会（CMS）ヨルバ・ミッションの責任者であったヘンリー・タウンゼンド（Henry Townsend）が手動印刷機を持ち込み、一八五四年アベオクタに印刷所を設置したことから始まる。五九年に、ヨルバ語・英語バイリンガルのサロと呼ばれた人々（シエラレオネからの帰還民ないし元解放奴隷で、その多くがキリスト教教育を受け、現地社会と植民地政府を仲介する役割を果たした）の協力のもと、ナイジェリア最初の新聞『イウェ・イロイン・フン・アウォン・アラ・エグバ・アティ・ヨルバ』（エグバとヨルバのための新聞）を創刊した。隔週発行のこの新聞は、八ページにわたって宣教活動、植民地政府の遠征、内陸部民族紛争などを報道したが、六七年、イバダン・エグバ間の内乱による政情不安で廃刊に追いやられる。その後、一二年ほどの休止期間を置き、ナイジェリアにおけるアフリカ人主導の新聞出版事業が開始する。裕福なサロの貿易商リチャード・ビール・ブレイズ（Richard Beal Blaize）が、『ラゴス・タイムズ・アンド・ゴールドコースト・アドヴァタイザー』紙を創刊した一八八〇年から、一九二〇年代初頭までの約四〇年間は、ナイジェリア新聞史の黎明期と位置づけられる。

この時期の新聞二〇紙のうち一紙以外は、教養文化の中心地であるラゴス島で創刊された。ここでいう新聞とは、固有のタイトルを持ち、さまざまな出来事の報道やその論評などを伝え、通常折り畳み式で製本をせずに発行される定期刊行物を指す。四ページほどから始まった初期のナイジェリア新聞は、ときに定期刊行物の役割を担うことが困難な経済状況に陥りつつも、週刊もしくは隔週で発行され、日刊紙の登場は一九二五年を待たなければならない。読者層の中心を、植民地内外のアフリカ系人および英領西アフリカや欧米に居住する植民地関係者と想定していたため、出版言語も主に英語であった。その一方で、初等教育の拡大によりヨルバ語の識字率が上がり、一九二〇年代にヨルバ語・英語のバイリンガル新聞が相次いで六紙創刊される礎を築いた時代でもあった。概して親英的な論調を持つ一九世紀後半の新聞は、ラゴスと英領西アフリカに居住するアフリカ系人エリートのコミュニティーペーパーの役割を担っていたが、二〇世紀初頭にはより広範な地域に注目する記事が増えていく。

本コラムでは、新聞編集者や情報提供者の中核を担ったラゴスのアフリカ系人エリートが、いかに世界の情報を集め、また自らが居住する地域の情報をどのように世界に発信していたのかを明らかにする。地域横断的ネットワークの素描のもと、植民地化にともなう人・モノ・情報の流動化や、大西洋を越えたアフリカン・ディアスポラ（アフリカ大陸の外に居住するアフリカ系人）のつながりが、ナイジェリア新聞の紙面にどのような影響をおよぼしたのかについても考察したい。

ナイジェリア新聞は、一九世紀末以降の情報技術の発達にともない、世界各地のニュースを掲載し、世界情勢と連動する自らの姿を描写し始める。その背景には、郵便・鉄道・電信の発達に支えられた通信ネットワークの他に、新聞出版事業を担うアフリカ系人のさまざまなつながりがあった。第一に、家族（血縁）ネットワークがあげられる。これは、ラゴス島周辺地域に居住するアフリカ系人エリートと、彼らの出身地域とのつながりであり、ナイジェリア南西部や他の西アフリカのみならず、ときにブラジルやアメリカにも広がっていた。第二に、主としてキリスト教団体を基盤とした宗教ネットワークがある。第三に、専門職、植民地政府、商業・手工業・農業に従事した個人や団体を結ぶ職業ネットワーク、第四に、学術団体への所属や留学を通して築かれた学問的ネットワークがある。第五に、大西洋を越えたアフリカ系人の政治的・思想的なつながりであり、第一から第四のネットワークと重複することも多い。これら五種類のネットワークは、ラゴスエリートのコスモポリタンな性質を反映しており、しばしば彼らが参加したさまざまなアソシエイションを介する自発的な結びつきがもたらすものであった。

通信技術および鉄道網の発達と紙面の変化

黎明期ナイジェリア新聞の情報収集について考察する際に、次の三点に留意したい。第一に、新聞の紙面は、編集者や専属特派員による文章のみで構成されていたのではなく、ラゴス内外のさまざまな寄稿者との共同作業の賜物であった。紙面の充実には、読者の貢献が不可欠だと認識されており、英領西アフリカやイギリス、ブラジル、アメリカで出版された新聞の抜粋を投稿することが奨励された。編集者や寄稿者となったアフリカ系人エリートの多くは、ラゴス外部の新聞を定期購読していたのである。新聞に情報提供者として度々登場するラゴス植民地最高裁判所登記官ジョン・オトンバ・ペイン(John Otonba Payne)は、一九世紀のナイジェリア新聞がいかに世界の情報を収集したのかを検討する際に重要である。彼の書斎には、一八八八年出版のロンドン『ザ・タイムズ』紙、『イラストレイティッド・ロンドン・ニューズ』紙、『コロニーズ・アンド・インディア』紙、ブラジル『リオ・ニューズ』紙、『シエラレオネ・ウィークリー・ニューズ』紙などが所蔵されていた。また彼は、CMSや英国人類学会など国際的なアソシエイションの機関誌を取り寄せ、それらの抜粋を自分の名前を添えて新聞に投稿している。自らが厳選し、投稿した議論の行く末を確認することも、読者の新聞購買意欲を向上させたのであろう。第二に、ラゴスと他の英領西アフリカで刊行された新聞の間には、その紙面には、常に活発なコミュニケーションが行われており、アフリカ西沿岸地域の新聞との相互購読を前提とした文章も見受けられる。第三に、二〇世紀初頭にはナイジェリア新聞の関心が、ラゴス島周辺地域や英領西アフリカとイギリスだけに留まらず、その他のイギリス植民地やアメリカ、さらにナイジェリア内陸部へと、地域的な広がりを見せた。以下では、これら三点を念頭に置きながら、ナイジェリアにおける通信技術と鉄道の発達を追い、それにともなう紙面の変化について論じる。

モールス電信機の長距離通信実験が行われた一八四四年以降、情報伝達は速度と範囲で進化を遂げ、地球規模での電気通信ネットワークが構築された。大西洋横断海底ケーブルが完成した六六年からの二〇年間で、電信はヨーロッパや北アメリカのみならず、インド、日本、中国、オーストラリア、カリブ海、南アメリカ、そしてアフリカに到達したが、エジプト、アルジェリア、南アフリカを除くアフリカ大陸の大部分は「電信未開の地」であった。アフリカ西海岸では、七三～七四年のアシャンティの戦いをきっかけに海底ケーブル建設が促進されたが。しかし内陸部では、熱帯病が蔓延する厳しい気候のため資材の運搬が困難なうえに、貧しく人口密度の低い地域では通商用および私用の需要も少なく、しばらくは沿岸部都市をつなぐネットワークに留まった。ナイジェリアでは、ラゴスがゴールドコースト植民地から分離する八六年前後に電信ケーブル建設事業が活性化した。『植民地年鑑』によると、八七年にラゴス植民地政府は、海底電信線を使ってナイジェリア東沿岸部のボニーとブラス、現ベナンのコトヌやポートノヴォ、ゴールドコースト各地、コンゴ、ガボン、現アンゴラのルアンダ、南アフリカ、ヨーロッパ各地と交信があり、これらの地域との間には、週一日配達の郵便制度が確立されていた。また一九〇〇年までに、ラゴスは陸上電信線でナイジェリア南西部のシャキやニジェール川沿いのジェバと連結された。電信網は、ナイジェリア内陸部の行政区域をつなぐ鉄道に沿って設置され、『南部ナイジェリア植民地青書』によると、一〇年には鉄道駅と電信所が合わせて七四存在した。

電信の発達と通信社の登場にともなう新聞記事の変化について、佐藤卓己は、その「重心は『意見』から『事実』へと移っていった。ワード数で課金される電信の利用により、冗長なレトリックは簡素化され、必要最低限の事実から記述を始めるリード付きの『逆ピラミッド』文体が成立した」と指摘する（二〇一一、六九頁）。ナイジェリアでも、二〇世紀初頭にはそれまでの凝った装飾的な文体から、報道内容や論旨を重視するシンプルな文章が好まれるようになる。しかしその最大の理由は、読み書き能力の低い層へと読者層を拡大することで得られる経済的利点と、教養を高める機会をより広く提供する教育的利点が、編集者内部で議論されたためである。

電信網が確立される以前のナイジェリア新聞は、海外のニュースを掲載する際に、何日も前に発行された他地域の新聞記事を転載していた。ニュースはそれを運ぶ船と同じスピードでしか伝わらなかったため、英領西アフリカとの時差は二～四週間、イギリスとの時差は四～八週間ほどもあったのである。『ラゴス・オブザーヴァー』紙（一八八二～九〇）は、一八八四年三月一三日号の社説において、『ゴールドコースト・タイムズ』紙の前号にラゴスの記念団体活動を称賛する記事が掲載されたと言及し、一見タイムリーな話題を紹介しているが、この「前号」とは二月二二日号を指し、三週間の時差が生じている。また八八年一二月一五日号では、約一カ月前である一一月一七日発行の『シエラレオネ・ウィークリー・ニューズ』紙から、統一メソディスト教会シエラレオネ総監督者であったトマス・トラスコットの訃報を転用し、同年一二月二九日号でも、一一月九日発行の『マンチェスター・ガーディアン』紙から、ニジェール川流域貿易に関する英国議会下院決議の記事を転載していた。また、他紙の記事を転用する際に日付が省かれて、『ウェスト・アフリカン・メイル』紙や『ジャマイカ・アドヴォケイト』紙と引用元のみが記載されることも多く、記事の即時性はあまり期待されていなかったことが窺える。

その一方で、一九世紀末から徐々にロイター通信社を通じて遠隔地のタイムリーなニュースが入手可能になり、新聞発行日前週のロイター・ニュースをまとめて掲載する海外電信ニュース欄が現れた。黎明期ナイジェリア新聞の中で最も長く存続した『ラゴス・ウィークリー・レコード』紙（一八九一～一九三〇）では、「ロイター通信社経由ヨーロッパからの最新電信情報」というコラムが一八九二年に登場し、九四年からほぼ毎週掲載された。当初はロンドン関連の一行ニュースが二～三本記載されているだけであったが、その数は徐々に増え、一九〇五年八月一二日号には、前週の一～三行ニュースが計三七本掲載され、そのうち二一がイギリス関連、ヨーロッパ六、ロシア五、日露戦争関連四、東アフリカ一という内訳であった。その後、ニュースの数は五～六〇本の間で推移し、一九一〇年代にはイギリスの動向をその他の国際的なニュースが上回る。第一次世界大戦中には、紙不足のため新聞自体が不定期発行となり、ロイター通信コラムもいったん姿を消すが、一九一九年六月七日の新シリーズ始動時には「ロイターズ・テレグラムズ」というタイトルで復活し、紙面全一〇ページのうち丸二ページを一週間の海外電信ニュースに割くようになった。

当時、サハラ以南アフリカにおけるロイター通信のサービスは小規模であったが、一九一四年、南アフリカのケープタウンに毎月一万語、ナイジェリア東部のボニーに毎月四八〇〇ワードのニュースを配信していた。度々経営難に陥ったナイジェリア新聞が、直接通信社からニュースを買い付けることは難しく、植民地政府を通して情報を入手していたと思われる。二〇年代には、植民地政府は通信社から得た電信ニュースを平日発行し、年間定期購読料二ポンドで販売するようになる。

黎明期ナイジェリア新聞は、隔週もしくは週刊発行であったため、前週または前々週に起こった時事的事柄の報道や解説、読者からの投書、広告、イラストや写真を掲載し、ときに小説、旅行記風の読み物、詩、ヨルバ言語や慣習の解説を何カ月にもわたって連載した。植民地政府や読者への提唱コラムでは、ラゴス社会で共有すべき価値観の形成を図る一方で、シエラレオネやゴールドコーストなど英領西アフリカへのメッセージを掲載するなど、新聞は常に読者の関心を満たす実験的な取り組みを行っていた。『ラゴス・オブザーヴァー』紙に掲載されたコラム「バイ・ザ・ウェイ（By the Way）」と「ティツ・ビッツ（Tit-Bits）」にみられるように、一九世紀のナイジェリア新聞は、近隣地域の新聞との相互購読を前提としており、「世界の文明化された社会」の一員を目指すラゴスの将来像を議論する際に、他のイギリス植民地との比較が多用された。

二〇世紀初頭には、ラゴス植民地と英領西アフリカに重点を置く紙面に、日本を含む極東地域の報道が現れる。一八九四～九五年の日清戦争と一九〇四～〇五年の日露戦争における日本の勝利は、非西欧型発展モデルとしての日本への関心を高め、ナイジェリアの進歩思想に影響を与えた。欧米や英領西アフリカのアフリカ系人が国際社会における日本の台頭に注目する中で、『ラゴス・ウィークリー・レコード』紙の二代目編集者トマス・ホレイシオ・ジャクソン（Thomas Horatio Jackson）はとくに日本びいきで知られており、日露戦争時に彼が書いた日本擁護の記事が、イギリスの雑誌『パブリック・オピニオン』に取り上げられ、その後イギリスだけではなくインドやアメリカの新聞にも転載されている。

このように、電信による海外ニュースの割合が増える一方で、交通網の改善もナイジェリア新聞の紙面に影響を与えた。一八八四〜八五年のベルリン会議以降、ナイジェリア内陸部の商品作物を海岸部に輸送する鉄道の必要性を説く声が、イギリス人貿易商や商工会議所から上がる。ヨルバランドの政情不安や経済的負担を理由に、消極的な姿勢をとっていた植民地政府が鉄道敷設に乗り出したのは、一八九〇年代半ばのことであった。南西部ナイジェリアでは、九八年にラゴス―オッタ間（約三二キロ）で建設作業が始まり、そのラインが徐々に拡張され、イバダンやイロリンを経由して一九〇九年にはジェバまで（ラゴスから約四八八キロ）の鉄道が開通した。北部ナイジェリアでは、カノやザリアと、ニジェール川沿いのバロをつなぐラインが一一年に開通し、一二年にはこのラインがラゴスラインと連結してラゴス―カノ間（ラゴスから約一一三五キロ）の鉄道が完成したことで、北部ナイジェリアからラゴスへの輸送が可能になった。

鉄道とそれに続く道路の整備によって各新聞は、イギリスや英領西アフリカだけではなく、北部・東部ナイジェリアに専属特派員や販売代理店を配置し、内陸部のより詳細な情報を入手し始める。現地社会の慣習に強い関心を示した『ナイジェリアン・クロニクル』紙（一九〇八〜一五）の登場は、一九一四年の南北ナイジェリア植民地合併に先立ち、二〇世紀初頭から新聞が、「ナイジェリア」の地理的枠組みに言及し始めたこととも不可分な関係にあるだろう。

旅する新聞投稿者とアフリカ系知識人ネットワーク

イギリス、英領西アフリカ、さらにその他のイギリス植民地以外で、とくに読者の関心を集めたのは、投稿者の旅を通して報じられる世界情勢と、アフリカン・ディアスポラに関する記事であった。黎明期ナイジェリア新聞は、北アメリカや西インド諸島におけるアフリカ系人の抑圧された状況を頻繁に報道し、人種的連帯によってそれを阻止しようとする声が生まれる。それらの報道を可能にしたのは、編集者が有していた西インド諸島、アメリカ、リベリアなどとの個人的なつながりや書簡による情報交換であった。

『ラゴス・オブザーヴァー』紙や『ラゴス・ウィークリー・レコード』紙の共同編集者であったモジョラ・アグベビ（Mojola Agbebi）が、バプティスト教会に招かれてアメリカを訪問したことで、社会貢献者を記念する取り組みの必要性が紙面上で議論され、リベリアのエドワード・ウィルモット・ブライデン（Edward Wilmot Blyden）がラゴスを訪問したことで、アフリカ固有の進歩を志向する姿勢が高まった。さらに、ブッカー・T・ワシントン（Booker T. Washington）のタスキーギー・インスティテュートに触発された農業技術学校建設が検討されるなど、ラゴスの文化ナショナリズムは、アフリカン・ディアスポラの社会的経験や政治運動、その著作に感化された人種的ナショナリズムでもあったと言えるだろう。

新聞編集者の中には、一八六三年からアベオクタで二年間発行された『アングロ・アフリカン』紙の創刊者であったジャマイカ出身のロバート・キャンベル（Robert Campbell）や、リベリアに移住したアフリカ系アメリカ人の両親を持つ『ラゴス・ウィークリー・レコード』紙のジョン・ペイン・ジャクソン（John Payne Jackson）のように、アフリカ外部と血縁関係を有する者もいた。ジャクソンは、アメリカの自由と反帝国主義の精神や、パン・アフリカニズムの影響を受け、一九一八年五月から七カ月間のイギリス滞在中に、アフリカ進歩同盟（African Progress Union）の設立に携わった。彼は、イギリスの新聞王アルフレッド・ハームズワース（Alfred Harmsworth）に憧れ、ロンドンに本部、西アフリカに支部を置く西アフリカ新聞グループを創設するべく、一九二〇年ロンドンで月刊新聞『アフリカン・センチネル』紙を創刊した。この計画は失敗に終わるものの、同年ケイスリー・ヘイフォード（Casely Hayford）が提唱した英領西アフリカ国民議会が開催され、同地域の政治的連続性を前提とした論調がナイジェリア新聞を賑わすことになる。その後も、リチャード・アキンワデ・サヴェッジ（Richard Akinwade Savage）、ハーバート・マコーレー（Herbert Macaulay）、ンナムディ・アジキウェ（Nnamdi Azikiwe）のようにイギリスやアメリカ留学中にアフリカ系学生団体などに所属し、帰国後ナイジェリアで新聞を創刊する者が続く。

さらに、世界を旅し、その経験を新聞に投稿し続けた者の例として、一八八六年二〜一二月に西アフリカ沿岸部・ブラジル・イギリス・フランスを旅したジョン・オトンバ・ペインが挙げられる。彼の旅の最大の目的は、ヴィクトリア女王即位五〇周年記念式典を前に開催されたインド・植民地博覧会に、英領西アフリカ代表団の一員として出席することであった。その旅路の八六年三月にはセネガルを訪問し、翌月に母方の叔父を頼ってブラジルを訪れ、リスボン地理学協会リオデジャネイロ支部で講演を行い、皇帝と対談する様子が現地の新聞に報じられた。

大西洋を越えたアフリカ系人のつながりというと、アフリカと北アメリカまたはヨーロッパとの関係性が注目されがちであるが、西アフリカとブラジルの結びつきもまた思いのほか深い。一五世紀から一八世紀に、ポルトガル人によって西アフリカ沿岸地域からブラジルに連行された人々の中には、一八八八年の奴隷制廃止後に西アフリカへと帰還し、ラゴスでも「我々の同胞」と大々的に報じられた者たちが存在した。イギリス植民地は解放奴隷に比較的寛容であったため、九九年にはラゴス島周辺地域の人口約三万七〇〇〇人のうち、ブラジルやキューバからの帰還民が約五〇〇〇人を占めたという。当時のラゴスでは、イギリスや西アフリカ海岸部だけでなく、ブラジルやアメリカへの船舶が定期運航しており、人の行き来も頻繁であった。

ペインは六カ月間のイギリス滞在中に、自身がその会員であった王立地理学協会、反奴隷制・原住民保護協会、CMS、官吏祈禱会の会合や王室主催の晩餐会に参加し、鉄道を使ってチェスターとリヴァプールを訪問した。その様子を、八六年七月一七日発行の『ザ・タイムズ』紙や八月一二日発行の『リヴァプール・マーキュリー』紙などが取り上げ、西アフリカからの訪問者であるペインを「肌の色のみが異なる紳士」と紹介した。インド・植民地博覧会に出席した際には、ヴィクトリア女王に自己の出版物である『ペインのラゴス・西アフリカ年鑑及び日記』を献上し、女王の代理人から礼状を恵与された。

　ペインの旅に関する一連の報道で注目すべきは、これらの出来事の多くを、ペイン自らナイジェリア新聞に寄稿していたという事実である。彼は、セネガルやブラジルと比べてラゴスとその内陸部ヨルバランドの住民がはるかに文明化した民であると称賛するとともに、ヨーロッパやブラジルの国際的知識人ネットワークに属する自身の姿を描写した。ラゴス内外へ発信する自己の所属集団のイメージ操作を行い、自己実現の手段としても新聞を活用していたことが窺える。その後ペインは、一八九四年にも息子が法学を学ぶイギリスを訪問し、植民地政府退職後の九九年からアフリカ協会（African Association）のパトロンと会計係を務め、初期的なパン・アフリカニズム運動に関与していく。

新聞が結ぶ世界

　これまで見てきたように、二〇世紀初頭から顕著になる郵便制度と電信技術の発達や交通網の改善により、黎明期ナイジェリア新聞は、その報道範囲をラゴス島周辺地域と英領西アフリカのみならず、ヨーロッパ、南北アメリカ、アジアに広げ、他地域の新聞記事を転載していた。それを支えていたのが、新聞編集者や投稿者個人のさまざまなネットワークであり、さらにその多くの背景となったのは大英帝国とアフリカ系人のつながりであった。

　イギリスによる西アフリカ沿岸地域の植民地化により、英領西アフリカを一つの地理的枠組みとしてとらえる認識が生まれ、元解放奴隷でキリスト教教育を受けたアフリカ系人を中核とする「パン・英領西アフリカ文化」が創出された。異なる社会的背景と識字能力を持つ人々が集い、議論する場としての英字新聞の存在は、その共通した特徴となっていた。英語という共通言語を通して、他の英領アフリカ、インド、西インド諸島、イギリス、アメリカなどとの情報交換が可能であったからこそ、新聞はコスモポリタンな読者層を思い描くことができたのである。英語使用者間の結びつきなしには、ナイジェリア新聞はその紙面上で、ゴールドコーストやシエラレオネの新聞に呼びかけることも、他の植民地とラゴスを比較しながらその将来像を語ることも、ロイター通信社を通してブラジルの奴隷解放や日露戦争の経緯など世界の情報を得ることも困難であっただろう。ナイジェリア新聞はその黎明期から、ネイション中心の「想像の共同体」よりもはるかに広いつながりを想定しており、その後も、世界的な植民地エリートの歴史と連動していくことになる。

参考文献

佐藤卓己『現代メディア史』岩波書店、二〇一一年（初版一九九八年）。
D・R・ヘッドリク、横井勝彦・渡辺昭一訳『インヴィジブル・ウェポン――電信と情報の世界史一八五一－一九四五』日本経済評論社、二〇一三年。

Sawada, Nozomi, "The Educated Elite and Associational Life in Early Lagos Newspapers : In Search of Unity for the Progress of Society", Ph. D. dissertation, University of Birmingham, 2012.

Falola, Toyin and Matthew M. Heaton, *A History of Nigeria*, New York : Cambridge University Press, 2008.

第5章　イギリスのイラスト紙・誌が見せた一九世紀の世界

東田雅博

1　イラスト紙・誌とは

写真が新聞や雑誌などにおいてイラストに取って代わり始めるのはやっと一八九〇年代のことであった。それまではむしろイラストが多用された。この意味では、一九世紀はイラスト紙・誌の最盛期だったといえるのである。イギリスには風刺週刊誌『パンチ』（*Punch, or The London Charivari*）があり、イラストを売り物にする新聞『イラストレイティッド・ロンドン・ニューズ』（*Illustrsted London News*）（以下においては『ロンドン画報』とする）があった。フランスには『パンチ』の先輩『ル・シャリヴァリ』（*Le Charivari*）があり、『イリュストラシオン』（*L'Illustration*）があった。そして、ドイツには『ジンプリツィシムス』（*Simplicissimus*）や『真相』（*Der Wahre Jacob*）などがあった。また、日本には『ジャパン　パンチ』が、そして中国には『点石斎画報』があった。イラスト入りだから大衆的ととらえがちだが、必ずしもそうではなかった。むしろ、大衆向けのものと、知識人層向けのものとが分かれていたというのが実情である。たとえば、イギリスの場合、『パンチ』や『ロンドン画報』は主として知識人層向けであって、大衆層向けには『ジュディ』（*Judy*）や一八六一年創刊のイラスト紙『ペニー・イラストレイティッド・ペーパー』（*Penny Illustrated Paper*）（以下においては『ペニー』とする）、などがあった。

本章は、主としてイギリスのイラスト紙・誌を中心に、ヨーロッパが一九世紀の世界をどう見せようとしたのかを明らかにしようとするものである。イラストは活字とはまた別のインパクトがあったはずである。そこを明らかにしたいのである。資料としては、『パンチ』と『ロンドン画報』の他に、一八六九年創刊と後発ながら、美しいイラストで非常に人気があったイラスト紙『グラフィック』（*The Graphic*）と大衆向けのものとして『ペニー』をも用いることにする。

2　世界をどう見せたか——大博覧会

（1）グローバルな出来事としての万国博覧会

万国博覧会は今日でも開催されているが、その起源はさほど古くはない。一八五一年にロンドンの広大な公園ハイド・パークで開催されたいわゆる大博覧会が最初の万博とされている。実は万博の構想は、イギリスではなく、まずフランスで生まれたと言われている。フランスで生まれた万博の構想を、この大博覧会の立役者のひとりヘンリー・コール（Sir Henry Cole）がフランスから持ち帰り、イギリスで実現させたのである。もっとも万博とはいいながら、この大博覧会の実質は欧米中心の国際博覧会であった。とはいえ、参加国は三四カ国におよび、入場者も六〇四万人であったから、その影響はやはり相当なものであった。では、この大博覧会はいかなる意味を持つ出来事であったのだろうか。

この大博覧会についての研究は膨大である。したがって、この大博覧会に付された意味もひとつやふたつではない。しかし、グローバル化が進展する今日においては、この世界的事業をグローバル化と結びつけて解釈することは比較的受け入れやすいであろう。意外かもしれないが、大博覧会を明確にグローバル化と結びつけた研究が現れたのはようやく二〇〇八年のことである。ともにすでに万博研究で名をなしているアウアバックとホフェンバーグの編著『イギリス、帝国、そして一八五一年大博覧会の時点での世界』である。この序文によれば、「大博覧会は単にイギリスの出来事だったのではなく、真にグローバルな出来事であった」のである。そこで、「本書は、大博覧会の意味と重要性についての議論をさらに深め、それをただナショナルな、あるいは帝国的文脈においてではなく、初めてグローバルな文脈で考察する」[1]。

図5－1　大博覧会の開幕（『ロンドン画報』1851年5月10日）

（2）イラスト紙・誌と万国博覧会

さて、問題は、この「真にグローバルな出来事であった」大博覧会をイラスト紙・誌がどう取り上げ、世界をどう見せたかである。まず、『ロンドン画報』から見てみよう。

図5－1は一八五一年五月一〇日付の万博特別号の最初の頁に掲載されたものである。この図のキャプションには「大博覧会の開幕　中国のマンダリンなど」とある。ほとんどがヨーロッパの人々と思われるが、中央の右側にターバンを巻いたイスラム風の人物の隣に中国のマンダリン（高級官僚）らしき人物が堂々と立っている。この人物は、実際にはこの時ちょうどロンドンで中国展を開催していた中国のジャンクの船長らしいが、なんとあたかも中国のコミッショナーの一員でもあるかのように描かれている。この中国人については、H・C・シロス（H.C. Selous）が開幕式の様子を描いた有名な絵の中にも描かれており、当時かなり評判になったようである、ここでは中国人が主役のようにも見え、中国人に対する否定的な印象は感じられない。

ところが『パンチ』になるとかなり様相が異なる。図5－2（一八五一年、二〇巻）は「一八五一年のための大ダービー」と題された風刺画である。背景はクリスタル・パレスと呼ばれた展示会場である。グローバルな出来事にふさわしく、実に多様な人々がこのレースに参加している。先頭を走るのは『パンチ』の顔パ

図５－２　1851年のための大ダービー（『パンチ』1851年，20巻）

ンチ氏である。二番手につけているのはこのクリスタル・パレスを設計したジョゼフ・パクストン（Joseph Paxton）氏である。真ん中あたりの象に乗っているのはインドの人々であろうか。最後尾に近いところのラクダにまたがる人々はイスラムの人々であろう。実に多彩である。しかし、全体としては、白人が先頭の方に、有色人種が後方に位置していることになろうか。大博覧会はこの時代の進歩＝文明を展示する場と考えられていたので、ここでも先頭を走る文明世界を未開・野蛮な世界が追いかけるという構図ととれなくもない。だが、やはり目立つのは手前の豚の背中に乗った中国人の姿である。『ブラックウッズ・マガジン』というヴィクトリア時代に刊行されていた総合雑誌の論文（「中国の評判　その幻想性」一八九四年）の中に、中国では「後ろ向きに前進するという意味以外では前進する」ことはない、などという文言が見られるが（東田、一九九六、一八〇頁）この図はこの主張を早くも一八五一年に可視化している。まことに興味深い図である。

さらに、図５－３（一八五一年、二〇巻）を見てみよう。タイトルは「ハイド・パークの幸福な家族」である。右側の長身の紳士はこの万博のいわばシンボル的な人物であったヴィクトリア女王（Queen Victoria）の夫君アルバート公（Prince Albert）である。左側の最後部にいる紳士はパンチ氏である。構図としてはそれなりの身なりをした人々が万博会場であるクリスタル・パレスを見物しているというものである。しかし、クリスタル・パレスには格子があり、それがどうもクリスタル・パレスを檻のようにも見せている。そしてその檻の中でらんちき騒ぎでもしているように見えるのは非ヨーロッパ世界の外国人である。この図は文明人が野蛮人を見物しているとも見えるのである。

大博覧会以降の万博では、モノだけではなく、人間の展示も行われるようになる。人間が見世物としてただ見られるためにだけ展示される、まさに文字通り人間の展示は一八八九年のパリ万博からとされているが（Greenhalgh, 1988, p. 85）、それ以前の万博でも実質上人間の展示が始まっていた。西洋世界から見て未開、野蛮とされた人々が万博において見世物になっていたのである。すでにこのまさにグローバルな大博覧会において世界が文明世界と未開、野蛮な世界とに色分けされていたと言えるかもしれない。この場合、文明世界の頂点に位置すると考えられていたのは、もちろんヨーロッパ世界、その中でもイギリスやフランスである。

図5－3　ハイド・パークの幸福な家族
（『パンチ』1851年，20巻）

3　アジアをどう見せたか

では、つぎにアジア、とくにインド、中国、日本をイラスト紙・誌がどう見せようとしたかを見ていこう。

(1)　インド大反乱

インド大反乱は、いうまでもなくインドの人々にとってはイギリスに対する民族的な反抗であり、インド独立への第一歩という意味さえあったといえるかもしれない。しかしながら、この反乱はながらくセポイの乱などと呼ばれてきた。この反乱はセポイと呼ばれるインド人兵が起こしたmutiny、つまり反逆とされてきたのである。

この時代のイラスト紙・誌でそのあたりの事情を見ていきたいのだが、その前に、この事件がイギリスに、いつどのような形でまず伝えられたのかを確認しておこう。一八五七年の九月に『ブラックウッズ・マガジン』に掲載された論文「ベンガルの反乱」はこの大ニュースをめぐるイギリス社会の初期の様子を伝えている。この論文によってもう少し詳細に状況を理解しておこう。この論文によると、カルカッタからの反乱についての公式の第一報がイギリス本土に届くのは五月一八日であった。メラートでのセポイの蜂起は五月一〇日であるから、イギリス政府はかなり早い段階でこの情報を握っていたことになる。だが、この論文によれば、政府はその後次々と反乱についての情報がインドから寄せられたにもかかわらず、さほどの危機意識を持たなかったという。また、この論文は、大反乱の性格についても論じており、インド大反乱を単なる「軍事的反抗」であると断じている。ただし、この論文は、興味深いことに「ナショナルな反乱」という考え方もあり得ることは認めている。しかし、この論文によれば、インドについて、「ナショナルな不満」、「ナショナルな教育」等、「ナショナルな何か」について語れる基盤は何もないのである。したがって、実際には「ナショナルな反乱」などあり得ないのである（東田、一九九六、五九〜六一頁）。

ではまず、『ロンドン画報』から見てみよう。この新聞でのインド報道が深刻さを帯び始めるのは、八月二二日号あたりである。この号に、「デリーへの途上にある塹壕陣地」と題する図があり、多少なりとも反乱の雰囲気を伝えている。さらに、この号には、五月のデリーでの反乱軍による虐殺を逃れたとされる人物の図と記事が掲載されている。九月五日には「インドの反乱の進展」と題する記事が巻頭に現れる。そこには子供や親などを亡くした人々だけでなく、イギリス社会のあらゆる社会層の人々が激怒し、「血に飢えた反乱の手先どもに……正義を貫く」ことを求めているなどとある。さらに「インドにおける反乱」と題する図がいくつか掲載されており、その中にはカーンプルでの虐殺の現場を示したものもある。九月二六日には「ビトゥールとカーンプルでの虐殺全体に関わった卑劣漢」ナーナー・サーヒブ（Nana Sahib）の肖像画が掲載されている。この当時イギリス側はこの反乱が前もって計画されていたのではないかと考え、その陰謀の中心にいたのがナーナー・サーヒブではないかと推認したのである（長崎、一九八一、一七六〜一八〇頁）。

図5-4　インド人兵士たちの処刑（『ロンドン画報』1857年10月3日）

一〇月三日にはペシャワールでの反乱に加わったインド人兵士たちの処刑の様子を描いた図（図5-4）と記事が掲載されている。処刑は絞首刑によるものと大砲に縛り付けた兵士を吹き飛ばすというかなり残酷なものとがあった。この図では分かりにくいが、反乱兵士が大砲の砲口に縛り付けられている。一〇月三一日には「インド　デリーの陥落」との記事が巻頭にある。「インドにおける再征服の最初の明白な一歩が踏み出された。デリーが陥落したのである。……」と始まる。一一月二八日号にはボンベイでのやはり大砲によるインド人兵士の処刑の様子が描かれた図が掲載されている。

ではつぎに『パンチ』の方を見ておこう。やはり風刺画を売り物にする『パンチ』の方がかなりわかりやすいと言えるだろう。まず、八月一五日の「東インド会社の死刑執行」（図5-5）である。大反乱後の展開をすべて予想させるようなきわめて興味深い風刺画である。実際翌年一八五八年には東インド会社は解散させられ、インドはイギリス政府の直接統治下に置かれることになる。また、先の図5-4に見たように、イギリスは反乱を起こしたインド人

図5－5　東インド会社の死刑執行
（『パンチ』1857年8月15日）

兵士らを大砲で吹き飛ばすという処刑を実施することになる。

八月二二日には「イギリスのライオンがベンガルの虎に復讐する」とのキャプションがついた図が掲載されている。婦女子を襲うベンガルの虎＝インド人にライオン＝イギリスが復讐するという構図である。同日の『ロンドン画報』に五月のデリーでの反乱軍による虐殺を逃れたとされる人物の図と記事が掲載されていたから、この頃には虐殺の情報がかなり広く行き渡っていたのかもしれない。

九月一二日号には「正義」と題する図が掲載されている。怒りをみなぎらせたブリタニアが虐殺者どもに正義の剣を振るっている。これも九月五日の『ロンドン画報』のイギリスの人々が「正義を貫く」ことを求めているとの記事と符合する。

以上のように、『ロンドン画報』や『パンチ』でのインド大反乱は、何らかの正当性を持った反乱、あるいはナショナルな反乱というよりも、血に飢えたインド人兵士らの反抗でしかなかったといえよう。

（2）日清戦争

日清戦争は、日本にとっても、中国にとっても、その世界史的地位を変える決定的意味を持った戦争であったと言えるだろう。結論を先取りすれば、この戦争によって、日本はアジアにおける大国としての地位を、中国はアジアにおける「病める大国」としての地位を得ることになる。言うまでもなく、西洋世界からの評価である。

だが、西洋世界において開戦前に日本が勝利すると考えるものはほとんどいなかったと言ってよいであろう。総合雑誌『ブラックウッズ・マガジン』に一八九四年に掲載された論文「日本の地位」によると、日本の立場は日清戦争勃発直後に大きく変わったという。つまり、戦争開始前には「日本は、空威張りをして自国よりも大きな大国に攻撃を仕掛けるという愚かさを演じた。その報いは当然受けることになるだろう」、と考えられていた。ところが、戦争が始まると、「日本は中国よりもより有能で、それゆえにより強力であることを示した。……日本の陸海軍は、ヨーロッパの軍隊と同等の資質を有し、同じ力を発揮できることを証明した」のである。こうして、西洋世界は手のひらを返すように日本を支持するようになったという。ちなみにこの論文は日本が勝利すれば、「極東の政治的リーダー」となるだろう、と予想している（Tohda, ed. 2008, pp. 878, 880）。

イラスト紙・誌の中では、大衆的なイラスト紙『ペニー』が、この戦争の序盤で戦争の帰趨について明確な見解を述べている。八月四日号で、中国については、「すべての中国の最上の軍艦はイングランドで建造され、クルップ砲を装備し、強力で、速力もあると言われている。中国はこのほかに大量の魚雷艇と戦艦を沿岸部に配備している」、と紹介する。ところが日本については、「私は日本が非常に好きである。……しかし事実は事実として認めなければならない。私には日本が中国の敵となりうるとは思われない。日本人は、生まれながらの賢さを持ってはいるが、対外的な問題に関しては上滑りの知識しか持たない。現在の対立はこのことをよく示している。現在の日本人は新しい玩具を持った子供である」、とする。この記事を書いた人物は、日本びいきらしいが、所詮日本は子供であって、中国に勝てるはずはないというのである。この主張を反映してか、この八月四日号の表紙（図5－6）には、日本軍と中国軍が描かれているが、中国軍の方がかなり大きく扱われている。

図5－6　日本軍と中国軍
（『ペニー』1894年8月4日）

しかしながら、この大衆紙は変わり身も早い。九月二二日号、二九日号で日本の勝利を伝え、一〇月六日号では表紙にミカドと伊藤博文のイラストを大きく掲載し、戦争を報じるつぎの記事は中国の敗北を予想させる。「現在の日本と中国との戦争は天朝人に適切な組織が欠如していることを十二分

図5－7　中国軍を蹴散らす日本軍
（『ペニー』1894年11月3日）

に明らかにしたので、李鴻章が中国軍の総司令官に就任したというニュースでさえ弁髪の人々の運命を好転させない」。そして、一一月三日号の表紙（図5－7）には、中国軍を蹴散らす日本軍の勇姿が描かれている。翌年、一八九五年の三月一六日号では、四月一七日の日清講和条約締結に先だって、早々と「日本が東洋の指導者となるだろう」、と予言する。

これに対し、『ロンドン画報』ははるかに慎重であり、図も控えめである。一一月三日と言えば、もうすでに黄海海戦がすんだ後なのだが、なお中国側の「艦船のリストは決定的に日本のリストよりも優れている」、などと述べている。『ロンドン画報』が明確に中国を見限るような記事を掲載し始めるのはようやく一八九五年になってからである。一月五日号の「東アジアにおける戦争」と題した記事中に、「中国軍の行動はまことに臆病で旅順に向けて羊のように逃走した」、などという文言が見え、一月一九日号にはつぎのような中国軍の装備の古さを揶揄するような記事が現れる。「北京の防備　……弓矢の時代にはあなどりがたい障碍物であった壁も柵も、菊の旗を掲げて立派な破壊用の近代エンジンを装備した軍勢には何の障碍にもならない」。そして、一月二六日号には「旅順の日本人」と題された図（図5－8）が掲載されている。旅順の町が日本人によって掠奪されたらしい。

この問題に関しては、イラストではないのだが、『グラフィック』の一八九五年の二月二日号に旅順陥落時のいささか衝撃的な写真（図5－9）が掲載されている。説明文には「日本の旅順占領に関してなされている最近の議論に照らせば掲載を正当化」できるとあるので、掲載する方も相当な覚悟をしたうえでのものらしい。一月一二日号に「旅順陥落後の光景」という図があり、「日本人クーリーが港で中国人の死体を撤去している。旅順陥落時の中国人虐殺は恐るべきものであった」との説明がある。どうやら、旅順陥落時に、『ロンドン画報』が報じている掠奪行為だけでなく、虐殺行為もあったら

図5－8　旅順の日本人（『ロンドン画報』1895年１月26日）

図5－9　旅順陥落（『グラフィック』1895年２月２日）

図5－10　文明の勝利
（『パンチ』1894年8月11日）

しいのである。この写真は日本への厳しい眼差しを感じさせよう。『パンチ』にはこれに関連しそうな風刺画は見当たらない。

ではその『パンチ』を見てみよう。戦争の帰趨については、『ペニー』とほぼ同じ頃に日本の勝利を確信したかのような風刺画を掲載している。一八九四年の九月二九号の「巨人殺しの日本人」である。巨人＝中国を日本が打ち負かすという構図である。そして、この戦争の意味については早くも八月一一日号に「文明の勝利」と題する風刺画（図5－10）が掲載されている。この風刺画が主張したいのは、西欧が進めてきた文明化が野蛮な殺し合いに終わる事への嘆きである。もちろん、西欧世界でも殺し合いをするのだが、ここまで野蛮にはならないであろうとの示唆がある。これを『グラフィック』の旅順陥落時の虐殺の写真と結びつける必要はないであろうが、ここには文明の高見から野蛮人同士の殺し合いを見る眼差しがあるようだ。

4　アフリカをどう見せたか

（1）人類の発展段階

一九〇四年にアメリカで開催されたセントルイス万博に関連して出版された「人類のタイプと発展」と題されたクロマトグラフィがある。そこでは人類の進化が示されている。頂点に位置するのは、いうまでもなく白人である。そして、なんと日本人が三番手につけている。中国人は六番手である。こういう点も興味深いが、問題はアフリカの人々である。ここでは人類の進化の最底辺に位置づけられている（Christ. 2000. p. 694）。一九世紀におけるアフリカのイメージは、概して言えばあまり芳しいものではなかったといえよう。なにしろ、黒人は他の人間とは種が異なるのだと主張する元ジャマイカ判事エドワード・ロング（Edward Long）の著書『ジャマイカ史』が、すでに一七七四年に出版されていたのである。こうした主張が直ちに支配的になったわけではないが、一九世紀を通じて次第にアフリカの人々への人種差別主義的な眼差しが強められていくことになる。

（2）アフリカ分割

では、アフリカが西欧列強による分割に直面することになる時代に向けてアフリカがどう描かれることになるのか。その初期の時代の最も注目すべき出来事は、やはり一八七九年のズールー戦争であろう。この戦争は結局イギリスの勝利に終わるが、その序盤では、イサンドルワナの戦いなどでズールー側が勝利することもあった。それもあってこのズールー戦争は大いに注目を集めた。三月一日の「教訓」と題された『パンチ』の風刺画（図5－11）は明らかにこのズールー側の勝利を意識したものである。黒板には「敵を侮るなかれ」とある。その意味するところは、このような野蛮な人々に近代的な装備を持つイギリスが負けるはずはないのである。負けたのは油断したからだということであろう。

図5－11　教訓
（『パンチ』1879年3月1日）

このようにアフリカの男性は概して野蛮だという表象が一般的だが、このアフリカ分割の時期のアフリカ女性の表象はかなり興味深い。まずは、一八八八年九月二二日号の「アフリカのヴィーナスへの求愛」である。図（図5－12）の説明には、東アフリカ会社に特許状が与えられたとある。西欧列強が非常に魅力的なアフリカの愛を勝ち取ろうと熱烈に迫っているところである。つぎは一八九七年三月六日号の「取引を求める三人」である。アビシニア（エチオピア）は一八九六年三月にアドワの戦いでイタリアを撃退した。そこで、イギリスが美女＝アビシニアにふさわしい、市場で最高の評価を得ているというイギリス商品を売り込もうと

図5－12　アフリカのヴィーナスへの求愛（『パンチ』1888年9月22日）

しているようである。

一九世紀の前半には、アフリカは西欧世界にとって、奴隷を別にすれば経済的に価値のあるところとは見えなかったであろう。だが、後半には資源供給地と市場として次第に魅力を増していくことになった。このことがかくも魅力的な女性像を描かせることになったということだろう。オリエンタリズムと言う他ないであろう。これらの女性像に最も著名なオリエンタリストの画家ジェローム（Jean Gerome）の描くオリエントの女性を想起させるところがないわけではない。

ただし、アフリカだけがこのように描かれたというわけではない。ほぼ同じ頃になるが、一八八九年二月九日号の「手を出すな」に描かれたサモアを表象する女性も非常に魅力的である。この時期に、ドイツがサモア進出に非常に積極的で、同じくサモアに関心を示していたアメリカがドイツを牽制しているところである。西欧列強にとって魅力的なところはこうなるのかもしれない。

さて、ではイラスト紙の方を見てみよう。

一八八二年にはイギリスがエジプトを占領することになる。その契機となるのが、同年九月のテル・エルケビールの戦いである。八月にアレクサンドリアに上陸していたウルズリー（Garnet Joseph Wolseley）将軍が率いるイギリス軍がこの戦いでエジプト軍を壊滅させた。イギリスの側からすると、こうした戦いを強いた元凶がエジプトの英雄アラービー・パシャ（Arabi Pasha）（アフマド・オラービー〔Ahmed ʻUrabi〕）であった。『グラフィック』の七月二二日号には英雄らしく描かれている。しかし、結局かれらは敗れ去ることになる。その姿が、同紙の九月三〇日号「エジプトでの戦争　テル・エルケビールの強襲」に描かれている（図5－13）。

一八八五年三月一四日号にはスーダンでの戦争に関わる劇的なシーンが掲載されている（図5－14）。この年、一月二五日

図5-13　エジプトでの戦争　テル・エルケビールの強襲（『グラフィック』1882年９月30日）

図5-14　スーダンでの戦争（『グラフィック』1885年３月14日）

図5－15　タウフィーク・パシャ
（『ペニー』1892年1月16日）

にゴードン将軍（Charles George Gordon）が立て籠もっていたハルツームが陥落するが、その直前に起こったアブクレアの戦いではゴードン将軍救出軍がマフディ軍を撃破した。これはその戦いを描いたものである。どう見ても文明人と野蛮人の戦いという構図である。

　これとは対照的に、『ペニー』の一八九二年一月一六日号の表紙には、タウフィーク・パシャ（Tewfik Pash）の堂々たる肖像画（図5－15）が掲載されている。背景にはイギリスのエジプト占領に至る主要な出来事、アレクサンドリアの砲撃やテル・エルケビールの戦いが描かれている。この号は亡くなったタウフィーク・パシャのいわば追悼号であり、かれに関する記事では、きわめて友好的で、高潔であるなどと大いに賞賛している。実際、タウフィーク・パシャは、アラービー・パシャとは違いイギリスに友好的であった。かれは最後にはイギリス側についたのである。だからこそ、こう描かれたのであろう。

5　イラスト紙・誌が見せた世界

　では最後に、イラスト紙・誌が見せた世界はつまるところどのようなものであったのか。われわれは、一九世紀の人々、とりわけヴィクトリア時代の人々が形成した差異の観念に影響された世界観によって世界を見ているという説もあるが（Kennedy, 2005, p.1）、たしかにイラスト紙・誌が見せた世界はこの差異の観念を反映したものであったと言えよう。そして、その差異とは、ここでは主として文明と野蛮との差異であった。イラスト紙・誌は、自らが属す文明世界の高見から世界を描き、その世界観、価値観をひたすら正当化しようとした。そして、自らの行為を省みる謙虚さはなかったといえよう。日本人による虐殺の場面をとらえた写真を掲載した『グラフィック』のように、非西洋世界の勢力の行為を冷静に見つめることはできたが。

どうもこのような傾向は、今日にも残存しているようにも思われる。ニーアル・ファーガソンの『帝国』はこの点できわめて興味深い。この書物は、乱暴にまとめれば大英帝国の業績を善なるものとして肯定し、アメリカはこれを手本にすべしというものである。ただし、大英帝国以外の帝国の行動には手厳しい。とりわけ南京大虐殺を行った日本にはつぎのような痛烈な批判を浴びせ、同時に自らを擁護する。「これは最悪の帝国主義であった。だがこれは日本の帝国主義であり、イギリスの帝国主義ではなかった。南京大虐殺は、アジアでのイギリスの統治に取って代わったものが何を意味したかをはっきりと示している」(2)。ここにヨーロッパ中心主義を見るのは日本人としては不遜であろうか。どこの国のものであれ帝国主義は所詮同じ穴の狢であるとしか思えないのだが。

注

(1) Auerbach and Hoffenberg (2008, pp. x, xviii). 最近の大博覧会研究の動向についてはつぎを参照。東田雅博「万国博覧会研究の最近の動向──グローバリゼーションと大博覧会」『金沢大学歴史言語文化学系論集　史学・考古学編』三号、二〇一一年。

(2) Ferguson (2003, pp. 339, 366). ファーガソンについては東田雅博『シノワズリーか、ジャポニスムか　西洋世界に与えた衝撃』中央公論新社、二〇一五年参照。

参考文献

E・ウィリアムズ著、田中浩訳『帝国主義と知識人』岩波書店、一九七九年。

金井圓編訳『描かれた幕末明治　イラストレイテッド・ロンドン・ニュース──日本通信一八五三～一九〇二』雄松堂出版、一九七三年。

小池滋編『ヴィクトリアンパンチ──図像資料で読む一九世紀世界　一～六巻』柏書房、一九九五年。

東田雅博『大英帝国のアジア・イメージ』ミネルヴァ書房、一九九六年。

東田雅博『図像のなかの中国と日本──ヴィクトリア朝のオリエント幻想』山川出版社、一九九八年。

長崎暢子『インド大反乱一八五七年』中公新書、一九八一年。
中野美代子・武田雅哉編訳『世紀末中国のかわら版――絵入り新聞『点石斎画報』の世界』中公文庫、一九九九年。
Auerbach, Jeffrey A., *The Great Exhibition of 1851: A Nation on Display*, Yale University Press, 1999.
Auerbach, Jeffry and Peter. H. Hoffenberg, ed., *Britain,the Empire, and the World at the Great Exhibition of 1851,* Ashgate, 2008.
Barringer, Tim and Tom Flynn, ed., *Colonialism and the Object Empire, Material Culture and the Museum,* London and New York: Routlege, 1998.
Bayly, C. A., ed., *The Raj India and the British 1600–1947,* London: National Portrait Gallery Publication, 1991.
Bayly, C. A., *The Birth of the Modern World 1780–1914,* Blackwell Publishing, 2004.
Christ, Carol Ann, “The Sole Guardian of the Art Inheritance of Asia: Japan and China at the 1904 ST. Louis World's Fair”, *Positions* 8 : 3 Winter 2000.
Ferguson, Niall, *Empire: How Britain Made the Modern World,* London: Allen Lane, 2003.
Greenhalgh, Paul, *Ephemeral Vistas: The Expositions Universelles, Great Exhibitions and World's Fairs, 1851–1939,* Manchester University Press, 1988.
Kennedy, Dane, *The Highly Civilized Man,* Harvard U. P., 2005.
Lewis, Reina, *Gendering Orientalism: Race, Feminity and Representation,* London and New York, Routlege, 1996.
Mackenzie, J., ed., *Victorian Vision: Inventing New Britain,* London: V & A Publications, 2001.
Pieterse, Jan Nederveen, *White on Black: Images of Africa and Blacks in Western Popular Culture,* New Haven and London: Yale U. P., 1992.
Tohda, Masahiro, ed., *Asian Images in the Nineteenth-Century British Reviews,* Eureka Press, Vol. 2, 2008.
Vann, J. Don and Rosemary T. VanArsdel, ed.,*Victorian Periodicals and Victorian Society,* Toronto: University of Toronto Press, 1994.

コラム4　世界をつなぐ郵便制度

星名定雄

今やメールをはじめさまざまな機能を備えたタブレット端末が一般の人々の生活に入り込んできた。それを介して、世界中の人々と情報を即時にそして手軽に交換できるようになった。しかし、ほんの半世紀前まで、国内外の遠隔地との情報のやりとりといえば、もっぱら郵便が使われてきた。「飛脚」や「駅逓」などと書いた方が時代感覚ではよさそうなところもあるが、原則、ここでは「郵便」という用語に統一した。さて、その郵便が世界各国と結ばれるようになったのは、一九世紀末になってからのことである。このコラムでは、郵便の原点まで遡り、世界をつなぐ今日的な郵便制度が誕生するまでの道程を辿ることにしよう。

古代の郵便

手紙を宛先に届ける制度《システム》を「郵便」と定義づければ、郵便は前二四〇〇年頃の古代エジプトの時代にその原型をみることができる。それは国王《ファラオ》が占有していたもので、命令を発したり、地方の情報を収集するために欠かせない統治の道具となっていた。郵便運営には、道と宿場の整備が不可欠となる。すなわち道は手紙を運ぶ回路となり、宿場は手紙の運び手に馬などを提供し、泊まるところにもなった。郵便だけではなく、軍隊の移動や官吏の旅行にも欠かせない。そのこと全体を駅制（宿駅制度）と呼ぶが、前近代の交通・通信のインフラストラクチャーとなる。

人民を強制的に動員して、広大な領土に長大な道を敷き、宿場を作り要員を確保し、駅馬を常時待機させることができたのは、中央集権的な強大な国家だけであろう。古代ペルシアの駅制はその先駆的な例である。聖書やヘロドトスの『歴史』などの中で語られているが、帝国の首都スウサから征服したリュディアの首都サルディスまでの二五〇〇キロに道を敷設し、一一一の宿場を整備した。ダリウス一世が前六世紀に建設した「王の道」だ。国王の急使は宿場を継ぎながら、二都の間を一週間ほどで走った。一般の旅人なら三カ月もかかったことを考えると、急使がいかに早い郵便であったかがわかる。

次に、古代道の代表格として「ローマの道」をあげたい。古代ローマ帝国の駅制は「クルスス・プブリクス」

と呼ばれた。意訳すれば公共交通機関とでも訳せるが、実のところは皇帝のためのものであり、公用通行と公用信の伝達に使われた。二世紀最盛期の帝国の版図は、地中海を囲むように、スコットランドからサハラまでの南北、中近東からスペインまでの東西の地域にまたがっていた。そこに総延長二九万キロのローマの道が網の目のように建設され、ポイティンガーの地図には三五〇〇もの宿駅の名前が記されていた。壮大な古代交通網、そして郵便ネットワークが機能していたのである。至急便であれば、一日二〇〇キロから三〇〇キロを走破した。

日本では、六四六年の改新の詔《みことのり》により、唐制を範とし駅制の整備がはじまった。兵部省が管理し、地方では国司や郡司が責任者となり、駅戸と呼ばれる農民が駅家や駅馬の世話にかり出された。律令時代、東北から九州まで全長六四〇〇キロに及ぶ「五畿七道」と呼ばれる街道が敷設された。この道に駅鈴を携え飛駅使が走り国家の一大事を都に伝えた。一例だが、八三六年、大宰府から京都に遣唐使船の遭難を伝える書簡が八日で届いた。一日一〇〇キロの速度である。

こうして古代の郵便をみてきたが、これらは道路建設と駅制運営に負ったもので、どれも国家の統治者のものであった。一般に公開されたものではなく、現代の郵便サービスにはほど遠い内容であった。冒頭でタブレット端末のことを記したが、古代人も手紙を書くのにタブレット端末を用いていた。もっとも、それは粘土板に楔形文字で記したものであったり、木板に蝋《ろう》を薄く塗った上に文字を書いたものである。前者は中東の灼熱の世界で、後者は古代ローマでよくみられた。古代のタブレット端末である。

中世ヨーロッパの郵便

強大な古代中央集権国家では、郵便は統治者の専有物であった。だが中世ヨーロッパでは、統治者のみならず、新たな勢力として台頭してきた教会、大学、都市の住民などが、それぞれ自分たちの郵便を持つようになってきた。

教会郵便。中世ヨーロッパでは、ローマ教皇が国王や諸侯の勢力をも凌ぎ、その支配体制を固めていった。教皇・大司教・司教・司祭・修道院長というヒエラルキーが形成され、その間の連絡に修道院僧らが使者となり、ローマからの上意下達などの務めを担った。もっぱら教会専用の郵便である。一二世紀には一四五〇もの修道院を結ぶネットワークができあがっていた。また、複製された手紙が多くの教会に送られ、そこで読まれ、布教活動にも使われた。当時、郵便が情報を伝えるという本来の役割以上の役割を果たしていたのである。

大学郵便。大学は教会の付属施設として出発したが、そこにヨーロッパ中から生徒が集まってきた。パリ大学の例では、生徒たちが出身地ごとに同郷会《ナシィオ》を作り、一三世紀には使者を選任し故郷と大学を結ぶ独自の郵便を走らせた。一六世紀には一般人の手紙を運ぶようになり、大学郵便が大きな収入を上げるまでになり、利益は施設の建設資金などに使われた。大学郵便が親元に運んだ学生の手紙は金の無心が大半で、親からの手紙は金を節約し勉学に励むように叱咤するものが多かった。

　都市郵便。中世ヨーロッパでは市民社会が緩慢ながら形成されていった。商人が経済力をつけ都市の中で大きな勢力を持つようになる。商品の流通も広がり、大きな市場、商都が誕生する。そこには大きな情報ニーズが生まれ、各都市は独自の郵便をそれぞれ発展させていく。商人の郵便ではハンザ都市を結んだハンザ郵便が代表格かもしれないが、都市の通信ニーズを満たしたいわば市内郵便もお目見えした。一七世紀に創設されたロンドンとパリの市内郵便が優れている。前者は一日一〇回もの手紙の取集・配達を行っていたし、いずれも商人のみならず、貴族その他有産階級の人々に広く利用されていた。

国家による郵便運営

　中世から近世にかけてのヨーロッパでは、郵便運営が「国家の大権」という考え方があった。それは軍隊保持、通貨発行、関税自主権などと並んで、国家が郵便を運営する権能を有するという法理である。その背景には、情報の独占と管理、そして収入の確保という課題があった。前者の課題は、冒頭で見てきたとおり、古代国家の為政者が広大な国土の統治の道具として、郵便（駅制）の維持が欠かせなかった。中世・近世の為政者にとっても、情報の独占と管理は国政上の課題の一つであった。その証拠に、たとえば、一六世紀になると、各国に公用信の郵便を監督する高位の官職が生まれてくる。後の郵便長官である。収入確保の課題も情報独占管理の課題と密接に関係している。このような観点から、フランスとイギリスの事例を以下に見ていこう。

　まずフランスから。一四七七年、ルイ一一世が王室専用の郵便機関を設けた。郵便総監のポストが新設され、要職中の要職である軍最高指揮官の主馬長《コネタブル》が兼務し、郵便機関を一元的に管理することを目指した。一五九五年には一般の書簡も料金を徴収し運ぶようになる。同時に郵便機関は諜報組織の役割も兼ね、裏の顔を持つようになってくる。宰相リシュリューは腹心の部下に組織を委ね、政敵や外国公館の書簡などの内容を公然と写し取った。陰謀を企む動きを事前に察知し、情報の正否も確かめず、書簡に書かれた人々を危険人物と見なし暗殺した。活動は恐れられ、組織は「闇の官房（キャビネ・ノワール）」と呼ばれた。為政者にとって、諜報活動を効果的に行うために郵便の独占が不可欠となっていく。

　ルイ一四世の時代、国内統治機構の強化の一環として、陸軍卿ルーヴォワが郵便総監を兼務し、郵便運営の国家独占を強化する。その方法が一六七二年からはじまった民間人への郵便委託であった。国家独占なのに民間委託とは腑に落ちないのだが、その仕掛けとは、民間人が上げた料金収入から一定額の上納金を政府に納付させ、残りは民間人の取り分とした。だから、民間人は利益の極大化を図るために、政府と組んで競争相手を強引につぶしていった。たとえば、パリ—ボルドー間の郵便の運営人を、屁理屈をつけて、九年間の強制労働に追い込んだ。一七二〇年にはパリ大学の郵便も業務を停止させた。さすがにこちらの方は補償金を出している。いわば政府は民間活力を利用しながら、郵便の独占を進めていったのである。独占が進むと、料金は値上がりしていった。と同時に上納金の額も上がり、上納金は戦費などに充てられた。

イギリスでも同じような流れが見られる。当時の郵便をめぐる情報活動にふれるが、密室での書簡検閲の代表例は、スコットランド女王のメアリー・ステュアートが暗号で書いた書簡をイングランド側が解読に成功したことであろう。暗号書簡には、メアリーがイングランド女王のエリザベス一世暗殺を承認したことが書かれていた。暗殺計画が発覚し、メアリーは一五八七年斬首される。その後もクロムウェルが民衆を監視するため郵便の検閲を密かに行っていたし、一九世紀になってからも郵便検閲は国の情報《インテリジェンス》戦の一翼を担っていたという。

次に収入確保について。ヘンリー八世の時代、一五一六年に郵便長官が任命される。長官は国王ら為政者の交通通信手段を確保することが任務であった。一般の書簡を扱うことになったのは一六三五年からである。背景には、公用旅行や公用信逓送のための人馬を提供する旅籠などへの支払が巨額になり、その上、支払そのものも滞る債務不履行が発生していた。そこで財源を確保するため、料金をとって一般人の書簡も運ぶようにしたのである。イギリスでも一六五三年から郵便運営を競争入札で請け負わせた期間がある。料金は運営コストを反映したものではなく、財源確保の観点から決められたいわば利用税（郵税）であった。郵税収入は年々増加、料金収入の三割が経費、七割が利益（税収）となり、国の重要な財源となっていった。その多くが戦費に消え、はたまた国王の愛人の年金資金などにも充てられていた。

ヨーロッパ諸国を結ぶタクシス郵便

これまで見てきた郵便は、国家の為政者、それに教会、大学、都市といった特定の領域の中で見られたものであり、その広がりは一国の中であったり、また、特定のグループの中に限られていた。だがこれから述べるタクシス郵便は、ヨーロッパ世界にネットワークを築いた初の国際郵便である。タクシス郵便の歴史を遡ると、一三世紀には一族がヴェネツィア共和国で郵便サービスを開始し、ローマ教皇庁の支配地域一帯にまでサービスを拡大した。一五世紀、アルプスを越えチロルにも進出し、そこで草創期のハプスブルク家の公用書簡を送達する任務につく。宮廷官吏の立場で、宮廷があったインスブルックとフランドル地方とを結ぶ公用信書を運ぶ郵便を走らせた。

タクシス郵便の基礎が確立した時期は一五〇五年。同年、タクシス家の本拠を当時スペイン領であったブルゴーニュ公国のブリュッセルに移し、同家がスペイン総督フィリップ美公との間に郵便協定を締結した時であった。美公はハプスブルク家のマクシミリアン一世の嫡男で、スペインの王女と結婚している。

さて、協定の内容だが、①タクシス側がブリュッセル、インスブルック、スペイン宮廷があるグラナダ、そしてパリなどとの間に郵便を走らす、②ブリュッセルからの所要時間はインスブルック五日半（冬六日半）、パリ四四時間（同五四時間）、グラナダ一五日とする、③ハプスブルク家側はタクシス側に請負経費として年一万二〇〇〇リーブルを支払う、などと定められた。臣下が為政者の書簡を年一定期間無償で運ぶことが一方的に義務づけられていた封建時代に、協定が双務契約であったことは注目に値する。すなわち、タクシス側が書簡を逓送し、ハプスブルク家がその対価を支払うという双方の権利義務を定めた協定であった。協定締結を成功に導いたのはフランツ・フォン・タクシスで、イタリア北部ベルガモ地方出身の一族の流れを汲む。名前は貴族に列せられてからのドイツ名で、イタリア名はフランチェスコ・タッシスであった。タクシス郵便の創設者となる。

一五一六年、フィリップ美公の嫡男がスペイン王カルロス一世として即位する。スペイン系ハプスブルク家の誕生だ。ナポリ王国、シチリア島、新大陸のスペイン領、そしてフランドル・ブラバンドを含めたネーデルラントがスペインの支配に下る。タクシス郵便は、スペインとその広大な支配地域を結ぶ郵便運営に乗り出した。新協定が締結され、スペイン王室は、①タクシス郵便の騎馬が諸都市を通過する権利をローマ教皇、フランス国王、その他諸侯に要請する、②郵便運営の経費の半額を補助する、③タクシス側は郵便運営権の範囲内で刑罰権を有する、ことなどが決められた。このように政権の全面的な支援を受けることとなった。加えて重要なことは、王室専属郵便から脱して、一般人の書簡も取り扱うことが正式に公認され、宮廷官吏としてではなく、企業家として郵便事業を展開していくこととなる。

カルロスは即位三年後、フランスやイギリスの国王を退け、神聖ローマ帝国の皇帝選挙で勝利を収め、皇帝カール五世となる。カール五世の時代、タクシス郵便は、ブリュッセル、アントウェルペン、アウグスブルク、ウィーン、インスブルック、マドリード、ヴェネツィア、ミラノなどハプスブルク家の壮大な領土を行き来する、そして隣接する国々との間を往復する書簡も運んだ。書簡は、法王庁や王侯貴族が差し出すもの、文人や商人が書いた手紙など多岐にわたっている。タクシスの郵便局には帝国とタクシス家自身の紋章が掲げられ、それは周囲を圧倒していた。郵便局舎は近世ヨーロッパにおける情報の送受信基地であったのである。

カールが一五五八年に没すると事態は大きく変わる。ハプスブルク家はスペイン系とオーストリア系に分割された。そのスペイン系は新大陸発見で大きな富を得たが、一五八一年にネーデルラントの新教徒プロテスタントを迫害したが失敗、七年後にはイギリス侵略を企て無敵艦隊《インヴィンシブル・アルマダ》を出撃させたが大敗を喫してしまった。スペインの脅威が払拭された神聖ローマ帝国、否、ドイツ帝国はタクシス郵便をスペインから切り離し、帝国の郵便として位置づけた。

だが、タクシス郵便はスペインからの援助が途絶したため、崩壊の危機に瀕した。この困難を救ったのはルドルフ二世である。一五九九年、タクシス郵便は帝国郵便《ライヒポスト》に格上げされ、タクシス家の家長が帝国郵便総長官に任命された。帝国郵便は帝国書記局の組織となり、帝国の法律により国の機関となった。換言すれば、タクシス家は皇帝の大権たる郵便運営権を世襲の知行として法的に正式に授与されたことになる。これを機に、タクシス家はフッガー家などの豪商から財政的支援を得て、混乱した郵便事業を立て直していった。ドイツ、ネーデルラント、イタリア、フランス、スペインなどの各地に郵便ネットワークを築いていった。

　もっとも帝国郵便に格上げされたものの、ドイツ帝国には主権が認められた大小無数の領邦がひしめきあって、力のある領邦は自らの主権に基づいて郵便を運営するところもあった。領邦郵便《ランデスポスト》である。その代表は北ドイツに位置するブランデンブルク選定侯国であった。後のプロイセンである。この選定公国は北ドイツを中心に機能的な郵便を展開し、同地へのタクシス郵便の参入を許さなかった。領邦郵便のほかにも、タクシス郵便を悩ませた郵便があった。手強い競争相手といってもよいが、それはハンザ郵便であったり、大学郵便や各都市の郵便、中には食肉を運ぶ運送業者が組織的に行う食肉業者郵便《メッツゲルポステン》などであった。

　このような状況にあったが、タクシス郵便の強みは何と言っても、切れ目のない広範な国際郵便ネットワークであった。それを維持するために、タクシス郵便は不断の努力を重ねた。たとえば、バイエルン王国からは王国郵便の運営受託に成功している。ザクセン選定侯国からはライプツィヒ経由ウィーン線の通過権（以遠権）を確保した。イギリス、フランス、スペインなどの国とは、郵便交換条約を締結している。パリやウィーンには常駐交渉官を配置していた。これらの交渉を支えていたのは、タクシス郵便の本拠地レーゲンスブルクの居城にいる四〇〇人を超すテクノクラートや使用人たちであった。

　一八世紀に入ると、帝国郵便の総局がブリュッセルからフランクフルトに移され、そのネットワークもアルプスから北海までの南北、エルベからフランドルまでの東西を包含するヨーロッパ各地に広がった。そこからイタリア、フランス、イギリス、スカンディナビア、ポーランド、ロシアなどの国にも郵便が接続されていた。タクシス郵便の盛時には、二万人の人々が働き、年間四〇〇万リーブルの利益を上げた。また、この時期、一万八〇〇〇台の郵便馬車《ポストヴァーゲン》を走らせ、郵便物のみならず旅人も運んでいる。

　しかし、フランス革命、ナポレオンの席巻、神聖ローマ帝国の崩壊と一八世紀後半から一九世紀前半にかけて、ヨーロッパには近世から近代へ時代が急激に移ろうとする大波が押し寄せてきた。タクシス家も帝国の大権を後ろ盾とした郵便運営は困難となり、一民間事業者に格下げされてしまった。もっとも帝国崩壊後も六〇年余にわたり、タクシス家は郵便事業を継続してきた。理由はヨーロッパに広範なネットワークを持つ郵便組織が他に存在しなかったからである。

　だがプロイセンの宰相ビスマルクが強力な軍事力を背景に北ドイツを統一した。新生北ドイツ連邦は通貨統合や財政改革を断行し、国営郵便《ランデスポスト》も創設した。タクシス郵便はこのプロイセンの近代国家建設を急ぐ激流に飲み込まれて、一八七六年六月、プロイセンの国営郵便の軍門に下った。四〇〇年にわたり、法王や君主の信書を託され、商人の手紙を預かり、ヨーロッパ中を駆け巡ったタクシス郵便の仕事は、他の弱小領邦などにはできるものではなかった。

万国郵便連合の誕生

一九世紀、多くの国で近代化が達成されつつあり、多種多様な財貨が生産され、それらは帆船に代わり蒸気船で大洋を運ばれた。人々の移動も世界中に広がり、そこには通信需要が高まっていったが、それに応えるグローバルな郵便サービスが存在していなかった。当時のヨーロッパをみれば、郵便交換条約が各国間で無数に締結され、それはモザイク状に壊れやすいガラス細工のようなもので、カオス的状況を呈していた。郵便料金は国により異なり、その基準も尺度もさまざまで、前払いあり、後払いあり、一説によれば、その種類は一二〇〇にも達していた。この複雑きわまりない状況を打破するために、郵便料金の均一化、交換手続の簡素化などが急務となっていた。

これに対応するため、オーストリアがまず動き出した。同国は一八四二年、バイエルン、バーデン、ザクセンと郵便交換協定を締結、翌年にはタクシス郵便も協定に加わる。一八五〇年にはドイツ連邦の諸邦も包含するプロイセン・オーストリア郵便連合協定が成立する。その後、数次の会議を経て、一八六六年に最終合意され、それまでの複雑で膨大な二国間協定を整理し、単一の国際協定を全加盟国が承認するという簡素な形になった。協定締結国が限られていたし、内容も完全ではなかったが、外国郵便の交換業務の簡素化に向けて第一歩を踏み出した。

この時期、もう一つの動きがあった。アメリカの郵政長官モンゴメリー・ブレアの提唱により、一八六三年、欧米一五カ国の代表がパリに集まり、各国の郵便当局に対して勧告すべき相互協定の基礎となる一般原則を採択した。

この採択により、もはや二国間協定の積み重ねでは多国間の郵便交換を円滑に行うことは不可能であることが明白になり、早急に多国間の枠組み作りに進んでいく。これを主導したのが北ドイツ連邦郵政庁の高官ハインリッヒ・フォン・シュテファンで、郵便総連合創設の素案を発表した。一八七四年、スイスのベルンに各国が集まり、外国郵便に関する条約（ベルヌ条約）が成立した。参加国はヨーロッパの主要国、アメリカ、ロシア、エジプト、トルコなど二二カ国。郵便総連合の誕生である。一八七八年に万国郵便連合《ユニバーサル・ポスタル・ユニオン》に改組される。本部の所在地はベルンとした。余談になるが、シュテファンは、ヨーロッパの国々に手紙を運んでいた、かのタクシスの外国郵便を取り潰し、プロイセン郵便に吸収した張本人であったことはあまり知られていない。

さて、当初合意された外国郵便の基本ルールは、次のとおりであった。

① 交換する郵便物の種類は、書状、葉書、書籍、新聞、その他印刷物、商品見本、業務用書類とする。

② 加盟国宛の外国郵便料金は固定料金に近い水準とし、徴収した料金は郵便差出国に属し、徴収料金を加盟国間では精算しない。具体的には、書状一五グラムまで二五サンチームなどと規定。それぞれの国

図１　万国郵便連合の記念碑（スイス・ベルン）
出典：筆者撮影。

の切手を郵便物に貼ることとし、収入は差出国に入る。きわめて簡素なルールであった。

③　外国郵便は国内郵便と同様に取り扱わなければならない。このルールは配達国の義務規定で、内外無差別条項とでも言える。すなわち、外国から到着した郵便物は速やかに受取人に配達することとし、その費用（コスト）は配達国が負担することとした。とくに陸続きのヨーロッパでは、国をまたいで郵便物を逓送する必要があり、その場合の中継業務も加盟国の義務とした。

わが国の外国郵便事始め

万国郵便連合の創設により、低廉な料金で誰でも世界中の国々に手紙が届く土台ができた。翻って、当時、わが国の外国郵便はどのような状況になっていたのであろうか、この点についてみていこう。明治四年（一八七一）四月、前島密や杉浦譲らの努力により新式郵便がスタートしたが、外国郵便は引き受けていなかった。大方の日本人にとって、外国に手紙を出すことも、受け取ることも考えられなかった時代だから納得がいく。しかし、開国で進出してきた日本で暮らす外交官、外国商人などにとっては母国との郵便交換は切実な問題となっていた。そこでイギリス・アメリカ・フランスの三カ国は安政六年（一八五九）、横浜などに設けられた領事館の中に自国の切手などを備えて郵便局を開局し、本国との郵便業務を開始した。なんと江戸時代幕末に外国の郵便局が日本にあったのである。いわゆる在日外国郵便局で、治外法権的存在となる。

明治政府は外国郵便の開始を急ぐ。明治五年（一八七二）、在日外国郵便局の機能を利用して、外国郵便の業務を開始した。その方法は、在日外国郵便局に届いた手紙は日本の郵便局に渡され、日本側が配達し、配達の際、後払いになるが国内料金相当分を受取人に支払ってもらった。反対に外国宛の手紙は、手紙より一回り大きい別の封筒に入れ、それに国内料金と外国料金の合計額の日本切手を貼り、駅逓寮に差し出す。駅逓寮では、外国宛の手紙を取り出し、イギリス宛ならイギリス切手を貼って、横浜にあるイギリスの横浜郵便局に持ち込み、イギリス側が本国などに向かう船に積み込んだ。この変則的な制度は、とくに地方で活動するお雇い外国人らにとっては大きな福音になった。

次に、外国郵便業務に精通したアメリカ人のサミュエル・M・ブライアンを雇い、対米交渉を行い、日米郵便交換条約を締結した。条約により、横浜郵便局とサンフランシスコ郵便局を郵便物の交換本局に指定し、明治八年（一八七五）、わが国は正式に外国郵便の業務をスタートさせた。一五グラムまでの書状料金が一五銭などと定められ、鳥を描いた外国郵便用の三種類の切手が発行された。これにより日本切手が貼られた手紙が外国で、外国切手が貼られた手紙が日本で配達されるようになった。同年の外国郵便の実績は、差出一六万通・到着一四万通であった。日米の二国間条約であるが、アメリカが他国とも郵便交換条約を締結していたから、同国を経由して、日本からアメリカ以外の外国にも手紙を差し出すことができた。

さらに、明治一〇年（一八七七）には日本が万国郵便連合に加盟する。加盟までの経緯だが、シュテファンから連合加盟の勧告を受け、駐ドイツ公使青木周蔵は勧告について本国に上申した。日本の外務省は駅逓寮などと協議し、青木公使を介し、ドイツに駐在するスイス公使を通じて連合加盟を正式に申し入れた。この間、わずか数カ月の時間である。わが国の連合加盟は二二カ国の創設メンバーに入ることこそ逃したものの、それに次ぐ二八番目の加盟となった。連合加盟は、明治前半、わが国が独立国として国際社会に受け入れられた大きな事績の一つと理解してよいだろう。加盟翌年、パリで三八カ国が参加した第二回万国郵便大会議に駐フランス特命全権公使の鮫島尚信が日本を代表し出席、この会議で駅逓寮顧問のブライアンが鮫島を補佐している。

ここで問題になったのが在日外国郵便局の存在である。アメリカは日米郵便交換条約の締結時に、在日アメリカ郵便局を廃止しているから問題はない。しかし、イギリスとフランスは、日本自らが外国郵便を運営できることになったにもかかわらず、日本の郵便運営に信頼が置けないとし、在日局の廃止を拒んだ。だが、イギリス駐在の書記官やブライアンらの粘り強い交渉により、明治一二年（一八七九）一二月にイギリスが、翌年三月にフランスがそれぞれの在日郵便局を廃止した。これにより、わが国の郵便自主権が完全に樹立した。新式郵便創設からわずか九年後のことであった。関税自主権や裁判自主権などと比べれば目立たないが、郵便自主権樹立は治外法権撤廃の先駆けとして評価されるべきであろう。

世界をつなぐ郵便の構想は、まさにこの万国郵便連合の創設で実現し、現在は国際連合の組織となっている。現在、連合は単に郵便交換のルールを検討する場だけではなく、世界の人々が遍く質の高い郵便サービスを受けることができるように、郵便運営技術に関する国際協力の推進機関の役割も果たしている。二二カ国で創設された万国郵便連合であるが、一九〇〇年代に五〇カ国、一九六〇年代に一〇〇カ国、そして一九七〇年後半に一五〇カ国になり、現在一九二カ国が加盟している。歴史の長い、そして最大の加盟国を誇る国際機関の一つとして活動している。その目標は、誰でも、何時でも、何処でも、安い料金で郵便が利用できる、その実現である。

（二〇一四年六月一一日脱稿）

参考文献

ヴォルフガング・ベーリンガー著、高木葉子訳『トゥルン・ウント・タクシス——その郵便と企業の歴史』三元社、二〇一四年。

星名定雄『情報と通信の文化史』法政大学出版局、二〇〇六年。

Solymar, Laszlo, *Getting Message: A History of Communications*, London: Oxford University Press, 1999.

Zilliacus, Laurin, *From Pillar to Post: The Troubled History of the Mail*, London: Heineman, 1956.

第6章　反奴隷制運動の情報ネットワークとメディア戦略

並河葉子

1　イギリスにおける反奴隷制運動

（1）　社会運動としての反奴隷制

一七九一年、バプティストのウィリアム・フォックスが出した『西インド産砂糖とラムの消費回避についてのイギリス人への声明』と題するパンフレットは、わずか四カ月の間にロンドンでじつに一五版を重ね、七万部が流通した[1]。出版物が貴重であった当時、実際の読者は出版部数の何倍にも上ったことも考え合わせると、このパンフレットがもたらした情報に接したであろう人々がいかに多かったかが想像できよう[2]。また、このパンフレットに触発される形で始まった一七九一年から翌年にかけての西インド産ボイコット運動には三〇万人以上が参加したとされている[3]。

ちなみに、一九世紀初頭でもイングランドの人口は一〇〇〇万人にはるかにおよばない七五〇〇万人程度とされている（Wrigley and Schofeld, 1989, Table 7.8, pp. 208–209）。

さらにいえば、イングランドの識字率は、一九世紀半ばでも半数程度とされており、一八世紀末であればこれよりさらに低かったことは想像に難くない（Hampton, 2004, p. 27）。つまり、新聞や雑誌をだれもが気軽に買って読むことが当たり前とはとても言えなかった、一八世紀末から一九世紀初頭のイングランドで、なぜ、反奴隷制関連のパンフレットが何十万部も、何百種類も流通したのだろう。本章の問いの出発点はここにある。

アメリカと異なり、イギリス本国の人々にとって、奴隷貿易や奴隷制度は自分たちには直接関わりのない海の向こうの制度であり、一七八〇年代に奴隷制廃止を見据えた「運動」が本格的に開始された当初、その実態に関心を持つ人は多くはなかった。ところが、この運動は瞬く間に多くの人々の関心を集めるようになり、以後半世紀以上にもわたって盛衰を繰り返しつつ継続した。反奴隷制運動がいち早くイギリスで成功を収められたのは、運動の中核にいる人々が巧みな情報戦略によって、多くの人々に自分たちの主張を届けることに成功したことが大きい。出版物はその中でも重要な役割を果たしていた。奴隷貿易や奴隷制度に関わる「情報」はどのように社会に拡散したのか、運動の中核にいる人々はどのような情報を、どのように、また誰に届けようとしたのだろう。

まずは、イギリスにおける奴隷貿易廃止運動をけん引したロンドン奴隷貿易廃止委員会の中心にいたトマス・クラークソンの『イギリスにおける奴隷貿易廃止の歴史』(Clarkson, 1808, vol.1, 2) の記述をたどりながらこの問題を考えていくことにする。ただし、反奴隷制運動には女性たちも積極的に関わった。とくに、奴隷制廃止運動においては彼女たちが構築した独自のネットワークが大きな影響力を発揮したことがわかっている。そこで、クラークソンが代表する男性たちの情報ルートとも関わりながら、女性たちが独自に築いた戦略やネットワークも同時に分析の対象としていくことにしよう。

(2) イギリスにおける「反奴隷制運動」

アメリカ大陸の奴隷制や、そこにアフリカから奴隷を供給する大西洋奴隷貿易は、ヨーロッパ人がアメリカに入植を開始して間もない一六世紀以来続いていた制度である。奴隷貿易や奴隷制に対する批判の歴史もまた長く、奴隷制の成立時あたりまで遡ることができる。奴隷制に否定的な見解を持つ人々は当初から少なからずいた。しかしながら、南北両アメリカ世界における奴隷制度および大西洋奴隷貿易は、イギリスをはじめとするヨーロッパ社会で長らく許容され、その経済的繁栄を支えた重要な仕組みであり続けた。

ところが、一八世紀後半のある時期を境に、イギリスのみならず、大西洋の両側でこの制度の是非が社会的な関心をよぶようになった。それと同時に、奴隷貿易や奴隷制度の存続をめぐって反対派、擁護派双方から数多くのパンフレットや書物が世に出され、イギリスでは一七八七年以後、議会でもこの問題はたびたび取り上げられて、激しい論戦が繰り広げられるようになった。

「他人を財産として所有することは許されない」という道徳規範は、現代を生きるわれわれにとっては当たり前のものである。これに異論を唱える人はおそらくいないだろう。しかし、イギリスにおいては一七八〇年代から一八三〇年代までの長い期間にわたる運動の末にようやく奴隷の解放が議会で決定された。つまり、他人を「所有」することは絶対に許されないという考え方が法的な裏づけを得るまで、また、社会的な合意が形成されるまでにほぼ半世紀を要したのである。

それでは、トマス・クラークソンの著作を紐解きながら、この運動において情報が出版物などを通してどのように社会に浸透していったのかを検証していこう。

2　『奴隷貿易廃止の歴史』にみる奴隷貿易廃止運動

(1)　トマス・クラークソン

トマス・クラークソンは一七六〇年に生まれた。父親のジョン・クラークソンは国教会の聖職者であったが、彼が生まれた頃はケンブリッジシアにあるウィスビーチ・グラマー・スクールの校長をしていた。この学校は一四世紀に設立された歴史のある学校で、トマス・クラークソン自身もここの卒業生である。その後、ロンドンのセント・ポール校を経てケンブリッジのセント・ジョンズカレッジで学んだ。クラークソンが奴隷制度に関心を持つきっかけとなったのは、一七八五年、ケンブリッジ大学で行われた奴隷制についての懸賞論文の募集であった。この論文の執筆および入選をきっかけにクラークソンはアメリカ在住のクエーカー、アンソニー・ベネゼットの論文に接し、教派として反奴隷制運動を進めていたクエーカーとの親交を結ぶようになった。これが、一七八七年五月にクエーカーらとともにクラークソンがロンドンで反奴隷制委員会（以下、ロンドン委員会と略）を設立する伏線となったのである。

トマス・クラークソンが『イギリスにおける奴隷貿易廃止の歴史』を公刊したのは一八〇八年のことである。第一巻は奴隷貿易および奴隷制の開始から一七八八年のドルベン法成立まで[4]、第二巻を一七八八年から一八〇七年までとして、イギリスにおける反奴隷制「思想」が反奴隷制「運動」へと転化していく過程をクラークソンの視点から詳細にたどっている。中でも、最も詳しく述べられているのは、イギリスおよびアメリカのクエーカーの奴隷制に対する姿勢と、彼らが奴隷制や奴隷貿易の廃止に向けて行った活動である。イギリス、アメリカのクエーカーは大西洋を挟んで緊密に情報を共有しながら運動を進めていった。このクエーカー・ネットワークがその後の環大西洋における反奴隷制運動で重要な役割を果たしたことは、クラークソンの記述からも明らかである。

(2)　ロンドン委員会の設立

一七八七年五月二二日に奴隷貿易廃止に向けたロンドン委員会が設立されるが、この委員会は最初から奴隷貿易廃止のみを目的として組織されたわけではない。当初一二名で始まったこの委員会は、クエーカー九名にクラークソンやグランヴィル・シャープといった国教会福音派（通称クラパム派）を加えて設立された。なお、ウィリアム・ウィルバーフォースやジョサイア・ウェッジウッドなどは設立メンバーではないものの、数カ月のうちに委員会に加わり、精力的に活動した。『イギリスにおける奴隷貿易の廃止』から読み取れるこの委員会およびクラークソンの活動の特色は以下の四点に集約できる。

まず、奴隷貿易廃止運動に特化したこと。二つ目に、最初から出版物をきわめて戦略的に利用していたこと。三つ目に、奴隷貿易についての情報発信だけではなく、情報の収集も活発に行っていたこと。最後に、クエーカーの人脈を基盤にしながら、他の教派も含めた幅広いネットワークをイギリス内外に構築し、情報、人の交流を進めたことである。

ロンドン委員会は一七八七年五月二二日に設立されたが、奴隷制度をさまざまな角度から批判する人々の集まりであった委員会は、実はこの時点ではまだ名称も定まっていなかった。しかし、この委員会はできてまもなく、奴隷制全般ではなく奴隷貿易の廃止に焦点を当てることを決定する。これは、奴隷制度の廃止はプランター（プランテーションの所有者）への補償など、経済的な負担が大きく、必要な法整備その他の手続きも奴隷貿易廃止よりもはるかに複雑であること、奴隷貿易が廃止されれば西インド奴隷の処遇改善が見込まれることなどが理由であった。言い換えれば、委員の中には、奴隷の処遇さえ改善されるのであれば奴隷制は少なくとも当面、ある程度は許容してもよいと考える人々がいたことがわかる。

ロンドン委員会は自らの活動を広く社会的に認知させるため、奴隷貿易に関する情報の収集および発信、出版物の制作を活動の柱とする方針を定め、一七八七年六月には正式名称を「奴隷貿易廃止実現のための委員会」とした。奴隷貿易廃止という目標の達成に向けて、クラークソンが活動に専念することと、委員会がそれを物心ともに支援することを決定したことも記されている（Clarkson, 1807, vol. 1, pp. 276-279）。

この委員会の組織や運営体制は、同時期に相次いで設立された他のヴォランタリな（つまり民間の有志によって設立された）ソーシャル・リフォーム団体にも共通するものであり、設立メンバーの多くはそうした多くの組織においても中心的な役割を果たしていた。たとえば、グランヴィル・シャープは以前から黒人の救貧を目的とする組織でも活躍していたし、イギリス海外聖書協会（ＢＦＢＳ）の設立メンバーでもある。複数の団体間で人脈や情報を共有しながらこの当時のソーシャル・リフォームは進行していったが、反奴隷制運動はその核となる一つであった。こうした団体は会費を納入する会員を集めたが、ロンドン委員会も当初より会員を積極的に募集しており、設立の二日後の会合では早くも一三六ポンド集まったことが報告されている（Clarkson, 1807, vol.1, pp. 266-277）。こうして集められた資金は、大半が出版活動に充てられたが、クラークソンが委員会の目的に即した活動に専念することを資金面から支える原資にもなった。

ところで、奴隷貿易廃止運動に専念したクラークソン以外の委員会メンバーは、裕福ながらも地代などの不労所得のみで生活していたわけではなく、生計を立てる手段として何らかの仕事を持っていた。たとえば、初代の会計担当となったサミュエル・ホアはアイルランド系貿易商の家系にロンドンで生まれ、奴隷貿易廃止やシエラレオネ開発を目的としたシエラレオネ会社に関与するだけでなく、銀行業に携わっていたし、ジェイムズ・フィリップスは出版業を営んでいた。ウェッジウッドは現在でも有名な製陶会社の創業者である。これは、彼らがジェントルマン階層といわれる、イギリスの伝統的な支配階層とは一線を画する集団に属していたことを示している（並河、二〇〇五）。

二つ目の特色である出版物の利用であるが、設立間もない時期の会議では、クラークソンの『奴隷貿易という失策』

(Clarkson, 1788) と題する著作の原案を示し、二〇〇〇部印刷して会員に配布するほか、委員会の判断で王室関係者をはじめとして議員、各地の高位聖職者などに配布することを決めている (Clarkson, 1808, vol.1, p. 279)。

この委員会が設立される前の一七八三年にクエーカーが独自に組織した反奴隷制委員会でも、委員であるジョセフ・ウッズ(5)の『黒人奴隷に関する省察』(Woods, 1784) を委員会予算で出版するなど、以前から出版物は積極的に活用されている。ロンドン委員会は、設立メンバーの多くを占めたクエーカーを通じてこうした手法を継承したのである (Clarkson, 1808, vol.1, pp. 125–126)。

委員会ではこの後もたびたびパンフレットなどの出版が計画されており、委員会の予算で出版し、同じように多くの人に配布している。こうした出版物は、二〇〇〇部あるいは三〇〇〇部といった単位で出版されているが、その多くが先に触れた設立メンバーの一人、ジェイムズ・フィリップスが版元となっていたことも特色である。委員会設立直前に出版されたクラークソンのケンブリッジのラテン語懸賞論文の英語版初版 (Clarkson, 1786) をはじめとしてその要約版のパンフレットである『奴隷貿易に関する概要』(Clarkson, 1787) および、先ほど触れた『奴隷貿易という失策』(Clarkson, 1788) はもちろん、冒頭にあげたウィリアム・フォックスのパンフレットも少なくとも第四版まではジェイムズ・フィリップスが手掛けており、委員会が反奴隷制運動に関わる出版戦略の中枢にあったことがわかる。

(3)　クラークソンの主張とその受容

ところで、クラークソンをはじめとする奴隷貿易廃止派の出版物が伝えようとした情報はいったいどのようなものだったのだろう。委員会のメンバーが奴隷制度や奴隷貿易に対して完全に一致した見解を持っていたわけではないが、クラークソンが委員会設立直後にラテン語エッセイを要約する形で執筆した『奴隷貿易の概要』に沿ってみてみると、以下のようになる。まず、アフリカは奴隷だけではなく、多様な第一次産品の貿易が可能であること。二点目として、奴隷貿易は一部の人の利益にしかなっていないこと、三点目は奴隷貿易の商業的価値は減少傾向にあること、四点目として、奴隷貿易はイギリスの船員にとってもリスクが高いこと、五点目として、西インドのサン・ドマングで生産されるものは道徳的に問題があること、最後に、奴隷貿易廃止によって、植民地における奴隷の処遇が改善されれば奴隷の増加が見込まれることである。一点目に挙げた、合法貿易の可能性については、クラークソンは具体的にどのような品目での取引が可能かをアフリカとの貿易を行っていたブリストルやリバプールなどを訪れては熱心に調査している。これは、アフリカ人にとって、奴隷貿易を通してヨーロッパ人と接触することが、彼らを「文明化する」ために必要な手段であるという奴隷貿易擁護派の主張に反論するためであり、合法貿易によってアフリカの経済開発を進めることが、アフリカおよびアフリカ人の文明化への確実な道であるとクラークソンは考えていた（Clarkson, 1808, vol.1, p. 237）。

委員会は、奴隷貿易のために、毎年大量のアフリカ人が強制的に家族、友人などとの関係を断ち切られて国を離れざるを得ないということと、奴隷制度のもとでは奴隷たちが過重労働や厳しい懲罰などを課され、人権が奪われていること、子どもたちにも親と同じ将来が待ち受けていることなどを人道的な観点から問題視していた。しかし、先にも述べたように、委員会は、奴隷制度そのものの廃止ではなく、奴隷貿易の廃止に的を絞って活動を展開することを決定している。このため、一七八七年に委員会が設立されて以降、メンバーの奴隷制についての立場はややあいまいなものになった。クラークソンが、奴隷貿易が廃止されれば西インドの奴隷の処遇は改善され、自由人により近くなるであろうと述べるにとどまり、奴隷制そのものの廃止には言及しなくなるのは、その典型である。もともとクラークソンは、先のラテン語の論文で人が他人を所有することはできないとして、奴隷制は自由を奪い、人権を侵害していて許しがたいとの立場をとっていた。しかしながら、その後発表した本では奴隷貿易廃止運動について、奴隷制の廃止によって西インド社会に混乱が起きないかを懸念するデイヴィス博士に対し、この運動が奴隷制度そのものの廃止を目標とするものではないことや、奴隷たちの処遇改善につながるために社会的混乱が起きる可能性はむしろ低減され、人口の自然増加によって十分な数の奴隷が確保できる見通しであることを指摘して奴隷制についてはは寛容な姿勢を見せている（Clarkson, 1786, pp. 68-69; 1808, vol.1, p. 346）。

運動がこの時点で奴隷制度の即時廃止に向かうことはなかったが、奴隷貿易はすぐにでも廃止するべきであるというのが委員会のメンバーの総意であり、クラークソンはその実現のために全国を回ることになった。彼は一七八七年七月三日にブリストルを訪れている。ここはイギリスにおける奴隷貿易の拠点の一つであったが、そこで奴隷船での航海経験を持つ船員たちにインタビューを行い、中間航路についての情報はもとより、アフリカとの合法貿易を念頭に、具体的に貿易可能な品目についても聞き取りを行っている。この後北上しながらモンマスやグロスターを訪れ、同じく奴隷貿易の大きな拠点であったリバプールも訪問して調査を続けた。

活動を始めて間もない時期に奴隷貿易港を相次いで訪れたのには、理由があった。クラークソンは、自分自身の奴隷貿易についての知識が十分でないと考えており、自分の手で実態を調査したうえで知り得た情報を社会にできるだけ広く発信しようとしていたのである。

彼は、議員たちに著書を配布していたことでもわかるように、早くから奴隷貿易の問題が議会で取り上げられることを望んでおり、そのためにも、擁護派との論戦に耐えられるだけの正確な情報を把握しておく必要があると考えていた。また、議会にこの問題を取り上げさせるために世論の圧力を利用しようと、各都市で知己を得た人々に議会に対し請願するよう促している。しかしながら、クラークソンは、この運動に参加する人々は各人が十分な情報をもとに自身の判断で署名することが必要であると考えており、そのためにも奴隷貿易の実態について、具体的で正確な情報を伝えようと調査を行ったのである。たとえば、リバプールでは、アフリカ貿易に関わる船舶について一七七二年以降の税関の帳簿を調査し、奴隷貿易のみならず、合法貿易によっても大きな利益を確保できている実態を数量データとともに紹介している（Clarkson, 1808, vol.1, pp. 373-375）。

委員会主導で出版された著作は会員に配られたほか、クラークソンは『エッセイ』（Clarkson, 1786）や『奴隷貿易の概要』（Clarkson, 1787）などの自著を携えて各地を回り、新しく会った人々に著書を手渡しながら自分の主張を伝えた。相手には何冊か託して、面会相手からさらに別の人々へと著書を通じて奴隷貿易についての情報が伝えられることも期待していた。また、相手がそのように望む場合もあった。クラークソンはモンマスの聖職者、デイヴィス博士との往復書簡の中で奴隷貿易について説明するとともに『奴隷貿易の概要』を贈った。これに対し、デイヴィス博士はクラークソンへの支持を表明すると同時に、教区の人々にも説明するためとして追加でさらに何部か要望している（Clarkson, 1808, vol.1, pp. 346-349）。委員会は、ただ大量に出版物を印刷して関係者に送り付けるのではなく、効果の見込めそうな著作を選んで、あるいは執筆者に依頼して集中的に発行し、できれば直接顔を合わせた機会に手渡すという手法で、自分たちの主張をできる限り効率的にかつ広く社会的に認知させようと努力したのである。

また、クラークソンはブリストルのあとグロスターやチェスターを訪れ、有力新聞の発行人とも面会している。グロスターでは、ロバート・ライクスと面会し、クラークソンが紙面に寄稿する機会について確約を得た。クラークソンが自著を発行、配布するだけではなく、新聞という当時最先端のメディアも利用して情報の発信を目指していたことがわかる。

3　運動の広がり――西インド産砂糖ボイコット運動

（1）　西インド産砂糖ボイコット運動――最初の消費者運動

クラークソンが奴隷貿易廃止運動に専心するようになったのは一七八七年五月にロンドン委員会が設立されて間もない頃であるが、その後の一年で彼はイギリス内外に広がる大きなネットワークを築いた。クエーカーのネットワークは相変わらず重要であったが、たとえばメソディスト運動の創始者であるジョン・ウェスレーや大陸のフランスなどとの新たな交流も生まれた。ウェスレーとの親交は、奴隷貿易廃止の主張が特定の教派や階層の枠を超えて幅広く受け入れられつつあったことを示している。というのも、奴隷貿易廃止運動をロンドン委員会など中核となる組織の中で支えたのは、おもにクエーカーやバプティスト、ユニテリアンといった非国教徒の中でも旧非国教徒といわれる人々と国教会福音派であり、彼らは、刑務所改革や初等学校運動など、奴隷貿易廃止運動と同時並行的に行われた多くのソーシャル・リフォーム運動でも協力しあっていた。彼らの多くはビジネスを営み、比較的裕福であった。一方、メソディストは一八世紀初頭の信仰復興運動で台頭した新しいグループであり、一九世紀以後、ワーキングクラスとして凝集していく階層、つまり庶民層に支持されていたからである（シェリダン／シールズ編著、二〇一四、一三章）。

クラークソンは、アメリカやフランスで奴隷貿易廃止に向けて活動する人々や組織とも積極的に交流した。フランスには一七八九年、半年のあいだ滞在し、フランス革命でも活躍するラファイエット伯爵やアベ・シェイエスなどの求めに応じて、

図6－1　ウェッジウッドのカメオのメダル

出典：Courtesy of the Wisbech & Fenland Museum.

奴隷貿易についての情報を提供し、フランス側と情報交換をしている。しかしながら、フランスは革命の混乱もあって奴隷貿易廃止運動がイギリスほどには大きな社会的関心を集めることはなかったことにクラークソンは失望を隠していない（Clarkson, 1808, vol.2, p. 166）。

　クラークソン自身が指摘しているように、イギリスにおいても一七八七年五月の時点で奴隷貿易廃止に関心を持つ人々はロンドン委員会を中心にごく少数でしかなかった（Clarkson, 1808, vol.1, p. 572）。イギリス国内でも、奴隷貿易擁護派がキャンペーンを行っており、奴隷貿易に携わる関係者からの廃止運動への反発は少なからずみられた。それでもイギリスにおいて、議会での投票結果はさておき、一七八〇年代末から奴隷貿易廃止派の主張に世論の支持が大きく傾いたのは、ロンドン委員会を中心とする戦略的なキャンペーンの成果であろう。そこでは出版物が効果的に用いられていた。

　こうした支持の広がりには、パンフレットなどの著作物が果たした役割はもちろん無視できないが、視覚に訴える手法も重要であった。委員会設立直後には、鎖につながれ、ひざまずきながら祈る黒人の像に「私は人ではないのか、兄弟ではないのか」とのフレーズを配した有名な印章をロンドン委員会が正式に採用しているが、このモチーフはさまざまに使われ、人々に「かわいそうな黒人奴隷」の姿を印象づけることになる。まず、ロンドン委員会の委員であったウェッジウッドは、自分の製陶工場でこのモチーフを美しいカメオのメダルに仕立て、無料で配布した。この時の費用はウェッジウッドがすべて負担している。こうしたカメオのメダルは、出版物の配布と同じくイギリス内外の影響力を見込めそうな人々を中心に配布された。たとえばアメリカのベンジャミン・フランクリンには一七八八年二月末に届けられ、フランクリンから、さらに彼の友人たちへと配られたことがわかっている（Oldfield, 1998, p. 180）。これは、その後ウェッジウッド社より一般向けに販売されるようになったが、このカメオのメダルは男性たちが煙草入れのふたに埋め込んだり、女性たちがブレスレットや髪飾りに使うなど、飾り棚にしまい込まれることなく実際に男女を問わず多くの人々によって装身具として広く用いられた。

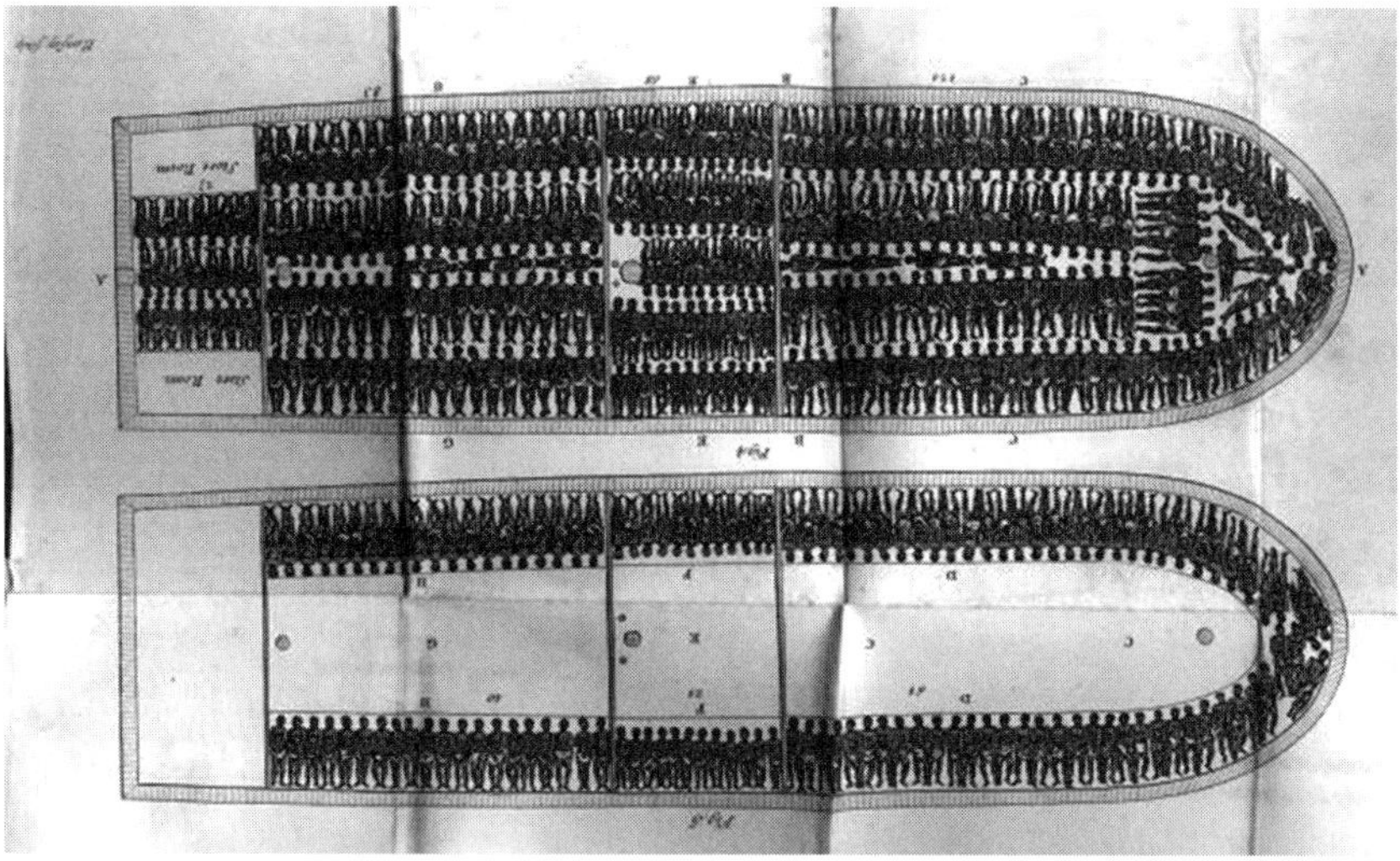

図6－2　奴隷船ブルックス号の図

出典：Courtesy of the Wisbech & Fenland Museum.

そのため、このモチーフは多くの人の目に触れることになった（Clarkson, 1808, vol.2, pp. 191–192）。

また、奴隷貿易船、ブルックス号の内部の様子を描いたイラストも人々に強い衝撃を与えた。プリマスの奴隷貿易廃止委員会は、一七八九年にこのイラストをあしらったポスターを一五〇〇部製作してプリマス近郊に配布したが（Oldfield, 1998, p. 165）、その後この船のイラストはロンドン委員会はじめ多くの団体や人によって多様なアングルのパターンが描かれたものがパンフレットや書物、ポスターなどに用いられた。クラークソンの『奴隷貿易廃止の歴史』にもおり込まれている（Clarkson, 1808, vol. 2, pp. 112–113）。

ウェッジウッドのカメオのメダルや、奴隷貿易船のイラストなど、非常にインパクトのある図像の効果で、奴隷貿易の非人道性が社会的に大きくクローズアップされていった。文字を読めない人々や、パンフレットが届かない階層の人々にも、こうした図像のインパクトは伝わったはずである。

ところで、出版物や視覚に訴える図像などを用いたキャンペーンが大衆を巻き込むことに大きく成功したものの一つが一七九一年から翌年にかけての西インド産砂糖ボイコット運動である。西インド産砂糖ボイコット運動が大きく広がるきっかけとなったのは、本章の冒頭で紹介したバプティストのウィリアム・フォックスのパンフレットであった。彼は、西インド産砂糖に対する需要

図6－3　王室にまで砂糖ボイコット運動が及んでいる様を風刺したJ・ギルレイの作品（1792年）

出典：https://www.britishmuseum.org/research/collection_online/collection_object_details.aspx?objectId=1477504&partId=1&images=true

が西インドにおける奴隷制を支えているとして、奴隷制によって生産される商品の「消費者」であるイギリス人全体の責任を指摘し、西インド産砂糖の消費は道徳に反するという、消費者モラルを説いた。彼以外にも、メアリ・バーケットが詩のかたちで道徳的な消費の必要性を訴えている。さらに、彼女の詩は、道徳的な消費によって西インドの奴隷制を終わらせることと同時に、アフリカとの合法貿易によってアフリカを商業的に開発することでアフリカを文明化し、イギリスとアフリカがともに経済的に発展する可能性にも言及している。これは、一九世紀半ば以後、「商業、文明化、キリスト教」を一体として非ヨーロッパ世界の開拓を目指したイギリスのスタンスを先取りしたような視点である（Birkett, 1792, pp. 24-25）。

一方、奴隷制擁護派は、イギリスの産業全体が奴隷貿易や奴隷制と結びついているとして、西インド産砂糖ボイコット運動がイギリス経済全体にとって悪影響をもたらすと主張し、奴隷貿易廃止派に対抗しようとした。しかしながら、彼らの主張が大衆をも巻き込む大きな政治運動に発展することはなく、議会の外で広範な支持を得ることはなかった。この時の砂糖ボイコット運動については、国王家族がお茶の時間を楽しむにあたり、奴隷の生産する砂糖を避ける風景が風刺版画として描かれるなど、社会的にも大きな関心を呼んでいたことがうかがわれる。

ただし、当時はフランス革命の余波でラディカルな政治運動に政府が敏感な時期でもあり、運動が政府から危険視されることを恐れたロンドン委員会が運動を収束させようとしたために、奴隷貿易廃止という法的な成果を得るには至らなかった。とはいえ、消費者としてのイギリス人一人ひとりの行動が、海の向こうの奴隷制の問題に直結することを人々に意識させる大きなきっかけとなったことは間違いない。この、西インド産砂糖ボイコット運動は、奴隷制廃止を見据えた一八二〇年代に再び息を吹き返す。

（2）　女性たちの反奴隷制運動――ファッションとしての消費者運動

一八二〇年代から本格化する奴隷制廃止運動をけん引したのは、ミドルクラスの女性たちであった。奴隷貿易廃止後、奴隷制そのものの廃止を目指す動きが一向に進展しないことに対して、奴隷制の即時廃止を最初に訴えたのは、クエーカーの女性、エリザベス・ヘイリックであった。ヘイリックは、西インドにおける奴隷制度の存続を許しているのは、その生産物を消費しているイギリス人であるとして、その責任を厳しく断罪した。また、こうした西インド産の砂糖などには多額の税金も投入されており、経済的にも非効率であることを述べ、奴隷の即時解放を求めて、西インド産砂糖のボイコット運動を呼びかけた（Heyrick, 1824, pp. 3-6）。この時期になると、ジェームズ・クロパーなども、西インド産の砂糖にかけられる関税が東インド産砂糖と西インド産砂糖の不当な価格差につながっていることを問題視して、奴隷制廃止運動と同時に関税撤廃運動を行っており、奴隷制廃止は人道性のみならず経済性の面からも合理的であることが強く印象づけられるようになった（Cropper, 1823, pp. 4, 8-9）。

奴隷の「即時」解放を強く主張するヘイリックへの賛同をいち早く表明したのは女性たちである。女性たちは、一七八〇年代から各地の奴隷貿易廃止協会や奴隷制廃止委員会などの会員として資金的に活動を支えてはいたが、従来の組織の執行部は男性のみで構成されており、運動方針に女性たちの声が反映されることはなかった。ところが、一八二〇年代半ばになると奴隷制廃止を目指す女性が独自に組織を立ち上げるようになった。一八二五年に設立されたバーミンガム女性協会を先駆として、シェフィールドやロンドンなど、各地で女性協会の設立が続いた。そうした組織の多くがヘイリックの主張に対する支持を表明し、奴隷制の漸次廃止を目指す男性たちとは明確に一線を画す運動を展開するようになった。

女性たちの政治活動に反発が強かった当時、このような女性たちの行動に男性は戸惑いを隠せずにいる。たとえば、ウィルバーフォースは、ザカリ・マコーレイへの書簡の中で、女性たちによるこうした活動は女性としてふさわしくないと苦言を呈している（Sussman, 2000, p. 137）。しかしながら、女性たちは、男性たちの領域に踏み込まないよう奴隷制の問題を政治問題ではなく、道徳的な問題とするスタンスを保ちながら独自の活動を進めた。奴隷制は奴隷貿易によってアフリカ人の家族を離散させ、奴隷の母親が子どもを慈しむ機会を奪う非人道的な制度である点を強調したのである（並河、二〇〇〇、五四

〜五六頁)。

ところで、アイルランド女性協会の設立趣意書が「正しい情報を広めるために、出版物を活用すること」をうたっていることでもわかるように(Sussman, 2000, p. 141)、女性たちの活動においても出版物は重要であったが、ここでも彼女たちは、男性たちが利用した新聞などは利用せず、宗教冊子(トラクト)や詩といった文学作品を用いた。ヘイリックも、最初に政治色の強い著作を出版した際は匿名で公刊しており、社会的な反発に配慮している。

さらに女性たちは漫然と出版物を配布したわけではない。年齢や階層など、対象を細かく設定した出版物を用意し、貧困層向けのものは無料で、富裕層に向けては有料で配布するなど、それぞれへの配布方法も変えながら最大限の効果を得ようとした(6)。彼女たちは、貧困層に対しては家庭訪問を重視していた。これは、当時のミドルクラスの女性たちが行っていた他のチャリティと同様の手法である。貧しい家庭を訪問した彼女たちは、西インド産消費を控えることによって得られる効果を具体的に示したカードを用意して、自分たちの主張が手短にわかりやすく伝えられるように工夫している。

もっとも、西インド産砂糖のボイコットはなにも禁欲的な生活を意味していたわけではない。「道徳的な消費」のための商品として、自由な労働者が生産した東インド産砂糖が提案されているように、すでに日常的に消費されるようになっていた砂糖の消費そのものは否定していないし、運動の中では、ミドルクラス女性たちの日常であったティー・パーティ(それぞれの家庭に招いて行う茶会)も重要な活動の場であった。奴隷制への反対がそうした場で声高に訴えられたわけでは必ずしもない。ただし、こうしたティー・パーティでは、美しく彩色された中に反奴隷制のスローガンが刻印されたティー・セットなどが用いられ、主催者のスタンスを明確に代弁した。つまり、すでにふれたウェッジウッドのカメオのメダルもそうであるが、どのような装飾品を身に着けるのか、あるいは、家のしつらえをどのようにするのかという、ライフスタイルそのものが彼らの政治的スタンスをさりげなく伝える役目を果たしていたことから、この運動が一種のファッションの様相を呈していたことがわかる。実際、ウェッジウッドのカメオのメダルについて当時の新聞は「ファッションの影響が人道主義にまで及んでいる」とコメントしている(*The Morning Post and Daily Advertiser*, 3 April, 1788, quoted in Oldfield, 1998, p. 180)。

西インド産砂糖ボイコット運動は、特定の商品をボイコットするという「消費者運動」のかたちをとったことで、階層やジェンダー、さらには年齢の枠を超えた幅広い人々の参加が可能な政治・社会運動となった。「奴隷制」という制度を批判するのではなく、「不自由な」奴隷が生産する商品を消費する側の個人のモラルに焦点をあて、「道徳的消費」により奴隷制度を廃止へと持ち込むことを目指したこの運動は、一人ひとりの消費行動というきわめて日常的な活動が帝国の政治問題に直結することをイギリス人に知らしめた。また、「自由」を身体的にも経済的にも制約することの不合理を繰り返し説くことで、「自由を尊重する人道的なイギリス人」の責務をそれぞれに自覚させることにもつながったのである（並河、二〇一三、三四〜三六頁）。

（3）「人道的なイギリス人像」の形成と揺らぎ

一七八七年、ロンドンで反奴隷制運動をけん引する組織が立ち上げられたとき、ほとんどのイギリス人にとって、海の向こうの奴隷制度も、奴隷貿易も関心の外であった。運動の当事者であったクラークソンですら必ずしも十分な知識を持っていたわけではない。彼はその後精力的に情報収集を進め、社会に向けて奴隷貿易についての情報を積極的に発信した。

この運動は、イギリスにおいて圧倒的な少数教派であるクエーカーの人脈を核にしながらも、クラークソンやロンドン委員会の巧妙な情報戦略によって、短期間に奴隷貿易の問題に人々の関心を集めることに成功した。

一八世紀末、奴隷貿易や奴隷制の廃止を目指して活動した人は、イギリスのみならずフランスやアメリカにもいた。イギリスで出版された反奴隷制関連の出版物は多くがほどなくしてアメリカでも出版されている(7)。それでも、一八世紀末の時点でこの問題が一国の社会全体を巻き込む大きな政治運動として成立していたのは、大西洋の両側でイギリスだけであった。

クラークソンとロンドン委員会は議員や聖職者、当時の最先端メディアともいえる新聞の発行人など、社会的な影響力が大きな人物に絞り込んで奴隷貿易についての情報を伝えた。彼らは、このような特定の人物を介してさらに情報が拡散されることを期待してきわめて戦略的に情報を提供したが、出版物は、特定の人物をこえて、不特定多数の間に情報が拡散していく際、その情報の正確さを担保する重要なツールであった。一八八〇年代半ばまではほとんどの人に認知すらされていなかった奴隷貿易や奴隷制の問題は、彼らの尽力の結果、「改革を要するもの」としてあっという間に人々に知れ渡ることになった。

パンフレットや出版物などを通して情報に接した人々の多くは、これまで政治的な立場を表明することとは無縁であった。しかしながら、反奴隷制運動の一環として行われた西インド産砂糖ボイコット運動は、階層、ジェンダーや年齢といった人々を分断する壁を軽々と乗り越えて多様な人々を「消費者」として一括し、彼らが一体となって同じ目標に向かって行動するという新しいスタイルの政治運動に誘うことになった。

運動の中では出版物や視覚的なメディアが効果的に利用され、この問題は短期間で社会的に大きな注目を集めることになった。この運動の中核にいた人々は自分たちが伝えたい情報を出版物、装飾品、インテリア等の生活に関わる小道具などさまざまな形で社会に流通させ、人々はそれらの消費をとおして奴隷貿易や奴隷制に対する情報に接し、イメージを共有するようになると同時に一人ひとりが運動の担い手にもなっていった。イギリスにおける反奴隷制運動はきわめて現代的な、消費社会に適合した運動であった。この運動の中では、「消費者モラル」や「消費者責任」なども繰り返し説かれた。

消費社会に適合した巧みな情報戦略によって奴隷貿易や奴隷制を廃止へと導く奴隷制反対派の戦略は奴隷制擁護派側を圧倒し、奴隷貿易および奴隷制度を世界に先駆けて終焉に導いた「人道的」なイギリス人というイメージを国の内外にアピールすることに成功した。

英領における奴隷制の廃止後、引き続き国際的な奴隷制廃止を目指して設立されたイギリス・外国反奴隷制協会（現 国際反奴隷制協会）が一八四〇年、ロンドンのエクセター・ホールで世界反奴隷制会議を開催した際、基調講演者として登壇したクラークソンの姿は、「人道的」な責務を全うしようとするイギリス人を象徴するものと受け止められたことだろう。

奴隷貿易廃止二〇〇周年を迎えた昨今、イギリスでは奴隷貿易や奴隷制度、あるいは反奴隷制運動をめぐる新しい情報の発掘が進んでいる。インターネットなど、二〇世紀末から一般的になった新しいツールは、数十年前には想像もできなかったほどにたやすく、多くの人が情報にアクセスすることを可能にした。その結果、奴隷貿易や奴隷制度の廃止を目指した運動についてこれまで見過ごされてきた側面に注目があたるようになってきている。

クラークソンや彼とともに行動した人々の活動は確かに献身的であった。しかし、反奴隷制運動は、イギリスが奴隷貿易や奴隷制を長らく容認してきたことの反動として起こったものである。また、奴隷制度廃止に至るまでには運動開始から長い時間を要したが、その要因の一つが運動の中心にいた人々の間で奴隷解放に対する合意を形成するのに時間がかかったこと、つまり、彼らがすべて奴隷制度を絶対悪と考えていたわけではなく、奴隷の処遇さえ改善されるのであれば、許容してもよいとの考え方が長く主流であったためであることも明らかになってきている（Willberfore, 1823, pp. 73-75）。

かつて、奴隷貿易や奴隷制度はイギリス本国の多くの人々にとって「海の向こうの出来事」であり、それをいち早く廃止したイギリス人の人道性は手放しで賞賛されてきた。しかし、二〇世紀後半にイギリスに渡ってきた西インド系住民、すなわちアフリカ系イギリス人にとって、奴隷貿易や奴隷制度はまさしく自分たち自身のルーツ、歴史に関わる問題である。奴隷貿易や奴隷制度に長らく手を染めてきたからこその奴隷制廃止運動を、彼らはイギリスの「人道主義」の象徴と無邪気に誇れるだろうか。

二世紀前のイギリス人にとって奴隷貿易や奴隷制廃止の議論は、常に経済的合理性と一体となったものであったこと、彼らがアフリカ人の解放のためにと主張したアフリカ開発は、同時にイギリスが経済的な優位性を保つためにこそ不可欠なものであったこと、つまり、帝国主義と表裏一体であったことが近年の研究から明らかになってきている。また、反奴隷制運動の中核となっていたクラパム派の人々は、西インド産砂糖のボイコット運動を繰り広げながら、代替砂糖の生産地であるインドやイギリス国内の労働の実態には驚くほど冷淡であったこと、彼らが東インド権益と密接に結びついていた事実などから、二〇〇年前、巧みな情報戦術で「人道的」なイギリス人イメージを作りあげることに成功したイギリス人のセルフ・イメージは、大きく揺れている。

（二〇一五年一〇月一九日脱稿）

注

（1）Fox（1791）. このパンフレットは、翌年、フィラデルフィアの出版業者によってアメリカ版が発行されている。流通部数については、諸説あり、七万部という数字は、オールドフィールドのものによる（Oldfield, 1998, p. 57）。サスマン二五版七万部、スタマトフは二六版二〇万部という数字を挙げている。また、バーミンガムやマンチェスターなどイギリスの各都市で海賊版が出回ったこともわかっている（Sussman, 2000, p. 38; Stamatov, 2013, p. 159）。

（2）ハンプトンは、一九世紀半ば頃についての例であるが、急進派のパンフレット一部を一〇名程度が読んだと推定している。Hampton（2004, p. 27）.

（3）これは、当時運動を牽引したクラークソンらの出している数字であり、デイヴィッド・ブリオン・デイヴィス（David Brion Davis）は四〇万人と推計している（Davis, 1975, p. 435）。

（4）奴隷船への奴隷の積載人数を制限することなどで、中間航路の状態改善を目指した法律。法案名は、提案者のドルベン卿にちなむ。

（5）ジョセフ・ウッズは、ロンドン委員会設立メンバーのひとりであり、同じくロンドン委員会の設立メンバーであるサミュエル・ホアの娘と結婚している。このようにメンバーはさまざまなソーシャル・リフォーム活動を共にするだけではなく、姻戚関係などで結びついている例が多い（並河、二〇〇五）。

（6）たとえば、バーミンガム女性協会は、一八二六年度の総収入九〇八ポンドのうち、四九八ポンドをトラクトやパンフレット類をセットにしたワークバッグ製作に、一九五ポンドを印刷費に充てている。一八二八年、同協会は、貧困層向けのトラクトを五〇〇〇部、富裕層向けのものを四〇〇〇部印刷している（Midgley, 1992, p. 61）。

（7）ウィリアム・フォックスのパンフレットはもちろん、本章でも触れた、ジョセフ・ウッズの『奴隷貿易に関する省察』や、クラークソンのパンフレット類など、数多くの出版物がイギリスで出版されて一年以内にアメリカでも出版されている。

参考文献

シェリダン／シールズ編著、指昭博・並河葉子監訳『イギリス宗教史』法政大学出版会、二〇一四年。

布留川正博「イギリスのアボリショニズムとシエラレオネ植民地」『経済学論争』五七巻四号、同志社大学経済学舎、二〇〇六年、七七〜一〇五頁。

田村理「クリストファ・ブラウンの「モラル資本」論――イギリス反奴隷制運動史研究における先端的議論の紹介」『北大史学』五一、二〇一一年、四六〜六〇頁。

田村理「イギリス奴隷解放論の歴史的形成――リヴァプールにおける「反」奴隷解放運動（一七八八‐九三年）」『西洋史学』二五一号、二〇一三年、五五〜一七二頁。

並河葉子「反奴隷制運動にみる「文明化」されたイギリス人像」『鏡像の帝国――近代イギリスの自己認識』神戸市外国語大学外国学研

究所『外国学研究』四六号、二〇〇〇年、三九～六四頁。

並河葉子「反奴隷運動と出版物——西インド産砂糖ボイコット運動の事例を中心に」『書物と印刷の比較社会史』神戸市外国語大学外国学研究所『外国学研究』五三号、二〇〇二年、一〇九～一二五頁。

並河葉子「奴隷解放の結社——クラパム派の聖者たち」綾部恒雄監修、川北稔編『結社のイギリス史——クラブから帝国まで』（結社の世界史第四巻）山川出版社、二〇〇五年、二五五～二六七頁。

並河葉子「イギリスにおける反奴隷制運動と女性」『「文明社会」とその「他者」たち——近代イギリスにおける「他者」への態度の変容』神戸市外国語大学外国学研究所『外国学研究』八五号、二〇一三年、一七～三六頁。

Birkett, Mary, *A Poem on the African Slave Trade, Addressed to Her Own Sex*, Dublin, 1792.

Brown, Christopher Leslie, *Moral Capital: Foundations of British Abolitionism*, The University of North Carolina Press, Williamsburg, 2006.

Campbell, Gwyn, Suzanne Miers and Joseph. C. Miller, eds., *Women and Slavery vol.2: The Modern Atlantic*, Ohio University Press, Athens, 2008.

Clapp, E. J. and J. R. Jeffrey eds., *Women, Dissent, and Anti-Slavery in Britain and America, 1790-1965*, Oxford University Press, Oxford, 2011.

Clarkson, Thomas, *An Essay on the Slavery and Commerce of the Human Species, Particularly the African*, J. Phillips, London, 1785.

Clarkson, Thomas, *A Summary View of the Slave Trade and of the Probable Consequences of Its Abolition*, J. Phillips, London, 1787.

Clarkson, Thomas, *An Essay on the Impolicy of the African Slave Trade*, J. Phillips, London, 1788.

Clarkson, Thomas, *The History of the Rise, Progress, and Accomplishment of the Abolition of the African Slave-Trade by the British Parliament*, vol.1, 2, London, 1808.

Cropper, James, *A Letter Addressed to the Liverpool Society for Promoting the Abolition of Slavery on the Injurious Effects of High Prices of Produce, and the Beneficial Effects of Low Prices, on the Condition of Slaves*, Liverpool, 1823.

Cowper, William, *The Negro's Complaint*, 1788.

Davis, David Brion, *The Problem of Slavery in the Age of Revolution 1770-1823*, Cornel University Press, London, 1975, p. 435.

Fox, William, *An Address to the People in Great Britain on the Propriety of Abstaining from West India Sugar and Rum*, London, 1791.

(Philadelphia, 1792).
Hampton, Mark, *Visions of the Press in Britain 1850–1950*, Chicago, 2004.
Heyrick, Elizabeth, *Immediate, not Gradual Abolition*, London, 1824.
Midgley, Clare, *Women against Slavery: The British Campaigns 1780–1870*, Routledge, London, 1992.
Midgley, Clare, ed., *Gender and Imperialism*, Manchester University Press, Manchester, 1998.
Midgley, Clare, *Feminism and Empire: Women Activists in Imperial Britain*, 1790–1865, Routledge, Oxson, 2007.
Mulligan, William and Maurice Bric, eds., *A Global History of Anti-Slavery Politics in the Nineteenth Century*, Palgrave, Basingstoke, 2013.
Morgan, Sue, ed., *Women, Religion and Feminism in Britain, 1750–1900*, Palgrave, Basingstoke, 2003.
More, Hannah, *Slavery: a Poem*, London, 1788.
Oldfield, J. R., *Popular Politics and British Anti-Slavery: the Mobilisation of the Public Opinion against the Slave Trade 1787–1807*, Franc Cass, London, 1998.
Oldfield, J. R., *The Transatlantic Abolitionism in the Age of Revolution*, Cambridge, 2013.
Peterson, Derek R., ed., *Abolitionism and Imperialism in Britain, Africa, and the Atlantic*, Ohio University Press, 2010.
Scaully, Pamela and Dian Paton, eds., *Gender and Slave Emancipation in the Atlantic World*, Duke University Press, London, 2005.
Stamatov, Peter, *Global Humanitarianism: Religion, Empires, and Advocacy*, Cambridg University Press, Cambridge 2013.
Sussman, Charlotte, *Consuming Anxieties: Consumer Protest, Gender and British Slavery 1713–1833*, Stanford University Press, Stanford, 2000.
Turley, David, *The Culture of English Antislavery*, Routledge, London, 1991.
Wesley, John, *Thoughts upon Slavery*, London, 1774.
Willberforce, William, *An Appeal to the Religion, Justice and Humanity of the Inhabitants of the British Empire, in behalf of the Negro Slaves in the West Indies*, London, 1823.
Williams, Eric, *Capitalism and Slavery*, The University of North Carolina Press, Chapel Hill, 1944.
Woods, Joseph, *Thoughts on the Slavery of the Negroes*, London, 1784.

Wrigley, E. A. and R. S. Schofield, *The Population History of England, 1541-1871 : A Re-construction*, Cambridge University Press, Cambridge, 1989.

第Ⅲ部　信号・音声・映像による伝達

第7章　海底ケーブルと情報覇権

有山輝雄

1　「文明開化」とコミュニケーション

（1）「文明開化」と「人民交通」

福沢諭吉は、『民情一新』において「西洋諸国の文明開化は徳教にも在らず文学にも在らず又理論にも在らざるなり。然ば則ち之を何処に求めて可ならん。余を以て之を見れば其人民交通の便に在りと云わざるを得ず」と、「人民交通の便」こそが「文明開化」を実現したのだと喝破した。ここでいう「交通」は、物資の移動も含んでいるが、それだけでなく情報の伝達・共有、すなわち広義のコミュニケーションの意味である。

西洋諸国の「文明開化」の真髄は、その「徳教」「文学」「理論」の内容にあるのではなく、それを生み出し・流通させるコミュニケーションにあるというのである。西洋諸国が「千八百年代に至て蒸気船、蒸気車、電信、郵便、印刷の発明工夫を以て此交通の路に長足の進歩を為したるは、恰も人間社会を顚覆するの一挙動と云ふ可し」というという（福沢、一九五九、一三～一四頁）。確かに蒸気船、蒸気車、電信などの「交通」の技術が一九世紀の欧米において発明・実用化され、物資・情報流通の高速化、広範化、大量複製化を実現した。それらは一部特権者の閉鎖的知の体系を崩し、さまざまな異なる思考の出会いと相互触発、応答を作りだしたのである。そこから新たなアイディアや思考が生まれた。コミュニケーションは単なる情報伝達技術ではなく、新たな知を生みだすための技法である。

西洋の「徳教・文学・理論」の内容にばかり目をうばわれ、その輸入にあけくれている「文明開化」を批判し、それらを生みだしたコミュニケーションに注目したのは福沢の慧眼である。それら複製技術、速報技術による人間社会の「顛覆」は多方面にわたるが、ここで述べたいのは遠距離速報を可能にする電信である。電信はコミュニケーションにおいて画期的な技術であった。それまで徒歩、馬の利用、船便などさまざまな情報運搬手段はあったが、基本的に人の移動が必要であり、人の移動の速度より速くなることはなかった。ところが電信は人間の移動はまったく必要なく、電流が情報となって瞬時に伝導するのである。無論、狼煙、旗振りなど人の移動を必要としない通信手段は古来からあったが、それは互いに視認できる距離間の通信しかできない。しかし、電信は顔がまったく見えない相手に長距離速報を可能にしたのである。

（2）海底電線の登場

電信の技術的説明は省略するが、最初はもっぱら陸上に架線され、一八三〇年代に欧州各都市間の通信として実用化されていく。[1] しかし、電気の性質上、電線を水中に通すのは難しかった。だが、一八四八年、ボルネオ、マレー半島などに生育する樹木液から生産される物質であるガッタ・パーチャーを電線被膜材料として用いることによって英仏間ドーヴァー海峡の海底電線敷設が成功した。以後、河川、海を渡る電信線敷設技術は大きく発達し、電信線は各地を結ぶようになった。

そして、何といっても重要であったのは大西洋横断海底電線敷設であった。[2] 英米の実業家たちによって一八五六年に大西洋電信会社が設立され、敷設作業に乗り出したが何度も失敗を繰り返し、一八五八年にようやく成功した。両国はこの成功に歓喜し、早速ヴィクトリア女王とアメリカ大統領ブキャナンは祝電を交換しあった。しかし、しばらくして電線は不通になり、大歓声は一挙に落胆に変わってしまった。

大西洋横断海底電線の夢はいったんは冷却するが、願望は大きく、英米の実業家は技術的改良を加えて再度挑戦し、一八六六年に今度は本当に成功した。以後、数本の大西洋横断海底線が敷設され両大陸は安定的にしかも高速で結ばれたのである。

（3）国際通信社の成立

海底電信線は政治・経済・軍事などさまざまな情報のかつてない長距離速報を可能にしたのだが、さらにそれを利用して各地の情報を収集し、流通させる専門的社会組織の発達を促すことにもなった。具体的には新聞社・出版社などだが、中でも世界各地の情報を収集し、各新聞社、出版社企業などに供給する国際通信社の生成が重要である。

世界各地に記者を駐在させ、情報を集め、それらをニュースに加工して新聞社等に配信するには多大な経費と知的熟練を必要とする。そうした国際的活動を展開できる通信社は西欧先進国でしか生まれてこなかった。通信社の始まりはフランスのアヴァスで、そこから分かれたイギリスのロイター、ドイツのヴォルフが有力通信社となっていった。三社は当初は激しい速報競争を展開したが、後にそれぞれの勢力圏を設定し、独占を認めあう協定を結ぶことで自己の経済的利益を確保する戦略に転じた。

協定は一八五九年以来何度も結ばれたが、アメリカのＡＰを加えた一八七〇年の協定で世界は次のように分割された（通信社史刊行会、一九五八、九頁：小糸、一九八〇、一〇〇頁）。

アヴァス……フランス、スイス、イタリア、スペイン、ポルトガル、エジプト、中南米
ロイター……イギリス帝国、エジプト、トルコ、極東
ヴォルフ……ドイツ、オーストリア、オランダ、スカンジナビア、ロシア、バルカン
ＡＰ……米国領土

世界は当事者のまったく知らないところでイギリス・フランス・ドイツの三つの通信社によって分割されてしまったのである。

この独占協定の地域割は、ほぼイギリス、フランス、ドイツ三国の植民地とその周辺地域と重なっている。たとえば、ロイターの独占地域であるインド、シンガポール、オーストラリア、ニュージーランド、中国南部などはイギリスの植民地も

しくは勢力圏であった。そして、これらの地域でのロイターの活動を支えたのが、イギリスの電信線であったのである。

(4) 情報通信のハードとソフト

一九世紀西洋社会の「文明開化」を実現した「人民交通」の便は、第一に電信などの情報の工学的通信技術の革新、第二に情報の生産・流通にあたる社会組織の発達であった。すなわちそれら情報のハード（工学的技術）とソフト（社会的技術）が相乗的に作用し実現したものである。そこにかつてない速度と規模の情報環流が出現した。そうした意味で一九世紀はまさにコミュニケーション革命の世紀であったのである。

(5) 情報覇権

しかし、このコミュニケーション革命は、情報の均等な流通を成立させたのではない。大量の情報は西欧先進国、端的にはイギリス、フランス、ドイツによって生産され、彼らの便益に従って高速かつ広範に流通したのである。三国は自己の政治的経済的軍事的必要に基づき海底電信線を敷設し、軍事力を背景に他国に陸揚げしていった。そしてその電信線を使って国際通信社が自国の価値観に基づくニュースを生産し、配信していったのである。

こうした情報のハードとソフトによってイギリス、フランス、ドイツの植民地帝国が形成され、維持されたのである。海底電信線と国際通信社は西欧植民地帝国の神経網であった。西欧列強による情報覇権の成立である。

情報覇権という言葉は曖昧であるが、ここでは、世界規模もしくは一定地域の情報の生産・流通などを支配し、その域内の住民の認識や思考に影響力をもつ権力という意味で用いる。それは前述した情報通信のハードとソフトにおける優越性によって実現される。その優越性は軍事力・経済力などによって支えられ、また逆に情報通信ハードとソフトは軍事力・経済力の優越性を支える。

(6) 「交通」の非対称性

コミュニケーション革命は確かに旧来の「人間社会を顚覆」させ「文明開化」を促進した。しかし、新たな情報通信のハードとソフトを活用できる者とできない者との間の格差を一挙に拡大させることにもなったのである。「人民交通の便」によって情報の社会的配分の不均等はかえって広がり、強者による弱者の支配を強化することが起きたのである。情報のハードもソフトももたない弱国はそれに組み込まれることでしか世界につながることはできなかった。

電信によるコミュニケーション革命は「文明開化」であると同時に強者の支配であるという二重性をもっていた。というより、強者の支配がコミュニケーションという一見平和的中立的関係によって「文明」として正当化されたともいえる。「人民交通の便」は、「文明」による新たな権力関係、それも地球規模における非対称的世界の形成でもあったのである。

(7) イギリス海底電信線の東進

西欧の中でも情報の強者はイギリスであった。海底電線はイギリスから西に延び大西洋を渡ってアメリカとつながったが、逆の方向、東にも延びていった。イギリスにとって重要なのは植民地インドとの連絡であって、インドへの電信線建設に多額の助成金を惜しまなかった（Hills, 2002, p. 40)。インドへの電信線はいくつか路線があったが、一八六〇年にスエズから紅海を通ってアデンに至り、アラビア半島の南岸にそってペルシアを通過してカラチに至る海底線が一応できあがった。またフランス・ドイツ・オーストリア・トルコを通って、バグダードに達し、ペルシア湾を海底線で渡りカラチという線も設置された。だが、この路線は多くの中継点を経由するために時間を要し、電文が混乱することが多く信頼性に問題があった。

そこで新たに海路と陸路と二つの電信路が敷設されることになった。海路は、ジョン・ペンダーの経営するいくつかの海底電信会社の海底線をつなぎ、ポルトガル、ジブラルタル、マルタ、スエズ、アデン、ボンベイを結ぶ電信線で、一八七〇年に運用開始となった。ペンダーの会社は、一八七二年に合同して大東電信会社（Eastern Telegraph Co.）となった。[3] 大東電信会社の回線は六つの独立した回線を通して中継されたが、開通祝賀のメッセージ交換ではロンドンからボンベイへの送信に対し四分二二秒後に受信確認の返電があったという（西田編訳、一九七四、四四頁）。蒸気船のニュース運搬とはけた違いのスピードである。

大東電信会社とその系列会社のケーブルはさらに東に延びていく。一八七一年にシンガポールからサイゴン経由で香港に至り、一八八三年に福州と上海の間の海底ケーブルが敷設され、翌年に福州と香港、マカオが結ばれた（ケーブル・アンド・ワイヤレス会社、一九七二、九頁）。大英帝国の拡張とともに海底電線は延伸していき、ついにロンドンと中国市場とを結んだのである。

（8）　シベリア大陸を横断してアメリカへ

インドを経てアジアに出る路とは別に、ヨーロッパとアジアを結ぶ路はシベリアを横断するものである。もともとこれは大西洋海底電線工事の失敗続きをみて、まったく逆の方向からすなわちシベリア大陸を横断しベーリング海峡という比較的狭い海峡を通ってアラスカに出て、カナダ、アメリカへという壮大な計画に端を発している。この計画はシベリアとアラスカの両方から工事が開始されたが、前述のように一八六六年に大西洋横断海底電線敷設が成功し、その運用が始まってしまった。シベリア・アラスカ回りの英米間電信線計画は無用の長物となってしまったのである（Headrick, 1991, p. 43; Hugill, 1999, p. 36; 岡、一九四一、五五頁；花岡、一九六八、一八頁以下）。

（9）　大北電信会社のアジア拡大

そこに登場したのが大北電信株式会社（The Great Nothern Telegraph Company）である。大北電信株式会社はデンマークの会社で、当初はスカンディナビア諸国とロシア、イギリスを結ぶ海底電線を経営していた。とくにデンマークの地理的位置を利用してドイツを中継せずにロシアとイギリスを結ぶ電信線を敷設したのが大北電信会社の存在意義であった。同社は「政治的中立性」を掲げ、英露仏独など諸帝国の対抗関係を巧みに利用し、その事業を拡大していく経営戦略をとった。(4) そしてその路線は欧州内部から世界に広がっていったのである。

大北電信会社は計画挫折となったシベリアの電信線に目をつけ、それをロシア沿海州へ転進させウラジオストクに出て、そこから中国へ上陸する電信線を計画した。中国市場とヨーロッパを結ぶ北回り電信路である。

一八六九年にロシアから特許契約を獲得し、シベリアの清露国境に沿って延々と工事を進め、ウラジオストクに出た。さらに日本列島のどこかを中継地として上海へ向かおうとしたのである。地図上ではシベリアのどこかで清国内に入り、南下する路線、朝鮮半島を縦断する路線も考えられるが、清国や朝鮮の承認を得ることは困難と考えられたのであろう。

大北電信会社は、上海への中継地として重要な意味をもった日本に一八七〇年に会社代表を派遣して海底電線陸揚げを求めた。要するに欧米列強による地球規模での電信線網拡張競争の一端末が日本に上陸することになったのである。発足早々の明治新政府は海底電線をめぐる世界的動向について理解していたわけではなかったが、イギリス公使の側面からの助言もあって一八七〇年九月二〇日（明治三年八月二五日）に長崎と横浜への大北電信会社電信線の陸揚げを認める約定「丁抹国電信条約并内約添箇条」を締結した(5)。

大北電信会社は同年八月四日に上海・長崎間の海底電線を開通させ、さらに同年長崎・ウラジオストク間の海底電線も完成させた。日本からみれば上海とウラジオストクの両方に電信でつながれ、そこから上海、香港、シンガポール、ロンドン（大東電信会社線）、ウラジオストク、モスクワ、ロンドン（大北電信会社線）という二つの電信路によってヨーロッパと結ばれたのである。

大北電信会社と大東電信会社とは香港を境に北は大北電信会社、南は大東電信会社という地域分割協定を結び、電信線の建設および収入の共同会計方式によって互いの利益を保障しあい、東アジアの電信網を握った。日本や清国はこの電信網の中に組みこまれたのである。

(10)　イギリスの東アジア覇権

海底電線が延びていくと、次に続くのがニュースの生産と流通を専業とする通信社である。〝follow the cable〟が当時の通信社の合い言葉であった。イギリスのロイターはインド、シンガポール、上海でそれぞれ拠点を築いた後、上海・長崎間の海底電信線が開通したのをうけて、一八七二年に横浜に支局をおいた。当初は主に外国人商人たちの私用電報を取り扱っていたが、一八七四年（明治七）五月にイギリス人ホウエルの経営する英字新聞『ジャパン・メール』と契約した。これがロンドンのニュースが電信を通って直接日本に入ってきた最初である。しかし、高額なニュースを買える日本の新聞社はなく、購読したのは日本政府である。

その後、日本の新聞社は横浜の英字新聞に掲載されたロイター電報を翻訳転載するか、船便で運ばれた上海などの英字新聞のニュースを翻訳転載するかしか国際ニュースを入手する方法はなかった。いずれもロイター電報であるから日本が入手できるのはイギリスの見方に立ったニュースである。

イギリスは東アジアにおける情報のハード、ソフトの両面を掌握した。一八九二年の時点で全世界の民間会社所有海底電線総延長のうち六三パーセントがイギリスの所有であったとされ（Headrick, 1991, p. 38）、三つの通信社の中でもロイターは最有力であったから、世界規模でもイギリスは優越していたが、なかでも東アジアはほぼ独占状態であった。

イギリスの情報覇権の中に組みこまれた日本がこの重い問題といかに格闘したのかはすでに拙著『情報覇権と帝国日本』Ⅰ、Ⅱにおいて論じた（有山、二〇一三）。また朝鮮半島についても同書Ⅲで取り上げたが、東北アジアにおける情報覇権の構造が集約的に表れているので、改めて論じておくことにする。

2　海底電線をめぐる日本・清国・朝鮮三国関係

（1）　空白地としての朝鮮半島

西欧の利害によってできあがった東北アジアの電信路線において空白地となっていたのが朝鮮半島である。大北電信会社の海底電信線は朝鮮半島をぐるっと迂回してウラジオストクと上海を結んでいた。東北アジアの真ん中は国際通信の空白となっていたのである。当時の朝鮮が西欧と外交関係をもっていなかったことと西欧からみて朝鮮が魅力的な市場と映じなかったためであろう。

しかし、周知の通り一九世紀後半、清国と日本にとって朝鮮は重大な係争地となった。それについてはすでに膨大な研究があり、改めて立ち入る問題ではない。ここで注目するのは日清の情報の主導権争いとその狭間での朝鮮の情報自主権という問題である。それはイギリス情報覇権のもとにある東北アジアにおいて地域内情報覇権の争いが起きたということである。いわば上位覇権のもとでの下位覇権の争いと言える。東北アジアの情報覇権は二重構造をなしていたのである。

(2)　壬午軍乱と通信

日本にとって朝鮮との通信確保の重要性を痛感させたのが一八八二年七月二三日の壬午軍乱である。軍乱は七月二三日に起きたが、日本の新聞、たとえば『朝野新聞』は八日後の七月三一日にようやく号外で第一報を伝えている。ニュース源は京城から七日間かかって七月三〇日に長崎に戻った花房公使が外務省に打った電報である。長崎から東京は電報で一日だが、仁川と長崎は船便ではいかんともしがたい（大野、二〇一二、第四章：有山、二〇一三、I、第四章）。

これを高速化する方法は朝鮮海峡への海底電線敷設しかありえない。しかも清国北洋大臣李鴻章《りこうしょう》が上海・天津線を山東半島の蓬莱（登州府）まで延長し、そこから仁川への海底電線敷設計画をたてたとの説もあった（逓信省通信局、一八九五、一七七頁）。朝鮮の通信主導権をめぐって日清の争いとなったのである。しかし、最大の問題は日本は海底電線敷設を実現する財源も技術力もないことである。清国も事情は同じである。両国は自力でできないことを争ったのである。頼みは大北電信会社である。

(3)　大北電信会社との交渉

清国は軍乱沈静化によって海底電線計画を中止したが、日本は一八八二年（明治一五）八月中旬に大北電信会社に朝鮮海峡海底電線を非公式に打診した。ところが、大北電信側が既存線の増線、日本列島と大陸とを結ぶ海底線の独占権などの見返りを要求してくるという予想外の展開となった。一〇月から始まった本格交渉において大北電信会社の求める独占権に対して日本側に逡巡はあったが、結局は大北電信会社の要求する既存線の増線と今後二〇年間日本列島と大陸を結ぶ海底電線の独占権を同社に認めることとした。その見返りに大北電信会社は自己の資金で釜山への海底電線を敷設することを了承したのである。これが一八八二年一二月二八日に工部卿佐々木高行《ささきたかゆき》と大北電信会社ヘンリッキ・ボールとの間で調印された「日本工部省北部電信会社改正海底電線陸揚免許状」（通称「対大北電信会社海底線陸揚免許状」）[6]である。

この時に大北電信会社に独占権を付与したことは長期的には日本の対外通信を堅縛することになる。以後、これを打開するために払った労苦は多大なものであった。その最終的解消には一九四〇年（昭和一五）までかかったのである。しかし、当面は自己の負担なしに釜山への海底電線を実現できることになった。

（4）朝鮮政府との交渉

釜山への海底電線工事の見通しができた日本政府は、朝鮮政府と海底線陸揚げの交渉を行うことになった。井上馨《いのうえかおる》外務卿は、この交渉のために派遣した弁理公使竹添進一郎《たけぞえしんいちろう》に会談の最初に海底電線の「便益なることを説諭し彼をして該挙の不可不興の理由を充分に理会」[7]させたうえで、交渉に入るように内訓を与えた。実際、一八八三年一月二七日から始まった会談冒頭で、竹添弁理公使は朝鮮政府代表趙寧夏《ちょうねいか》、金宏集《きんこうしゅう》、洪英植《きょうえいしょく》の三名に対し「小児を諭す如く一ト通り彼にのみ込ませ候に多少の口舌を費し」たと報告している。[8]漢学者竹添進一郎が海底電線の効能を説明するのに適任であったとは思えないが、日本は海底電線が「文明」の便益であることを教示するという高所から交渉にあたったのである。

（5）議定書の成立

交渉の経緯は割愛するが、一八八三年三月三日に弁理公使竹添進一郎と督弁交渉通商事務閔泳穆《びんえいぼく》、協弁交渉通商事務洪英植との間で全五条からなる「日鮮間海底電線架設議定書」（以後「議定書」と略称）が調印された。[9]その第一条は、両国政府が丁抹国大北部電信会社に九州の西北部から対馬を経て釜山の海岸に至る海底線設置を准許し、その陸揚げ地から日本居留地までは日本政府が陸線を設置し電信局を建て通信業務を行うことなどを定めている。要するにこの議定書は日本と朝鮮との間で結ばれたにもかかわらず、それがまず最初に実現しているのは西欧の民間会社である大北電信会社の権利なのである。このねじれた関係は朝鮮からも指摘され、その後も問題になるのであるが、西欧資本に依存して朝鮮に海底電線敷設しようとする日本の矛盾の表れである。

続く第二条は、[10]「朝鮮政府ハ該海底電線竣工後通信ノ日ヨリ起算シ満二十五年ノ間ハ朝鮮政府ニテ該海陸線ト対抗シテ利ヲ争フノ電線ヲ架設セス並ニ他国政府及ヒ会社ニ海底線布設ヲ許サヾルヲ約ス其対抗利ヲ争フニアラザル處ハ朝鮮政府便ニ随ヒ線路ヲ開クベシ」とある。朝鮮政府は大北電信会社に二五年間の独占権を認めたのである。前年、大北電信会社から独占権を押しつけられた日本は今度は朝鮮に大北電信会社の独占権を押しつけたのである。

そして、第三条には「朝鮮郵程司官線ヲ架設スルノ時海外ノ電報ハ釜山ノ日本電信局ト通連シテ弁理スベシ」とある。将来朝鮮が官線を建設し海外電報送受信を行うことになったときは、それはすべて釜山の日本電信局を通らなければならない。日本電信局は釜山・長崎線につながっているのであるから、日本は朝鮮の海外電報をすべて掌中におさめることを狙った条文である。

（6）独占権の二重性

第二条の独占は民間会社である大北電信会社の経済的利益の保証である。だが、第三条の独占は朝鮮の海外電信をすべて掌握しようとする日本の対朝鮮情報戦略の問題である。この二重の独占権は、東アジアにおいて海底電線の技術と資金を有する大北電信会社の力の上に成立していた。

日本は「対大北電信会社海底線陸揚免許状」によって大北電信会社に日本列島に関する独占権を認め、「日鮮間海底電線架設議定書」によって朝鮮での大北電信会社の独占権を朝鮮に認めさせ、それによって朝鮮対外通信を支配しようとしたのである。西欧資本への従属による朝鮮従属政策である。こうした屈折した関係によって上位覇権と下位の覇権とが連関することになった。

3　朝鮮・清国陸上線と漢城・釜山線問題

(1)　甲申政変と通信

一八八四年一二月四日に起きた甲申政変は長崎・釜山海底線の威力を示す絶好の機会であったはずである。まして日本にとって金玉均《きんぎょくきん》らのクーデターは想定外の出来事ではなく、竹添進一郎弁理公使はその当事者であったのであるから事件をいち早く知り得る立場にあった。ところが、日本外務省は、一二月一一日に駐日清国公使から漢城で日本兵と清国兵との騒擾が起きたとの報知があって初めて事件を知った。

竹添進一郎弁理公使から外務省に報告が届いたのは一二月一三日になってからである。[11] 竹添の報告は一二月七日に済物浦から出され、それが千歳丸という便船に托され、千歳丸は一三日に長崎に入港した。同日に長崎から電報で打たれ、ようやく東京の外務省に到着したのである。金玉均らのクーデターから九日もかかって第一報が届いた。

これ以前から漢城の公使館と日本との連絡は仁川・長崎間の船便が利用されていた。釜山から先の電信線がないためせっかくの海底電線も役だっていないのである。一方、清国の情報が早かったのは、仁川に停泊中の清国軍艦の一隻が政変後直ちに出港し、一〇日に天津に入港し、事件を伝えた。[12] 李鴻章はいち早く事件を知るとともに天津から上海・長崎を経て東京の清国公使館へ電信したのである。ずいぶん遠回りの遠距離迂回路であるが、そのほうがずっと早かった。

(2)　見いだせない打開策

大きな代償を払った朝鮮海峡海底電信線が十分役立たない状況に対して、日本として何らかの打開策をたてなければならないことになった。しかし、釜山から仁川への電信架設は当然のことながら朝鮮の国内問題であり、これに介入すれば、清国の反発が予想される。しかも、手をこまねいている間に清国電信線が進出してくることもありえる。

工部省は釜山・仁川間の海底電線敷設を計画したが、これも大北電信会社頼みである。大北電信会社の見返り要求を軽減させるには、日本が応分の資金負担を覚悟しなければならず、結局、財源難のために釜山・仁川海底電線案は挫折した。

(3)　朝鮮・清国間電信線

そこに突然出現したのが朝鮮・清国間の電信線架設である。一八八五年七月一一日に在朝鮮臨時代理公使高平小五郎《たかひらこごろう》が本省に送った機密第一〇二号によれば、[13]仁川に入港した清国軍艦に乗った大北電信会社員が電線建築技手を率いて来着した。朝鮮と清国のどちらの発意かは不明だが、京城・仁川、仁川・義州、義州・旅順口に至る電線設置工事開始の模様である。すでに旅順口と天津との間は電線が通じているから、「右の諸線落成仕候上は清韓両国の聲息自由に相通じ干兎干角本邦との通信も一層便利に相成候事に可有之候」とある。この時点で高平は議定書との関係に気がついておらず、日本にとっても「便利」などといっている。

しかし、じきに高平は議定書抵触を認識し、朝鮮政府に強く抗議した。[14]高平が督弁交渉通商事務衙門金允植《きんいんしょく》に電信線について質問したところ、金は京城から仁川に一線を架し、さらにまた一線を義州および鳳凰城まで架すことに決定した。費用の出所は清国電信局との議定書によって清国の費用をもって架し、二五年年限で償却すると答えた。

高平は今回の電線は議定書第二条第三条に違反していると主張した。だが、金は議定書は朝鮮政府が官線を「架設」した場合日本の電信局と通連すると規定しているが、「架設の架の字を見れば此官線は専ら陸線を云へしもの、如し」と朝鮮側の解釈を述べ、陸上線が違反というなら海底線に計画変更するかのような言い分であった。さらに議定書交渉の際、竹添公使は朝鮮が海底線敷設するのは差し支えないと明言したので、安心して議定書に調印したのだと過去の経緯を持ち出した。

(4)　中朝電線条約

議定書の文言解釈をめぐって水掛け論になってしまったのである。金との会談後、高平は清国と朝鮮との電線条約の全文を「探偵者」から入手した（この条約を日本は「清韓陸路電線条款」と呼んでいたが、清国と朝鮮は「中朝電線条約〔義州合同〕」と呼ぶので以後「中朝電線条約」とする）。[15]それによれば、これは中国督弁電報商局と朝鮮政府との間で光緒一一年六月六日（一八八五年七月一七日）に調印されたもので、中国督弁電報商局が「自仁川港起由漢城至義州達於鳳凰城請設陸地電線」を敷設するとあり、中国督弁電報商局はその借款として関平銀一〇万両を出す。朝鮮政府は今後二五年間、水陸電線の敷設権を他国政府および各国公司に許可しないこと（第三条）などを定めていた。計画されている電信線は、漢城・仁川・義州から清国内の鳳凰城に至る陸上線であったのである。

（5）日本の直面する問題

高平の報告を受けた井上馨外務卿は現実的な妥協の道を探ろうとした。そのくわしい経緯は割愛するが、日本にとって厄介な問題が重なっていた。第一に交渉担当者の高平でさえ解釈に迷うほど議定書の文言が曖昧であったことである。第二に朝鮮政府の背後に清国がいることは明白であるが、直接の交渉相手は朝鮮政府とせざるをえないことである。日本が議定書違反を強硬に唱え、清朝電信線工事を否定すれば、清国との紛争になる。清国は中朝電線条約の正当性を主張するであろうからここでも水掛け論である。第三に大北電信会社の態度である。議定書が定めるのは大北電信会社線の独占権なのであるが、大北電信上海支社は独占権違反を主張する形式的な書簡を寄せたが、それ以上強い態度は見せなかった。逆に清朝電信線工事に関与していた。大北電信会社は二股をかけているのである。そうなると日本の主張する独占権は実質的に大北電信会社の独占権であるから、日本の主張は空文化してしまう。第四に先の工部省海底電線計画で明らかになったように日本政府の財政難である。清朝電信線に対抗する措置をとろうにも財政難が制約となったのである。

さらに交渉の過程で、朝鮮政府は架設する電信線は義州までの国内電信線であって議定書違反ではないと主張し、中朝電線条約の正文と称するものを提示した。先に高平が探知した条約文は間違いだということになったのだが、実はこれは朝鮮政府が偽造した条約文である。高平入手条約文が正しかったのだが、その時点ではわからなかった[16]。

（6）井上妥協案

漢城と東京の間の外交電報は日数を要したため、井上馨外務卿は朝鮮政府の偽造文書の件を知らず、彼独自の政治判断で妥協案を考えた。その要点は議定書条文を盾にとっていくら義州線「停廃」の強硬論を唱えても、釜山から漢城までの電信線を架設しない限りは日本にとって何の改善にもならない。むしろ、義州線を認めて、朝鮮政府に新たに漢城・釜山線を架設させる方がかえって実利があるというのである。

以後、日本政府は井上の案をもとに朝鮮政府との間で妥協を探ろうとするが、交渉は難航せざるをえなかった。議定書違反を主張しながら義州線黙認を論理づけるのは難しい。また漢城・釜山線架設を約束させたとしても、朝鮮政府にその資金がないことは明らかであった。となると清国か日本が負担するしかない。非公式の清国との接触では、清国側は釜山線は清国にとって利用価値がないことなどから日本の負担を求め、日本は清国の出資を要望した。日本は清国の進出を恐れているのだが、財政難のため清国出資による釜山線実現を期待するという矛盾した態度をとらざるをえなかったのである。

（7）続約の成立

結局清国が借款をあたえることになり、一八八五年（明治一八）一二月二一日、臨時代理公使高平小五郎と督弁交渉通商事務金允植とが「海底電線設置続約」に調印した。これは全体で四カ条、その前文には「今般朝鮮政府電線を架設し仁川より漢城を経て義州に至り海外電信を通連弁理するの一事は、日本政府海底電線条約（引用注：日鮮間海底電線架設議定書の別名）を妨碍する者と視為し、朝鮮政府も亦遂に其れを以て理無しと為さず、而して両国政府均しく交誼の為めに起見し」とある。義州線を経て海外と電信するのは条約違反だがこれを認めるという日本の主張と条約違反を認めない朝鮮政府の主張を持って回った文言で両立させたのである。

第一条は朝鮮政府は仁川義州間の電線を釜山口の日本電信局に通連する。要するに仁川義州間の電線を釜山の日本電信局に通連するということで間接的に義州線を認め、その延長線として仁川釜山線の架設を約束させているのである。

第二条は仁川・釜山線は今から六カ月以内に着手し、その後六カ月以内で竣成すべしと定めている。しかし、朝鮮政府の財政や工事技術などの現実的条件を棚上げにした妥協であったから長期的には大問題となる。第三条以下は電報料金などの規定であった。

この「海底電線設置続約」は、一八八三年の「日鮮間海底電線架設議定書」の「続約」という形式ではあるが、「議定書」が定めていた長崎・釜山線の独占権とその派生としてあった日本の朝鮮対外電信掌握政略からすれば大きな後退である。

4　東北アジア地政学の中の朝鮮半島電信線

(1)　釜山線工事難航と「中立」電信構想

続約調印以後の日本の対朝鮮電信政策の主眼は、漢城・釜山電信線建設の約束を一刻も早く履行させることであった。一八八六年三月二四日に清国が朝鮮に借款を与え、仁川・釜山線敷設工事を行う条約が清国と朝鮮政府と結ばれた（「中国代弁朝鮮陸路電線続款合同」）[17]。しかし、朝鮮政府の窮乏、現地の自然災害などで工事は一向に進まず、「続約」の定める期限はいたずらに過ぎた。日本政府は督促を繰り返したが、まったく埒が明かない。

日本の対朝鮮通信政策はまったく行きづまりとなってしまったのである。その苦境の中で外務省では大胆な方針転換をはかる文書が作成された。「十九年九月二九日起草」と記入され、外務大臣名で出された杉村濬《すぎむらふかし》書記官宛の極秘文書である[18]。この文書は朝鮮国内の陸線架線に執着するよりも仁川から釜山もしくは芝罘に海底電線を敷設するというまったく新しい方針を打ち出したのである。

しかも、この海底線は「清朝に偏属せず全く中立の電線とし、我邦及英独米露国各政府合同して之を保護することと為し、其工事は之を大北部電信会社をして布設」させるという。これまでの経緯からすれば、驚くべき方針転換である。それまで日本が要求してきた仁川・釜山間陸上線計画をあきらめ、まったく別に仁川・釜山海底線ばかりか仁川・芝罘間海底線を日本、イギリス、ドイツ、アメリカ、ロシアの共同出資の「中立」電信線として敷設し、その工事は大北電信会社に請け負わせるのである。それでなくても複雑な朝鮮半島情勢に英独米露四カ国を引き込もうとする計画である。

しかも清国を排除している。清国に対抗するため英独米露のバックアップを得ようとする狙いは明らかである。清国からすればこの海底電線は「中立」と見なせず、黙過するとは考えられない。しかも「中立」を名目に当事者である朝鮮を無視している。また芝罘は清国の領土であるから、海底線をそこに陸揚げするとなれば、五カ国の威圧があったとしても清国が受けいれるとは限らない。

この方針に基づいて関係国や大北電信会社と交渉を行った資料は見いだせない。おそらく外務省内の検討に終わったのであろう。それにしても、こうした窮余の策が出てきたのは、独占権付与という大きな代償を払って朝鮮海峡海底電線を敷設し、朝鮮対外通信を独占するつもりであったのがうまくいかず、妥協策によって当面を乗り切ろうとしたところ、それも行きづまりとなるという日本の陥っていた苦境を示している。苦境を脱するために、もっと大規模な西欧依存を案出せざるをえなくなっていたのである。

（2）朝鮮の自立化

この極秘案を諦めた日本は朝鮮政府の工事を見守るしかなくなった。この間、朝鮮の中で電信線「自力架設」「自力経営」論が胎動してきた（高、一九七八、一四九頁）。実際、清国との間で一八八七年四月一八日（光緒一三年三月二五日）に「中国弁譲朝鮮自設釜山至漢城陸路電線議定合同」が結ばれた[19]。その第一条には「現因朝鮮商民情願出力助政府籌財自弁架設等事」とあり、朝鮮が自力で架線することを中国電報局が原則的に認めることになっている。完成した電信線は中国電報局の管下に入ることなど清国は権益を手放したわけではないが、運用などに朝鮮の自主権がある程度尊重された。

朝鮮の電信自立政策は、日本からすれば清国の借款によって釜山線が架線されるというディレンマから抜けだす隘路となりえる。だが、無論それはあくまで朝鮮の自立化であるから日本への依存を深めることではない。そして、それ以上に、東北アジアの地政学における朝鮮半島の位置から仁川・釜山線がもつ可能性を広げようとするより大きな発想が朝鮮側に生まれてくるのである。

（3）デニー提案

一八八八年三月頃になると仁川・釜山線はようやく工事完成の見通しがたってきた。そして仁川・釜山線の現実化は朝鮮半島電信線のまったく新たな意味を浮上させることになったのである。それを示すのが朝鮮政府顧問デニーの提案である。[20]この提案というのは釜山から漢城までの電線を延長して陸路咸鏡道を経てウラジオストクの電線に接続すれば、日本および上海などから欧米への電信はインドを迂回しないですむはずだというのである。

これは日本列島、朝鮮半島の地理的関係からして確かに便利な路線である。しかし、便利であることは東北アジアの国際政治力学に密接な関係であるということである。日本は漢城・仁川・釜山線をもっぱら東京と漢城との間の通信連絡の迅速化という観点から考えてきたが、それだけではなく釜山・漢城線の開通は長崎から釜山に上陸し仁川、漢城、義州と朝鮮半島西海岸を縦断して天津、北京につながる電信路ができるということである。しかし、朝鮮の地政学的位置はそれだけではなく、別の可能性も開く。デニーは朝鮮の地政学的位置を利用して電信線をあえて朝鮮半島東海岸に出てロシアとつながる架線を提案しているのである。そこに成立するのは日本・朝鮮・ロシア、さらに欧州という情報通信路である。ここに彼の政治的狙いがあるのである。

（4）　転轍機としての朝鮮

東北アジアの地政学において朝鮮は日本、清国、ロシアの間の要地である。かつて朝鮮は国際通信の空白地であったのだが、日本、清国、ロシアを結ぶ電信路の方向を切り換える転轍機の役割を果たし得る位置にあることになったのである。それは東北アジア全体の国際通信地図を変える可能性があった。

（5）　日本の対応

デニー提案の釜山線から漢城を経てロシアにつなぐ電信路（朝鮮北路）の建設は、日本にとって清朝電信線（義州線）、漢城・釜山線（朝鮮南路）で清国に主導権を握られてしまった形勢を挽回できる選択肢となりえる。さらにより大きく考えれば、大北電信会社の長崎・上海線、長崎・ウラジオストク線への全面的依存から脱却できる可能性もある。とくにこの通信路は東アジアの情報の流れの中心である上海をバイパスして欧州とつながる。これは長所短所裏腹の問題だが、朝鮮の観点からしか見ていないデニーが考えていた以上に朝鮮北路は日本にとって広大な地政学的意味を伏在させていたのである。しかし、反面では大きな危険もともなう。ロシアの勢力を朝鮮半島に招き入れてしまうことは避けられない。また営業的打撃を受けるであろう大北電信会社が黙っているとは考えられず、大北電信会社との関係悪化は対外通信活動全体に波及する。

結局、八月一六日になってようやく大隈重信外相は近藤代理公使にデニー提案を受けいれないという訓令を送った。釜山の日本電信局を経ずにロシアと通連する電信線を架設することは議定書第三条に背いているという形式的理由をあげている(21)。形式的理由以上に当時の国際政治戦略全体からみて危険が大きすぎると判断したのであろう。

日本は北東アジアの情報転轍機という朝鮮の地政学的意味を消去した。そして仁川・釜山間電線工事落成を待ち続ける方針を維持した。電信線は一八八八年七月に開通し、長崎・釜山・仁川・漢城がともかくつながった。それは日本の朝鮮政略を大きく方向づけることになったのである。

5　東アジアにおける二重の情報覇権

今回述べたのは一八八二年から一八八八年までの限られた時期であって、その後も日本、清国、ロシアは朝鮮半島での通信主導権を握ろうとし、朝鮮は自らの通信自主権を確立しようとしていっそう複雑な争いが続いていく。それについては既に別に論じたが、今回取り上げた時期だけみても、一九世紀後半において実現した「人民交通の便」がどのような問題を引き起こしたのかが浮かんできている。

電信、蒸気機関車など一九世紀に発明実用化された「人民交通の便」は確かに「文明開化」をもたらした。しかし反面それらは「帝国の道具」であった。西欧列強、端的にはイギリス、フランス、ドイツはそれら「帝国の道具」を利用して広大な植民地帝国を作りあげた。海底電信線と国際通信社はそれら帝国の神経網であった。西欧三国はその力の均衡のもとで互いの独占地域を認めあう関係を次第に形成していった。そこに総体としての西欧情報覇権が成立したのである。その一環として東アジアはイギリスが海底電信線と通信社を握り、イギリスの情報覇権のもとにおかれた。

日本はイギリスの情報覇権に組みこまれ、その桎梏に悩みながら、技術・資金をもたないにもかかわらず朝鮮の通信支配を企てた。それは大北電信会社に独占権を付与し、その見返りに技術と資金の提供を受けるという従属関係によってしか実現できない。自己を従属関係に置くことによって朝鮮を従属させようとしたのである。しかし日本の政略は、対抗する清国の力、朝鮮の抵抗などにあって思うような成果をあげられず、混迷せざるをえない状況となっていった。

いずれにせよ、一九世紀後半のコミュニケーション革命は、世界レベルでは西欧の情報覇権を出現させ、その波及効果として東北アジアといった地域レベルでの情報覇権の争いを引き起こした。二重のレベルにおいて情報覇権の争いが生じたのである。しかし、この時期の東北アジアにおいては日清朝三国とも自力での情報インフラをもたず、相対的優劣はあったが、決定的支配力をもつところまでは至らなかった。それが上位覇権と下位覇権との関係をよけいねじれさせていたともいえる。しかし、それを大きく変動させるのは日清戦争であるが、それについては別途論ずることとする。

注

（1）電信の歴史については数多くの研究があるが、星名（二〇〇六）、高橋（二〇一一）。電信機については魚留（二〇〇五）が詳しい。

（2）大西洋海底電信に関する書物は多いが、Cookson（2003）、Standage（1998＝二〇一一）。

（3）大東電信会社については、Barty-King（1979＝一九八二）。ケーブル・アンド・ワイヤレス会社（一九七二）、岡（一九四〇）、西田編訳（一九七四）などを参照。

（4）大北電信会社の事業拡大と国際政治については、Ahvenainen（1981）、Jacobsen（2009）.

（5）『日本外交文書』第三巻三二六頁。

（6）免許状は外務省簿冊「条約並約定書」（JACAR:B06151025100）によった。交渉の詳しい経過は、有山（二〇一三、I、第四章）。

（7）外務省簿冊「丁抹国大北電信会社ト海底電線沈架陸揚ニ関スル約定締結一件」第二巻所収（B07080183200）。

（8）明治十六年二月十四日付「機密第十三号」外務卿井上馨宛弁理公使竹添進一郎、前掲「公文別録」。

（9）「公文録」明治十六年第十六巻明治十六年十月～十二月外務省（A01100247700）。「海底電線設置に関する日朝間条約」

（B13091007000）。議定書に表題はない。『日本外交文書』第一六巻は「三月三日締約日鮮間海底電線架設議定書」として掲載しているが、後につけた表題であろう。朝鮮側の名称は、「高宗実録」第五四冊によれば「釜山口設海底電線条款」である。ここでは便宜的に「議定書」と呼ぶことにする。

(10) 原文は本文の通り「海底線布設ヲ許サヾルヲ約ス」だが、『日本外交文書』は「許サルルヲ約ス」と記載している。意味が完全に逆になっている誤植である（第一六巻二九一頁）。

(11) 明治十七年十二月十三日竹添公使来電（十二月十三日長崎発）、「朝鮮暴動事件一／1」前掲外務省簿冊「対韓政策関係雑纂／明治十七年朝鮮事変」所収。

(12) 明治十七年十二月十二日原天津領事より井上外務卿宛、「朝鮮事変／2明治十七年十一月二十八日から明治十八年一月」「対韓政策関係雑纂／明治十七年朝鮮事変」（B03030194500）所収。『時事新報』一二月一七日記事「支那兵」も「素より真偽不明」と注記して仁川を出港した清国軍艦が速報したことを報道している。

(13) 「日韓海底電線条約続約締結一件」第一巻（B07080191900）所収、また『日本外交文書』第一八巻、一四三頁にも所収。なお、この問題に関する先行研究には高（一九七八）、山村（一九九七）、大野（二〇一二）。

(14) 井上馨外務卿宛朝鮮駐劄臨時代理公使高平小五郎七月二一日付「朝鮮内地に於て電線架設之事第二」（機密第百五号）、前掲簿冊「日韓海底電線条約続約締結一件」。

(15) 外務省簿冊「清国ト帝国及各国トノ特殊条約雑件」第二巻所収（B06150030200）。

(16) この経緯については、有山（二〇一三、I）。

(17) 「中国代辯朝鮮陸路電線続款合同」はこの高平の報告文書に添付されているが、外務省簿冊「清国ト帝国及各国トノ特殊条約雑件」第二巻（B06150029300）、逓信省通信局（一八九五）、日本史籍協会（一九七九）、海野（二〇〇三）などにも収録されている。

(18) 明治十九年九月二九日起草、杉村書記官宛外務大臣。この文書は発信された控えと推定されるが、異例の書式である。通常の外務省文書であれば、宛名、発信者の肩書きと姓名が記されるが、これはただ「杉村書記官」「外務大臣」とあるだけである。また発信番号なども記されていない。前掲外務省簿冊所収。

(19) 条約文はさまざまなところに収録されているが、逓信省（一八九五、一八五頁）。「中朝約章合編」（外務省簿冊「清韓両国国交関係取調一件」（B03030401000））、「高宗実録」第五四冊（一九六七年、学習院大学東洋文化研究所）など。なお「高宗実録」では条約名はなく、たんに「合同条約」となっている。高（一九七八）が訳文を載せている。

(20)　明治二十一年三月十八日付、外務大臣大隈重信宛代理公使近藤眞鋤「機密第三十一号」、外務省簿冊「京城元山間電線架設一件（露韓間電信通連に関する件）」（B04011010400）。『日本外交文書』第二一巻、二〇〇頁。
(21)　八月十一日付代理公使近藤眞鋤宛外務大臣大隈重信「機密送五百七十九号」、前掲外務省簿冊「京城元山間電線架設一件（露韓間電信通連に関する件）」。

参考文献

有山輝雄『情報覇権と帝国日本』Ⅰ・Ⅱ・Ⅲ、吉川弘文館、二〇一三〜一六年。

有山輝雄「外交文書偽造事件」『日本歴史』第八〇〇号、二〇一五年。

魚留元章『モールス・キーと電信の世界』CQ出版社、二〇〇五年。

海野福寿編『外交史料　日韓併合』（上巻）不二出版、二〇〇三年。

大野哲弥『国際通信史でみる明治日本』成文社、二〇一二年。

岡忠雄『英国を中心に観たる電気通信発達史』通信調査会、一九四〇年。

岡忠雄『太平洋域に於ける電気通信の国際的瞥見』通信調査会、一九四一年。

ケーブル・アンド・ワイヤレス会社編、室井崇監訳『ケーブル・アンド・ワイヤレス会社百年史』国際電信電話株式会社、一九七二年。

小糸忠吾『世界の新聞・通信社Ⅰ』理想出版、一九八〇年。

高秉雲『近代朝鮮経済史の研究』雄山閣、一九七八年。

高橋雄造『電気の歴史　人と技術のものがたり』東京電機大学出版局、二〇一一年。

通信社史刊行会『通信社史』通信社史刊行会、一九五八年。

逓信省通信局『朝鮮電信誌』逓信省、一八九五年。

西田健二郎編訳『英国における海底ケーブル百年史』丸井工文社、一九七一年。

日本史籍協会編『東亜関係特種条約彙纂』（二）東京大学出版会、一九七九年。

花岡薫『海底電線と太平洋の百年』日東出版社、一九六八年。

福沢諭吉「民情一新」慶應義塾『福沢諭吉全集』第五巻、岩波書店、一九五九年。

星名定雄『情報と通信の文化史』法政大学出版局、二〇〇六年。

山村義照「朝鮮電信線架設問題と日清朝関係」『日本歴史』第五八七号、一九九七年。

Ahvenainen, Jorma, *The Far Eastern Telegraphs, The History of Telegraphic Communication between the Far East, Europe and American before the First World War*, Helsinki, 1981.

Barty-King, Hugh, *Girdle Round the Earth; The story of Cable and Wireless*, William Heinemann, 1979（国際電信電話株式会社経営調査部訳『地球を取り巻く帯　Cable amd Wireless 社の物語』国際電信電話株式会社、一九八二年）.

Cookson, Gillian, *The Cable*, Tempus Publishing, 2003.

Headrick, Daniel R., *The Invisible Weapon, Telecommunication and International Politics 1851-1945*, Oxford UP, 1991.

Hills, Jill, *The Struggle for Control of Global Communication, The Formative Century*, Universty of Illinois Press, 2002.

Hugill, Peter J., *Global Communications since 1844, Geopolitics and Technology*, The Johns Hopkins UP, 1999.

Jacobsen, Kurt, "Small Nation International Submarine Telegraphy, and International Politics : The Great Northern Telegraph Company, 1869-1940" in B. Finn and D.Yang eds., *Communication under the Seas, The Evolving Cable Network and Its Implications*, The MIT Press, 2009.

Standage, Tom, *The Victorian Internet*, Walker, 1998（服部桂訳『ヴィクトリア朝時代のインターネット』ＮＴＴ出版、二〇一一年）.

コラム5　通信社の世界史

里見　脩

通信社（News Agency）とは

通信社は「外国通信社や新聞、放送局などマスメディアおよび専門企業、専門家へ情報（ニュース）を提供するマスメディア」と定義される。一般の読者ではなく、専門的組織や専門家に情報（ニュース）を提供するため、「ニュースの卸問屋」と呼称される。英語でNews Agencyと表記するが、Agencyとは代理店、代理業を指し、すなわちその企業に代わって情報（ニュース）を収集するという意味である。アメリカでは別に電報、電信を指すWire Serviceとも言うが、これは通信社が電報、電信で新聞社へ情報（ニュース）を送信（配信）することから、そのように呼称されている。目立つ存在ではないものの、国際社会を活動フィールドとするなど、その影響力は大きなものがある。

具体的活動内容としては、

① 提携している外国通信社へニュースを送信する（Out Going）

② それとは逆に、提携している外国通信社のニュースを受信する（In Coming）

③ 国内外から収集したニュースを、国内の新聞、放送局ら他のマスメディアに配信する

④ 経済金融市況関係情報（ニュース）を官公庁、専門企業らへ配信する

——の四つが挙げられる。

ユネスコ（国連教育科学文化機関、UNESCO）は通信社を、ニュースの収集、送信（配信）の活動範囲、取り扱うニュース量などを基準として、世界規模の「国際通信社」、国内規模の「国内通信社」、特定分野のニュースの「専門通信社」の三つに大別している（ユネスコ、一九五三）。国際通信社の要件は、「世界一〇〇カ国以上に支社局を有する」「一日二十四時間活動し、一日当たりニュースを数十万語収集、数百万語送信（配信）する」「一〇〇カ国以上、数千の顧客（通信社、新聞社、放送局、専門業者、国際機関、政府ら）に送信（配信）する」「イギリス、フランス、ドイツ、スペイン、アラビア、ロシア、中国語など多言語で送信（配信）する」——を

満たす通信社であり、現在該当するのはＡＰ（アメリカ）、ロイター（イギリス）、ＡＦＰ（フランス）の三つの通信社だけである。ＡＰは七一カ国に九三支社局を置き、一〇〇カ国以上、総計一万以上の報道機関に送信（配信）、ロイターは一〇〇カ国以上に二三〇の支社局を置き、一三二カ国二万以上の報道機関に送信（配信）、ＡＦＰも一〇〇カ国以上に支社局を置いている。

日本の共同、時事通信社は、「国内通信社」の規模に留まっている。共同通信社はＡＰ、ロイターの国際通信社ら外国の通信社とニュースを相互交換している。相互交換とは言うものの、ニュースの送受信量の一日当たりの数値は「一三〇万語　対　八万語」（日本新聞協会、二〇〇九）で、一三〇万語は外国通信社から共同が受信（収集）するニュース量（In Coming）であり、八万語は共同が外国通信社へ英文で送信（配信）するニュース量（Out Going）で、実に約一六倍の格差がある。このニュースの輸出入量の不均衡の数値は、国際通信社と国内通信社の実力の差違を示している。

また通信社は会社組織や、それに付随して送信（配信）するニュースの色合いにも差異が存在する。三つの国際通信社を比較すると、ＡＰは全米の新聞社、放送局を会員とする「協同組合会社組織」で、取り扱う情報はあくまで一般情報（ニュース）が主である。ロイターは「株式会社組織」である。イギリスの代名詞とさえ称されたロイターであるが、二〇〇七年にカナダの情報サービス会社トムソンに株式買収され、一般情報よりも契約する専門企業への経済金融市況関係情報（ニュース）の送信（配信）に比重を置いている。ＡＦＰは形式的にはフランス政府から独立しているが、実質的には政府の管轄下にあり、送信（配信）するニュースも政府広報的情報である。

日本の共同通信社はＡＰと同様に国内の新聞社、放送局を会員とする協同組合会社組織で、会員（とくに地方紙）向けの一般情報（ニュース）送信（配信）に比重を置いている。時事通信社はロイターと同様に株式会社組織（ただし、ロイターとは異なり、非上場・社内持ち株）で、専門企業への経済金融市況関係情報（ニュース）の送信（配信）が主である。

世界分割協定

通信社の起源は、一二、一三世紀にヴェニスの商人たちが副業として、穀物などの相場・市況の経済情報を売っていたこととされる。一六、一七世紀には貿易の中継地アントワープ付近で相場などの経済情報を売る専門業者が存在したという記録が残っている。

近代通信社の誕生は、一八三五年にユダヤ系フランス人のＣ・アヴァス（Charle Louis Havas、一七八三～一八五八）がパリに設立したアヴァス通信社である。同社が始祖とされるのは、相場・市況の経済情報だけでなく、政治、社会の一般情報を収集し、その情報を新聞社に提供したこと、すなわち「報道」という意識を有したことに拠る。通信社というマスメディアはその後、アヴァス通信社に勤務していたユダヤ系ドイツ人のＢ・ヴォルフ（Bernhard Wolf、一八一一～七九）が四九年にベルリンにヴォルフ通信社を設立、同じくアヴァス通信社に勤務したユダヤ系ドイツ人（その後、イギリスに帰化）のP・J・ロイター（Paul Julius Reuter、一八一六～九九）がイギリスへ渡り、五一年にロンドンでロイター通信社を設立した。

アヴァス通信社を起点とし、同じように創業者の名前を社名に冠した三つの通信社は、それぞれの政府と密接な関係を結んで発展し、それによって近代の通信社というマスメディアの地歩は定まり、この三つの通信社は「三大通信社」と呼称された。ヨーロッパ主要国である英仏独政府が通信社を庇護したのは、国際情報の収集あるいは自国の外交上の主張を国際社会に宣伝し、自国に有利な国際世論を形成するという国家目的（外交政策）遂行に資するという意図に基づくものであった。一方の通信社にとって国際情報を収集するためには国際的な通信網（有線）の敷設や経営運営には巨額な資金が必要であり、アヴァス通信社は広告代理業を兼業したが、とても足りるものではなく、三通信社ともに国家による財政援助が大きな支えとなった。結果として、三通信社は英仏独政府に支えられ競い合った。

しかし、この三大通信社は競い合うことよりも、連携して情報の支配・独占を図ることの方が有利であると考え、一八五六年に相場速報の交換協定を、五九年に一般情報の交換協定を締結し、七〇年には「国際通信協定」を締結した。国際通信協定は、アヴァス、ヴォルフ、ロイターの三大通信社で世界を分割し、それぞれの「領域」を定め、相互不可侵を順守する一方で、「領域」内の各国の通信社の自主性を封じ込めて系列化に置いた。この協定は三大通信社の「世界分割協定」と言われ、一八七〇年の締結から一九三四年に破棄されるまで半世紀以上にわたり、世界の情報を分割支配した。

三大通信社による「国際通信協定」

国際通信協定による三大通信社の担当地域は以下の通りである。

ロイター……大英帝国の領域、トルコ、エジプトの一部、東アジア

アヴァス……フランスの領域、スイス、イタリア、スペイン、ポルトガル、エジプトの一部、フィリピン、中南米

ヴォルフ……ドイツ帝国の領域、オーストリア、オランダ、北欧、バルカン諸国、ロシア

第一次世界大戦でドイツが敗北すると、ヴォルフ通信社の「国際通信協定」の権益を、戦勝国であるイギリスのロイター、フランスのアヴァス通信社が奪い、分配している。

同協定の下で日本はロイターの「領域」に組み込まれた。日本の通信社が国際情報を収集するにはロイターに多額の契約金を支払い、その一方で日本に関する情報はロイターが独占的に世界に送信し、日本の通信社には自由に世界に発信する権利はなかった。

日本の通信社

江戸時代には、日本でも大阪堂島の米相場を山上で旗を振り速報する「旗振り信号」など相場・市況の経済情報の専門業者が存在した。新聞社に一般情報を提供する近代通信社は、一八八八年（明治二一）に内務省の依頼で三井物産専務の益田孝が出資し、「時事通信社」（現在の時事通信社とは無関係）が設立された。明治期に、「通信社」を名乗る有名無名の会社は東京だけでも大小合わせて二〇〇社におよんだ。これらの多くは政府や政党という政治勢力の出資で設立された。これは自由民権運動の盛り上がりの中で政党機関紙として新聞社が設立されたことに呼応したものだ。明治期には「帝国通信社」（帝通・立憲改進党系）「日本電報通信社」（電通・政友会系）の二つの通信社が存在感を示した。

大正期の一九一四年（大正三）三月に、世界への日本のニュースを送信することを意識した通信社である「国際通信社」が設立された。この通信社は、財界首脳渋沢栄一が訪米した際にアメリカの新聞に掲載されている日本関係の記事は少なく、しかも悪意に満ちたものであることを憂慮して資金を出資したものだ。しかし、先の国際通信協定に基づくロイターの支配に縛られ、期待通りの活動は出来なかった。慢性的な財政赤字が続き、外務省が補助金を交付し庇護することで経営は維持された。また同年一〇月には上海に「東方通信社」が外務省の出資により設立された。同通信社は第一次世界大戦で連合国側の一員として参戦した日本に対し、ドイツが中国で反日宣伝活動を開始したのに対抗したもので、中国の新聞社に日本の立場を提供するのを目的としていた。

国際通信社専務の岩永裕吉は、対外送信力を有した新たな通信社の設立を外務省に働き掛け、同省の庇護下にある国際、東方の二つの通信社を合併して一九二六年（大正一五）、「日本新聞聯合社」（聯合）を設立した。同通信社はアメリカのAP通信社をモデルとした新聞社を会員とする協同組合会社組織を採用し、倒産した帝通の権益を引き継いで力をつけ、電通と競い合い、「電聯二大通信社時代」を築いた。

日本の通信社にとって、ロイターの呪縛を脱して、自由に国際社会で活動できる「通信の自主権」の獲得は悲願であった。この実現に心血を注いだ岩永は、同じようにロイター支配に反発を抱くAPと連携し、一九三四年（昭和九）に国際通信協定を破棄へ追い込み、ついに「通信の自主権」を獲得した。

戦争と通信社

国家と通信社の関係は他のマスメディアより濃密であることは、アヴァス、ヴォルフ、ロイターの三大通信社の歴史が示しており、それは国際社会を活動フィールドとする通信社の特性に拠っている。

第一次世界大戦の敗者であるドイツのルーデンドルフ元帥は「われわれは連合国軍に敗れたのではない。ロイターに敗れたのだ」という敗軍の弁を吐いている。これはイギリスの通信社ロイターが宣伝機関として世界にドイツの悪イメージを流布し、そのためドイツを批判する国際世論が形成され、それが戦局に大きく影響したことを指している。同大戦では赫々たる戦果をあげたロイターばかりでなくアヴァス、ヴォルフ通信社もそれぞれ政府から経費を受領し、宣伝役を務めた。

この中でアメリカの通信社、APは政府からの宣伝活動の依頼を拒否している。これは「アメリカは面積が広く、新聞社の数も多いため、通信社の存在価値は高い。会員の新聞社が多ければ財政的自立が可能で、その結果として国から財政援助を受けなくとも経営出来る」ためだ。それも事実であるが、APには報道（ジャーナリズム）倫理という意識の保持が存在したことも重要な要素であろう。

ロイターは第二次世界大戦では、宣伝活動をするという第一次世界大戦以来の政府との取り決めを破棄したという。宣伝活動に一切手を染めなかったとは言えないものの、「宣伝」と「報道」の区別を意識したことは事実である。ロイターのこうした姿勢は戦後も受け継がれた。一九八二年、フォークランド紛争で、ロンドンを出港したイギリス艦隊の動向を逐一報じたロイターに激怒したサッチャー首相が「船の位置を敵に知られたら攻撃の危険がある。愛国心があるかどうか伺いたい」と抗議したのに対し、ロイターの編集局長は「私には関係のないことだ。私はドイツ人ですよ」と抗議を一蹴した（ローレンソン／バーバー、一九八七）。

こうした米英通信社に対してドイツでは、第一次世界大戦の敗北で消滅したヴォルフ通信社に代わり、ナチスにより設立されたDNB通信社がゲッペルス宣伝相の指導の下で派手な宣伝を展開した。

日本でも満洲事変を受け、一九三二年（昭和七）に関東軍の主導の下、在満の聯合と電通の組織を統合した「満州国通信社」が設立された。さらに日本国内でも、ロイター、APの米英通信社と肩を並べる大通信社「ナショナル・ニューズ・エージェンシー」（国家代表通信社）を設立すべきという掛け声と動きが活発化した。聯合専務理事の岩永が政府に「聯合と電通の統合による新会社の設立」というプランを提示して実現を強く働き掛け、これに外務省および総力戦体制の構築を意図する軍部も賛同した。だが電通および有力地方紙は強く反対し、統合・設立交渉は難航した。三六年（昭和一一）一月に聯合だけで新通信社「同盟通信社」（同盟）を立ち上げ、電通も同年六月に抵抗をやめて合流し、名実ともに「ナショナル・ニューズ・エージェンシー」（国家代表通信社）同盟が発足した。電通は通信社部門が同盟に統合したものの、広告代理業部門は保全され、同盟の系列下の広告代理会社として存続した。

同盟は設立の経緯からしても聯合が主導権を握り、初代社長には岩永が就任し、組織形態も聯合と同様に新聞社と日本放送協会を会員とする新聞放送協同組合（社団法人）が採用された。同盟は日中戦争、太平洋戦争の戦火の拡大とともに「内外地に八十支社局を持ち、七千キロに及ぶ専用電話線、七百五十台の無線機を運営して我国新聞界に一新世紀を画した。AP、ロイターと共に世界三大通信社の一に算えられるに至り、世界ニュースの東亜交換所の役目をつとめた」（古野、一九五五）という大規模な組織となった。

これにより大通信社設立という明治期以来の悲願は果たされたものの、同盟には国家の対外宣伝を担うという任務が存在した。国家（政府）との関係は秘匿され、多額の「助成金」と称する補助金が交付され、その金額は同盟総経費の三、四割に及んだ。助成金の交付と受領は、国家予算としての毎年度ごとの支出であるため、一連の公的流れが存在した。それは①同盟が予算書、年度収支見積書、事業計画を添付した「助成金下附申請書」を政府に提出する、②政府が交付額を審査する、③政府は助成金を交付するとともに、国策遂行の具体的な命令事項を列記した「示達書」を提示する、④同盟はこれを忠実に実施することを誓う「御請書」を提出し、助成金を受領する――という流れである。同盟は「国策通信社」と自称し、戦争最中の四四年（昭和一九）には「同盟は日本の対外思想戦の中枢機関として皇国の大義を世界に専揚する重要使命を持つ。実にニュースこそ思想戦の原動力であり、砲弾である」（一九四四年作成パンフレット「同盟の使命と活動――対外思想戦はいかに戦われているか」）など自らを、思想戦の中枢機関と位置づけた。敗戦を受けて、同盟はGHQ（連合国軍最高司令官総司令部）による戦争責任追及をかわすために先手を打ち、四五年（昭和二〇）一〇月、自主的に分割解体、その後継として共同、時事の二つの通信社が設立され、現在に至っている。

新世界情報通信秩序

第二次世界大戦後、アジア、アフリカの植民地は次々に独立したが、旧宗主国に依存する経済構造は継続し、南北問題として格差の是正を求める声が独立新興国である開発途上国から強くあがった。情報においても南北問題は存在する。国際社会に大きな影響力を有するAP、ロイターという欧米通信社が情報を独占し、主要国側の視点に立った情報を送信（発信）し、情報の流れは先進国から開発途上国へ一方的に流れて途上国の存在は忘れ去られている。途上国のニュースは飢餓や暴動など暗い面だけが取り上げられ、先進国の人々の途上国に対するイメージは歪められたものとなる。欧米通信社による情報の支配、すなわち「メディア帝国主義」によって途上国はさまざまな不利益を被っているという主張である。

こうした途上国の要望を踏まえて、ユネスコを中心に情報の不均衡を是正するため新たな世界規模の情報通信秩序の形成が模索された。そして七八年のユネスコ総会は「新世界情報通信秩序」（New World Information and Comunication Order）という情報の南北格差是正を目的とした「マスメディア宣言」を採択した。

AP、ロイターという欧米通信社との情報の不均衡（格差）は途上国のみならず、日本の場合も該当する。先に不均衡の例を共同通信社の送受信で示したが、朝日、毎日、読売、産経の全国紙はじめ中日、北海道、西日本の地方紙もそれぞれ独自にAP、ロイター、AFPらと契約するなど欧米通信社への情報依存度は大きく、支払う契約費も巨額で、「途上国と同様日本も、欧米通信社の植民地的（従属的）状態にある」という指摘がある。

経済専門通信社

冷戦の崩壊、経済のグローバル化の進展、ＩＴの普及など新たな要因を受けて、通信社もさまざまな変容を遂げている。冷戦の崩壊によりソ連が消滅したため、ソ連の国営タス通信社は九二年、新たに民営のイタルタス通信社として再出発した。

ロイターは経済のグローバル化と、ＩＴの普及という点に着目し、一般情報を新聞、放送局に対し送信（配信）することから、経済金融市況関係情報を専門企業業者へ直接配信する方へと重点を移した。「ストックマスター」という同社初のコンピューターは文字通り、株式取引業者（ディーラー）にコンピューター端末で経済金融市況関係情報を提供し、顧客はその情報を参考にしながら株式の売り買いをするシステムである。それは近代通信社が経済関係情報の送信（配信）からスタートしたことを思い起こさせる。

ロイターは二〇〇七年にはカナダの情報サービス企業トムソンによって買収され、名称も「トムソン・ロイター」と改定し、経済金融市況関係情報の世界最大手通信社として存在を誇示している。だが、「トムソンに買収された結果、ロイターのニュースは悪い方向へ変質するのでは」という懸念や「ロイターは市場の動向を見ながら情報操作をしているのではないか」という批判も出されている。

また、同じようにコンピューター端末で経済金融市況関係情報を提供する通信社ブルームバーグが一九八一年にアメリカで誕生し、その分野でロイターと覇を競い合っている。

世界各国の通信社は、ロイターの変身などを見ながら、ＩＴへの対応を模索している。その中でロイターと並ぶ老舗ＡＰが遅れを取っているのは興味深い。アメリカでは新聞社とＩＴニュース社が競い合っている。新聞社を会員とするＡＰがＩＴに乗り出せば会員の反対は必至である。すなわち、ＡＰの基盤である新聞放送協同組合という組織形態が足枷になるという事態が生じている。こうしたことは、これまでメディア技術の開発や国際政治の変化など時代とともに変化してきた通信社が、現在大きな岐路に立っていることを示している。

参考文献

有山輝雄・西山武典編『同盟通信社関係資料』柏書房、一九九九年。

里見脩『ニュース・エージェンシー――同盟通信社の興亡』中央公論新社、二〇〇〇年。

里見脩「同盟通信社の戦時報道体制」山本武利編『講座「帝国」日本の学知』第四巻、岩波書店、二〇〇六年。

新聞通信調査会編『岐路に立つ通信社』新聞通信調査会、二〇〇九年。

通信社史刊行会編『通信社史』通信社史刊行会、一九五八年。

日本新聞協会『日本新聞年鑑〇九－一〇』日本新聞協会、二〇〇九年。

古野伊之助『四十余年の夢』電通編『五十人の新聞人』電通、一九五五年。

ユネスコ『通信社――その機構と運営』ユネスコ、一九五三年。
J・ローレンソン／R・バーバー著、中山一郎・篠山一恕訳『ロイターの奇跡』朝日新聞社、一九八七年。
AP, *Breaking New*, AP, 2007.
Storey, Graham, *Reuters Century*, Ferrero Press, 2007.

第8章　アメリカの政府広報映画が描いた冷戦世界

——医療保健援助船「ホープ号」をめぐって——

土屋由香

1　ＵＳＩＳ映画と冷戦

テレビが多くの国々に普及する以前の一九四〇年代末〜一九六〇年代にかけて、アメリカ政府は、魅力的な映像と音楽で世界の人々の心を魅了する短編ドキュメンタリー映画（ＵＳＩＳ映画）を一六〇〇本以上も制作した。そこには国務省や情報庁（ＵＳＩＡ）をはじめとする政府機関が映画会社に委託制作したものと、民間会社から調達したものが含まれていたが、官製・民間製を問わず、複数言語に翻訳されて世界各国の「合衆国インフォメーション・サービス」（US Information Service 略称ＵＳＩＳ）[1]を通して上映された。とくに映画がまだ珍しかった発展途上国の国民は「ＵＳＩＳ映画上映会」を大歓迎し、遠方から徒歩で上映会場に通うファンもいた[2]。アイゼンハワー政権末期に対外情報政策の見直しを行うために設置され、ケネディ政権にも影響を与えたと言われる「スプラーグ委員会」も、「映画はレクリエーションの少ない新興国でとくに重要である」として、「移動上映ユニット」（発電機、映写機、フィルム、パンフレット等一式を積んだトラック）の数を増やしたり、映画館の建設を奨励したりすることを提言している[3]。

ＵＳＩＳ映画全体の上映言語と上映国は四一言語・八〇カ国に上ったが、各国のアメリカ大使館が作成した『ＵＳＩＳ映画カタログ』を比較すると、一国または少数国でのみ上映された作品と、多くの国々で上映された作品があることがわかる。

一国のみで上映されたＵＳＩＳ映画の例として、ヴェトナムで上映された一群の作品が挙げられる。その典型的内容は、ヴェトナム人の若者が共産主義者に洗脳されて一度はホー・チ・ミンの軍隊に加わったものの、改心して南ヴェトナムに戻って来るという類のものである。プロパガンダを前面に打ち出さないＵＳＩＳ映画が多い中、国によっては露骨な反共メッセージの込められた作品も上映されていたのである。(4)

逆に多くの国々で上映されたＵＳＩＳ映画は、アメリカの文化や産業、日常生活などを紹介するものであった。このジャンルの中には、アメリカ人が外国の人々と交流する様子を描いた作品も含まれる。そうしたフィルムは「世界の中のアメリカ」、あるいは「アメリカから見た世界」を描いていたという点で、メディアと世界史の関係を探る本書のテーマと深く関わっている。本章では、そうしたＵＳＩＳ映画の一例である『ホープ計画』（*Project Hope* 一九六一年）に焦点を当てる。この映画は、東南アジア諸国を巡回したアメリカの民間医療船ホープ号の活動を描いた二九分のカラー作品で、筆者が調べた限りでも日本、韓国、ヴェトナム、インド、イラク、ザンビア等、文化的背景の異なるさまざまな国で上映されていた。米国立公文書館に収められた脚本と映像、そして国務省やＵＳＩＡの公文書も併せて精査することによって、ＵＳＩＳ映画『ホープ計画』が描いたものと描かなかったもの、そしてそこから見えてくる冷戦期アメリカの医療保健援助に関する対外情報プログラムの特質と矛盾点を明らかにしたい。

2　ＵＳＩＳ映画の概要

（1）　対外情報プログラムとＵＳＩＳ映画

まず、ＵＳＩＳ映画を用いた「対外情報プログラム」（foreign information program）について説明を加えておきたい。「対外情報プログラム」は、今日の「広報外交」（パブリック・ディプロマシー）の原型となる外国への情報発信や国際交流活動を指すが、冷戦初期には「海外情報・教育活動」「海外情報プログラム」などさまざまな呼称が用いられていた。本章では国務省の外交資料集（*Foreign Relations of the United States*）の表題にも採用されている「対外情報プログラム」を用いる。冷戦初期の「対外情報プログラム」の目的は、国家安全保障会議（NSC 五五〇九）によると、「ソ連の威信と影響力を阻害」し、アメリカが「人類が大切にする事柄を具現」し「人類の進歩のために尽くしている」というイメージを世界に拡散させることであった(5)。今日の「広報外交」の概念、たとえば「広報や文化交流を通じて、民間とも連携しながら、外国の国民や世論に直接働きかける外交活動」という日本外務省の定義とは、ニュアンスが異なっていたことに留意しなくてはならない(6)。

対外情報プログラムの系譜は、第二次世界大戦中の戦時プロパガンダ機関であった戦争情報局（OWI）に遡ることができる。OWIには多くの芸術家や映画制作者が雇用されていたが、終戦後OWIの機能と人員の一部は国務省・国際広報文化局（OIC）に引き継がれた。OICは国際広報・教育交流局（OIE）と改称され、その後さらに国際広報局（OII）と教育交流局（OEX）に分かれた。OIE国際映画課長のハーバート・T・エドワーズ（Herbert T. Edwards）は経験豊かなドキュメンタリー映画作家で、彼の下で年間約四〇本の「OIE映画」が制作された（Cull, 2007, p. 46）。これがUSIS映画の始まりである(7)。

一九五三年八月、対外情報プログラムを担うUSIAが国務省から独立すると、USIS映画はその管轄下に置かれた。アイゼンハワー政権末期の一九五九年六月には、USIS映画は世界八〇カ国・二一〇カ所のフィルム・ライブラリーを通して、年間のべ五億人の視聴者を対象に、四一カ国語で上映されていた。USIA国際映画部（IMS）は、約一万本の教育映画を海外に提供していたが、このうちとくに国益に合致するものだけがUSIS映画に認定され、非課税で輸出された。世界中に六〇〇〇台以上の映写機と三五〇台の「移動上映ユニット」が送り込まれた(8)。

アメリカ政府はUSIS映画に関する世界規模の調査も行っていた。たとえば一九五三年五月に国務省がアメリカン大学に委託した「USIS映画のターゲット」と題する調査では、世界をヨーロッパ・中東・南米・極東の四つの地域に分け、それぞれの地域でUSIS映画がどのような層をターゲットとして上映され、また実際にはどのような層がよく視聴しているかが調べられた。それによると、世界の上映活動の半数が、若年層と田舎（rural group）をターゲットとしていた。極東では若年層よりもむしろ田舎のほうが、より頻繁にターゲットとされていたが、それ以外の三地域では、逆に若年層のほうが頻繁にターゲットとされていた。ところが実際に上映会に訪れた人々の内訳を見ると、若年層では「ターゲットとされた割合」を「参加者のうちに占めた割合」が下回っており、田舎は逆に「ターゲットとされた割合」よりも実際に参加した者のほうが多いということがわかった。このような調査結果からは、娯楽の乏しい田舎の視聴者が好んでＵＳＩＳ映画を鑑賞していたことが推察される。しかし報告書は、世界的に田舎の視聴者は減少傾向にあり、かわって労働者階級の視聴者が増えていることも指摘している。これは、戦後復興を急ぐ先進国のみならず第三世界の国々においても、都市の労働人口が増えつつあったことを反映していたのかもしれない。(9)

このようにアメリカ政府は莫大な資金を投入して、世界的な規模でＵＳＩＳ映画プロジェクトを展開していた。対外情報活動はアメリカに限られた事象ではないが、これほど大規模に映画による情報発信を展開した国は他に例を見ない。新興国民や若者、労働者、田舎に住む人々の「心を勝ち取る」ことが、アメリカの文化的ヘゲモニーを確立し冷戦に「勝つ」ことにつながると考えられたのである。

（2）ＵＳＩＳ映画のテーマとジャンル

ＵＳＩＳ映画の内容は、どのようなものだったのだろうか。米国立公文書館には、約一六七〇本の脚本が残されている。それらは、一タイトルごとにファイリングされ、アルファベット順に箱に収められているが、ＵＳＩＳ映画カタログには掲載されていても脚本は見当たらない映画もあることから、この一六七〇本がすべてではないようだ。脚本全体のうち一二〇〜一三〇本程度は、民間企業が制作したものを調達した「民間産業映画」（Private Industry Films）と呼ばれるジャンルであった。「民間産業映画」に加えて、軍や教育機関、教育映画会社などから外部調達したフィルムは、「調達映画」（Acquired Films）と総称されていた。おそらく全体の二〜三割は「調達映画」であったと推察される。ＵＳＩＡは「調達映画」の脚本を、対外情報プログラム用に修正することもあった。そのような場合、一つのファイルの中に、調達前のオリジナル脚本と、「海外向け」（For Overseas）と表示された修正後の脚本が入っている。オリジナル脚本には、削除や修正を指示する書き込みがあって、どこが改訂されたのかがわかる。また脚本が翻訳された言語のリストがファイルされている場合もある。

本章で扱う『ホープ計画』も企業から調達されたものだが、次節で述べるように純粋な「民間産業映画」とは言い難い性質を持っている。同じ「民間産業映画」でも、たとえばフォード自動車が自動車産業について描いた自社用の広告映画を、ＵＳＩＡが調達し会社の宣伝色を薄めて使うような場合もあったが、『ホープ計画』は異なる。調達先であるエクセロ社（Ex-Cell-O Corporation）はタービン・エンジンの部品などを製造する会社であったが、映画には会社の宣伝の要素は含まれていない。制作者のフランク・ビバス（Frank P. Bibas）監督によれば、ホープ号に「乗船して撮影を続けている最中に、映画制作を契約していた広告会社が契約をキャンセルしたので撮影を中止して帰国せよ」との連絡が入ったが、「語るべき物語がある」と感じたビバスは、給与の代わりにそれまで撮影したフィルムをもらい受ける交渉を行い、そのまま撮影を続けたという。[10]もしこの証言が正しいとすれば、『ホープ計画』はビバス監督個人の作品ということになるが、後に述べる通り、映画は制作者の意図を超えて、政府の対外情報プログラムとして修正を加えられ、世界中で上映されることになる。

ＵＳＩＳ映画の過半数はアメリカを紹介する内容であった。たとえば、歴史上の人物を描いた『アブラハム・リンカーン』（*Abraham Lincoln* 一九五四年）、州に昇格して間もないハワイの自然や文化を紹介した『ハワイ、ＵＳＡ』（*Hawaii, U.S.A.* 一九六〇年）、人々の暮らしや文化に焦点を当てた『アメリカの感謝祭』（*American Thanksgiving* 一九五六年）、科学技術に関する『ノーチラス号北極横断』（*The Nautilus Crosses the Top of the World* 一九五八年）などが挙げられる。しかし、全体の四五パーセント近くにあたる七五〇本はアメリカ以外の国に焦点を当てており、中でもアジア・中東に関するものが四〇〇本以上を占めていた。外国に焦点を当てたフィルムであっても、アメリカと外国との関係やアメリカ人と現地の人々との交流を描いている場合が多く、本章で扱う『ホープ計画』もその一例である。

（3）ＵＳＩＳ映画の「現地化」と「政府関与の非開示」

ＵＳＩＳ映画のグローバルな展開を知る上で貴重な史料が、各国で発行されていた『ＵＳＩＳ映画カタログ』である。刊行の時期、頻度、体裁は国ごとにさまざまであるが、同時期のものを国際比較するために一九六五年前後の日本、韓国、ヴェトナム、インド、イラク、ザンビアのカタログを検討した結果、カタログが発行された国をテーマとする作品が多く含まれ、しかもそれらの作品は他の国のカタログには含まれていない場合が多いことがわかった。[11]たとえば日本をテーマとしたUSIS映画は、日本では三〇作品も公開されていたが、その他の国々における公開情況は、ヴェトナムで六作品、インドで一作品、イラクで二作品、ザンビアではゼロであった。ヴェトナムをテーマとしたUSIS映画は、ヴェトナムで九八作品、日本で四作品、イラクで三作品、ザンビアで四作品、インドではゼロである。これには、それぞれの国の事情に合わせたUSIS映画の「現地化」が関係していた。アイゼンハワー政権発足直後に対外情報プログラムの諮問組織として設置された「ジャクソン委員会」[12]は、「情報プログラムを脱集中化して各国で行うようにし、制作のローカル化」を図ると同時に、「アメリカ政府の関与を開示しない（unattributed）作品を増やすこと」、さらに、「視聴者に合わせたテーマやレベルの作品を制作すること」を提言した。すなわちUSIS映画の「現地化」と、政府関与の「非開示化」を推奨したのである。

「現地化」は、外国の人々により自然に受け入れられるための方策であった。一九五四年以前には、USIS映画の七〇パーセントがアメリカ製で三〇パーセントが海外製であったが、一九六〇年までにこの割合は概ね逆転して、「アメリカ製の三～四倍を海外制作」するようになり、「アメリカの生活や文化を紹介するドキュメンタリーだけが世界中で上映され、グローバルな影響力を意図」している状態になった[13]。このことが、先に述べたように日本をテーマとするUSIS映画は日本で、ヴェトナムをテーマとするUSIS映画はヴェトナムで上映され、それぞれあまり重複していないという現象につながっていたと考えられる。とはいえ、各国のUSIS映画カタログでは、「世界中で上映」されているアメリカ紹介映画が半数以上を占めている。現地制作映画が次第に増加したものの、それ以前に制作されたアメリカ紹介映画も引き続き上映されていたのであろう。本章で扱う『ホープ計画』は、アメリカ人の海外ボランティア活動に焦点を当てた一種のアメリカ紹介映画であり「世界中で上映」された部類に属するが、映像のほとんどはインドネシアで撮影されている。

では「政府関与の非開示」は、どのような理由によるものだったのだろうか。過半数のUSIS映画、とくにアメリカ紹介の作品は、オープニングやエンディングに「USIS提供」のクレジットが入り、USIS映画であることを明示していた。『ホープ計画』も同様である。しかしUSIA文書によれば、一九五四年には「映画が重要な役割を果たす四四の国々において」現地制作映画のほとんどがアメリカ政府の関与を非開示にしていたという。その目的は、「共産主義と闘うこと」と「アメリカの技術的・経済的・軍事的支援プログラムを支えるため」であると説明されている[14]。体制選択をめぐる闘争が激しかった国々においては、人々の心を共産主義から引き離し自由主義陣営に引き寄せるために、アメリカ政府のプロパガンダと見なされないことが必要だと考えられたのである。

3 『ホープ計画』とアメリカの対アジア医療保健援助

(1) USIS映画『ホープ計画』の概要

『ホープ計画』は、日本、韓国、ヴェトナム、インド、イラク、ザンビアの六カ国すべてのUSIS映画カタログに含まれており、世界共通で上映された作品であることがわかる。この映画に着目する理由は、それが冒頭で述べたような「世界の中のアメリカ」「アメリカから見た世界」をよく表現しているとともに、関連する公文書が比較的多く残されているため、作品の背景を分析することが可能であること、また民間の援助活動を政府が紹介するという重要な特徴を持っているからである。それはUSIS映画として海外上映されただけではなく国内でもドキュメンタリー作品として公開され、一九六一年度アカデミー賞・短篇記録映画部門を受賞した。この映画のテーマである「ホープ計画」(正式名称はProject HOPE: Health Opportunity for People Everywhere「ホープ計画――世界中の人々に医療保健の機会を」)とは、第二次世界大戦と朝鮮戦争で活躍したアメリカ海軍の病院船コンソレーション号を、「アメリカ国民から東南アジアの人々への善意の印」として再利用しようというものであった。年間の必要経費三五〇万ドルは、ロックフェラー財団からの寄付を含め、すべて民間で賄われることになっていた。船の運航はプレジデント・ライン社、スタッフの派遣にはアメリカ医師会が協力した。有名な心臓内科医ウィリアム・ウォルシュ(William B. Walsh)がホープ計画を推進する「ピープル・トゥー・ピープル医療保健財団ホープ計画委員会」の長を務め、カリフォルニア州の海軍医ポール・スパングラー(Paul E. Spangler)を団長とする一五人の外科医、二人の歯科医、二〇人の看護師、二〇人の医療実務家、そして三五人の医師が四カ月交代で乗船した。スパングラー医師は、日本軍のパールハーバー攻撃の際、現地で緊急事態に対応した国民的英雄であった。船は、病院、医療保健訓練センター、医療保健チーム基地、そして援助物資センターを兼ね、何よりも訪問国に医療保健教育を普及させることを主要目標としていた。[15] 船は一九七四年に引退するまでに、インドネシアのほかヴェトナム、ペルー、エクアドル、ギニア、ニカラグア、コロンビア、セイロン（当時）、チュニジア、ジャマイカ、ブラジルに航行したが、『ホープ計画』は最初の訪問地インドネシアで撮影されたものである。[16]

ホープ計画（以下、括弧の無いホープ計画は、映画ではなく医療保健援助活動そのものを指す）は、アイゼンハワー政権が民間外交推進のために立ち上げたピープル・トゥー・ピープル（People to People）計画の一部である、「ピープル・トゥー・ピープル医療保健専門家委員会」の活動の一環であった。軍人出身のアイゼンハワー大統領は、戦時中の「心理戦」の経験から対外情報プログラムを熱心に推進したことで知られるが、財政支出を抑え「民間」の善意でアメリカの対外イメージを向上させる手段として、ピープル・トゥー・ピープル計画を立ち上げたのである。そうした活動はまた、第二次世界大戦後、国際親善がブームになっていた中産階級のアメリカ人の意識にも合致していた。アメリカ広報外交の歴史にくわしいケネス・オズグッドは、ピープル・トゥー・ピープル計画が、対外的にアメリカの善意を喧伝するという目的だけではなく、国内的にもアメリカ人を冷戦の一側面である心理戦・広報戦にコミットさせる効果があったと分析し、その一例としてホープ計画を取り上げている（Osgood. 2006. pp. 240–242）。しかしながら、映画という媒体によってホープ計画の物語が再構築・再生産され世界に拡散していった点については、これまで言及されてこなかった。

では映画に描かれたホープ計画は、どのようなものであったのだろうか。米国立公文書館にある『ホープ計画』の脚本ファイルには、手書きやタイプ打ちの制作指示書が同封されていて、制作過程を窺い知ることができる。それによれば、オープニング場面で「エクセロ社が国際親善と世界平和のためにお届けするドキュメンタリー」という字幕が「一六八コマ（一秒＝二四コマの計算で七秒）ホールド」されることになっており、企業がスポンサーであることを明示している。「ホールド」する時間は、最終的には一九五コマ＝（約八秒）に延長された。エンディング場面でも、再度エクセロ社の名前が八六コマ（約三秒半）表示された後、「ＵＳＩＳ配給」の字幕を「サイレントで六四コマ（約二秒半）」表示するよう指示されている。政府関与は「非表示」ではないが、それよりもはるかに強調されているのが民間企業の関与である。またタイプ打ちのメモ（一九六二年五月一七日付）には、「添付の脚本は海外上映用に改訂されたものである。……フィルムやタイトル画面を送付する際には、くれぐれも英語版のプリントに示されたものではなく、ここに示したタイトル画面を使用するように」とあり、海外上映の際に間違って国内版の脚本やタイトル画面を使用しないよう注意が促されている。海外用の映像を国内版映像と比較すると、国内版でも「エクセロ社が国際親善と……」の字幕は出るが、「USIS配給」は出ない。また国内版には、監督、脚本、撮影、編集などのクレジットが入るが、海外版では削除されている。つまり海外版では、エクセロ社の字幕だけが目立つ形になっているのである。[17]

タイトル画面だけではなく脚本についても、国内版に手書きで修正点が書き込まれ、海外版に反映されている。[18]たとえば「偉大なアメリカの伝統」など、アメリカを自画自賛するような表現が削除されているほか、各国の大使が船を表敬訪問する場面で、「ソ連の大使さえ来ました」という表現が、そしてインドネシア人の政治家、医師とその妻たちが見学に訪れる場面で「ホープ号がただのプロパガンダではないことがわかったことでしょう」という表現が削除されている。海外の視聴者にアメリカが傲慢であるというイメージを与えない配慮と同時に、ソ連大使の訪問という政治的に機微な問題を避けた様子がわかる。次節で述べるように、インドネシアのスカルノ政権は共産主義に宥和的であったのに対して、アメリカはインドネシア国内の反共武装勢力に軍事支援を行っていたが、同時に両国政府には互いの協力を必要とする事情もあった。そのような状況下で「ソ連大使のホープ号訪問」の映像が、無用な政治的挑発となるのを恐れたのであろう。

映画は、『東京上空三十秒』や『ベーブ・ルース物語』などの映画の原作者である作家・ジャーナリストのボブ・コンシダイン（Robert Bernard Considine）のナレーションで進行する。映画はまず、コンシダインが国連総会を取材し、キューバのフィデル・カストロやソ連のニキータ・フルシチョフが国連を人類の福祉について話し合う場ではなく、イデオロギー闘争の場としていることを非難するところから始まる。いっぽうコンシダインは、こうした政治闘争とは対照的な民間の善意によるホープ計画の存在を知り、取材を始める。船ではアメリカ人の医師や看護師らが、「医療の知識をアジアの人々と共有する」ために一年以上も母国を離れて活動している。戦時中の病院船は、民間の寄付金によってホープ号として生まれ変わり、一九六〇年九月に出航した。「インドネシア医師会の招きによって」スマトラ島、ボルネオ島、ジャワ島、バリ島を巡るのである。

ここで、「私の母国インドネシアでは……」とインドネシア人による発話に切り替わり、インドネシアが新興独立国として国家建設に邁進しているものの、「自由は私たちにとって新しい」ものであり、教育も医療も未発達であることが説明される。「人口一〇万人あたり一人の医師しか居ない。場所によっては五〇万人に一人しか居ない」ために、人々は病気になると呪術師に頼っている。しかし、「アメリカも独立革命の直後は困難を抱えていた。私たちもアメリカの開拓者たちのように」一生懸命に働き「自由」な国を作ろうとしている。

再び声が切り替わり、今度はアメリカ人医師が、乗船した医療スタッフたちの献身的な働きぶりを説明する。看護婦の一人は「宣教師の娘としてアジアで育ち」、アジアの人々が医療保健援助を必要としていることを熟知しているし、医師たちの半数以上は「第二次世界大戦で太平洋戦線に配属された経験」があった。四週間の航海の後、ホープ号はジャカルタに到着し、各国の大使やインドネシア人政治家、医師たちとその妻の訪問を受ける。実習はアメリカ人医師とインドネシア人医師が一対一のペアになって行われ、「私とペアを組んだのはインドネシア中央医科大学の若く優秀なインターン、ノア医師であった」とアメリカ人医師が述べたところで、ノア医師の声に切り替わる。

ノア医師は、さまざまな研修の様子を紹介するとともに、スカルノ大統領の訪問についても伝える。スカルノは、「テレビ回線を通して医師や学生が手術の様子を学ぶことができる講義室」に感銘を受け、「小児科を訪れている小さな患者たち」を視察する。

ナレーションは再びアメリカ人の声に切り替わり、「孤児のサナ」がホープ号の船上で首の腫瘍の摘出手術を受け、快復していく様子を紹介する。「ここに来るまで誰にも顧みられず、誰にも大事にされなかった小さいサナ」が、遊び相手に恵まれ医師や看護師に大切にされる経験を通して「人生ではじめて顔を上げ前を向いて」生きていると映画は説明する。患者と医療スタッフたちが別れを惜しみ船がジャカルタを離れる場面とともに、ノア医師が、「海はインドネシアに色々なものをもたらしてきた。……しかし、海がホープ号のような贈り物をもたらしたことは無かった。インドネシアの有名な作家の言葉に、東洋は多くのことを忘れても、恩師への尊敬は忘れない、という一節がある。」と述べて、「恩師」であるアメリカへの敬愛がこの先も続くことが暗示される。

最後にカメラの前にコンシダインとウォルシュ医師が登場し、ウォルシュはホープ計画が「非営利・非政府の活動であり、公衆の支援に完全に依存している」ことを強調して視聴者に募金を求める。また活動の精神は「ケネディ大統領の就任演説の言葉に集約される」という説明とともに、以下のようなケネディ就任演説の音声が流れる。

地球の半ばにわたり、茅屋、村落に住み、集団的な貧窮の絆を断とうと苦闘している人々に対しては、彼らの自助の営為を支援するため、必要な期間、いつまでも最善の努力をすることを誓う。これを行うのは、共産主義者がそれをするかもしれぬとか、われわれが彼らの票を求めるとかいう理由によるのではなく、それが正しいことだからである。[19]

以上のように、USIS映画『ホープ計画』は、まず第一に、これが民間のアメリカ人の善意の結晶であること、第二にホープ号はインドネシア人の要請によって派遣されたこと、第三に医療・衛生に関するアメリカ製の技術・学知がインドネシアに移植され技術援助の成功例となったこと、第四にインドネシア人医師に「東洋は恩師を忘れない」と言わしめることで、インドネシア人のアメリカへの感謝と友情を伝えている。映画はまた、アイゼンハワー政権の「ピープル・トゥー・ピープル」の精神と、ケネディ政権のアジア開発援助の精神との融合でもある。計画はアイゼンハワー政権期に発案されたが、インドネシア訪問はちょうど大統領選挙の時期、そして映画化はケネディ政権に入ってから行われた。映画はホープ計画が「ピープル・トゥー・ピープル」の一環であることを強調しつつも、最終的にはケネディ大統領の就任演説を取り入れて、アメリカ政府が世界の発展途上国にコミットしていくことを宣言している。[20]

しかしながら、映画に描かれたストーリーと実際のホープ号の役割との間には、多くの食い違いが存在した。以下ではアメリカの政府文書をもとに、映画と現実のギャップ、そしてホープ計画の限界について論じる。

(2)　米ソ対立の最前線としての医療保健援助

一九五〇年代後半から六〇年代にかけて、第三世界とくにアジアの新興独立国に対する国際的な援助競争が展開され、[21]医療保健援助もそのような競争の舞台の一つとなった[22]。アメリカにおける医療保健援助への関心の高まりは、一九五七年一〇月の「スプートニク・ショック」にも関係していた。ソ連の人工衛星スプートニクの打ち上げ成功を契機に、アメリカの科学技術援助外交は、原子力などの「ビッグ・サイエンス」から、医療・衛生・食料など発展途上国の人々の生活に寄り添ったものへと力点を移した。一九五八年一月の年頭教書でアイゼンハワー大統領は「平和のための科学（Science for Peace）」の推進を宣言し、マラリア、癌、心臓病、飢餓との戦いなど人道的分野での援助を米ソ協力の下に実施することを提案した[23]。USIAは「平和のための科学」を広報文化外交の「優先テーマ」に指定し（Cull, 2008, p. 152）、USIA「科学顧問」の下で起草された「科学技術に関する基本ガイダンス文書」は、アメリカの科学技術が「一般市民の福祉にどのように役立っているか」を世界の人々に理解させることが重要だとした[24]。

このような流れの中で、発展途上国への医療チーム派遣を冷戦の「武器」として使うべきだという議論は、アメリカ国内で何度も提起されていた。たとえば一九五八年一〇月、海軍医のウィリアム・ヒーリー（William V. Healey）は、国務省の下に医療保健援助チームを結成し発展途上国に送ることを提案する意見書をUSIAに提出した。ヒーリーは、「多くの若い医師たちが軍医として従軍するが、兵役終了後は冷戦を戦うことに貢献していない」ことを問題視し、ソ連の援助攻勢に対抗して「アメリカを中心とする西側の宣伝」と「健康の増進」という「二重の目的」に資するため、インターンを終えたばかりの若い医師たちを海外に派遣することを提案したのである。USIAのアレン（George V. Allen）長官からこの意見書への対応を求められたUSIA政策企画局（IOP）のブラッドフォード（Saxton Bradford）は、ヒーリーの提案を前向きに検討し、国務省、国防総省、国際協力局（ICA）、作戦調整委員会（OCB）などの政府各部局に意見を求めた。しかしICA保健衛生課長のキャンベル（Eugene P. Campbell）は、否定的な回答を返した。その理由は、過去にも医療団体やキリスト教宣教団などから同じような提案があったが、費用対効果が低いことや、政府が外国の医療を「コントロールしようとしている」と見なされアメリカの「自由な事業経営（free enterprise）」という価値を損なう可能性があることから、その都度却下されてきたというのである[25]。ブラッドフォードは、改めて医療保健援助の「プロパガンダ的価値」に関する調査が必要ではないかとUSIAの内部文書で問いかけた。政府・民間を問わず多くのグループが海外医療保健援助を行っているが、

「活動の規模やその内容的価値と広報効果との間には、必ずしも相関関係が認められない」とブラッドフォードは指摘した。折しも「保健教育福祉省（HEW）、ICA、国務省、国防総省など、いくつかの政府部局が海外医療保健援助について見直しを行っている」最中であったことに鑑み、広報効果という観点からの調査を提案したのである。[26]

ブラッドフォードが言及した各部局による見直し作業は、一九五九年九月にHEW長官を議長としてICA、USIA、国務省、公衆衛生局（PHS）が参加する「国際医療保健政策に関する省庁間委員会」に結実する。委員会は一九六〇年一二月に「合衆国の国際医療保健政策の目的」という報告書をまとめた。それによると、共産主義ブロックは健康に関する世界的な「格差」を利用して医療保健援助を「他国民への影響力を拡大」するための道具にしており、アメリカは人類の生活向上のための「自らの価値や方法が、共産圏のものよりも好ましいということを証明しなくてはならない」立場に置かれていた。しかしながら、仮に「冷戦の側面」を度外視しても、世界の人々の生活水準を維持することは「アメリカの外交目的」に合致しているので、「人道的・政治的・経済的・医学的」な見地から医療保健援助を推進することが必要であった。アメリカが推進すべき医療保健援助の具体例として、委員会はマラリア対策や放射線防護などを取り上げているが、「その他」の項目の中にはホープ計画も挙げられている。[27] 医療保健援助が援助競争の最前線と化す中、ホープ計画が「民間」主導の医療保健援助プロジェクトとして立ち上げられたことは、ICAが懸念したように「自由な事業経営」という価値を損なうことなく、アメリカの善意を世界に宣伝するという意味で好都合であったと考えられる。

（3）「民間」医療保健援助の矛盾と限界

先に述べた通り、USIS映画『ホープ計画』は、このプロジェクトが民間主導であることを強調していた。しかし、政府文書から見えてくる舞台裏は、アメリカ政府がホープ計画に助言指導を行うとともに、そこから最大限の利益を得ようとしていた姿である。USIAは、最初からホープ号計画に深く関与していた。計画が立ち上げられた時、USIAはそれが「アメリカの国益に資する」かどうか、また「海外に広報する価値がある」かどうかという点について調査を行った。その結果、ホープ計画が「受入れ国の要望に応じて」、「現地の医師たちの積極的参加を得て」行う双方向的なプロジェクトであることや、「政府主導ではなく、またアメリカ人のみによって運営されている」のでアメリカ国民にも受け入れられ易いこと、さらにホープ計画の運営母体が「政府から適切なブリーフィングやオリエンテーション等を受けられる」ことを十分理解しており、「政府が要請すれば人選リストを提出する」用意があるなど政府に協力的な姿勢を示していることから、この計画がアメリカ政府にとっても価値のあるものだと判断した(28)。

この調査報告書にもある通り、ＵＳＩＡはホープ計画の関係者、とくにウォルシュ医師と連絡を取り合い、インドネシア情勢などについてブリーフィングを行っていた。「今後起こり得るいかなる政治上・広報上の問題についても、きっとウォルシュ医師はこちらの指導に従うだろう」というＵＳＩＡ内部文書の文面に示される通り、ウォルシュは政府と非常に緊密な関係を築いていた(29)。さらに、戦時中はアイゼンハワーの心理戦担当参謀を務め、戦後は対外情報政策担当の大統領顧問を務めたＣ・Ｄ・ジャクソン（C. D. Jackson）が、ホープ計画の幹部に名を連ね、対外情報政策の最高統括機関である作戦調整委員会（ＯＣＢ）に状況を報告していたことも、アメリカ政府のホープ計画への関心の深さの表れであった(30)。

また、ホープ計画は民間の資金で運営されることになっていたにもかかわらず、船の改装費用は、相互安全保障法（ＭＳＡ）に基づく援助資金から拠出された。しかし政府は、ホープ計画の「ピープル・トゥー・ピープル計画」としての特徴が薄められ「政府が事実上のスポンサーである」との印象になることを恐れ、ＭＳＡ資金の申請を行う前にホープ計画の実行委員会が「年間運営費用として必要な三〇〇～四〇〇万ドルをまず民間で調達するよう」ウォルシュら関係者に言い渡した(31)。

以上のようにアメリカ政府はホープ計画を監視し、助言指導を行い、財政支援を行っていたが、表向きはあくまでも民間の国際親善事業という建前が貫かれた。国務省極東局が作成した「ホープ計画に関する極東局の立場について」という文書によれば、ホープ計画はアメリカ人の「真摯な人道主義的関心」を証明すると同時に「アメリカの外交目的を達成する上でも有利な状況」を作ることが期待された。しかし、国務省は「公式には関与せず」、あくまでも「インフォーマルな連携を保ち、要請があれば支援する」という立場をとった(32)。アレンＵＳＩＡ長官も各国ＵＳＩＳへの電文で、ホープ計画に関する広報上の「扱い」については、「ホープ計画の活動が実際に始まってから自然な形で広報を行うこと」、「過度な期待をかき立てないこと」、「ＵＳＩＳの名前を表示した広報活動を過剰に行うことでホープ計画が政府のプロパガンダと見なされるような事態を招かないこと」と指示した。[33]

USIAは、ホープ計画が民間主導のものであるという点を大いに宣伝した。一九五九年二月一〇日のUSIAプレス・リリースは、「非営利の市民団体であるピープル・トゥー・ピープル医療保健財団」が、「本日、浮かぶ医療保健センターを善意の使節として東南アジアに派遣する計画を明らかにした」と伝え、アイゼンハワー大統領がこの計画に「個人的に関心を持って」おり、「すばらしいことだ」「海軍が船を提供するだろう」と述べたと伝えている。[34]一九五九年九月八日には、USIAの管轄下にあるボイス・オブ・アメリカ（VOA）極東放送が、ホープ計画についての番組を流した。「健康は、国の強化・発展に欠かせないものです。これを認識しているアメリカの人々は、友情と相互理解の印として『ホープ計画』を実行に移したのです」とVOAはアメリカの「人々」が東南アジアの「人々」の健康を守るためにこの計画を立ち上げたことを強調した。[35]民間主導であることを政府が宣伝するという構図自体が、矛盾に満ちたものであったと言えよう。

このような経緯を考慮すると、『ホープ計画』を撮影するためにビバス監督が船に乗り込んだ背景にも、USIAの意図が働いていたのではないかと疑いたくなる。ビバス監督がUSIAから依頼を受けたという確たる証拠を公文書の中に見出すことは出来なかったが、これまで述べたような政府関与のあり方に鑑みて、映画『ホープ計画』は、ビバス監督の作品という側面を持ちながらも、海外向けには政府広報映画であったと言って間違いないだろう。

（4）インドネシアとアメリカの関係

『ホープ計画』の舞台となったインドネシアは、冷戦を背景にアメリカと複雑な関係にあった。[36]スカルノ大統領は、一九五五年にインドネシアのバンドンで開催されたアジア・アフリカ会議において、非同盟諸国の連帯によって冷戦を乗り越えることを訴えたが、アメリカは次第にスカルノの「中立主義というブランド」を容認できなくなった（ウェスタッド、二〇〇〇、一三五～一三七頁）。スカルノは逆に経済ナショナリズムを強め、三〇〇万人の党員を擁するインドネシア共産党（PKI）と協調し、ソ連そして次第に中華人民共和国との関係を強化していった。アイゼンハワー政権は共産主義勢力の影響力を削ぐため、CIAによる秘密軍事作戦によって反政府反乱軍を支援した。一九五八年五月、反乱軍の戦闘機が撃墜され操縦していたアメリカ人パイロットが捕虜になると、スカルノ政権はこれをCIAによる介入の証拠と判断しアメリカ不信を深めた。彼は「指導された民主主義」と呼ばれる独裁政治を進め、「民族主義」「宗教」「共産主義」の三要素のバランスを重視する「ナサコム」体制を築いたが、その中でPKIは勢力を拡大していった（宮城、二〇〇四、三三、四六頁：倉沢、二〇一四、二五、三四頁）。

しかし、このような相互不信の中にあっても、両国ともに互いの協力を必要とする事情があった。オランダが領有権を主張する西イリアン（ニューギニア島の西半分）の帰属問題で闘争を続けていたスカルノは、ケネディ政権が発足すると訪米して仲介を求めた。ヴェトナムへの軍事介入を深め、周辺地域の安定を必要としていたケネディ政権は、地政学的に重要な位置を占めるインドネシアの安定を望みこれに応じた（宮城、二〇〇四、四六頁：倉沢、二〇一四、九頁）。ホープ号の訪問は、ちょうどこうした時期に当たる。

しかし、ケネディ政権下でいったん好転した両国の関係は、マレーシア独立問題をめぐってふたたび悪化する。「マレーシア構想」(37)を推進するイギリスをスカルノは「新植民地主義」と批判し、反乱軍に支援を行う。この問題は紆余曲折を経てついにジャカルタのイギリス大使館焼き討ち事件にまで発展する（宮城、二〇〇四、三九～五四頁：倉沢、二〇一四、一五頁）。欧米諸国から離反していくスカルノをアメリカ政府はついに見限り、一九六四年には「インドネシア国内で潜在的な指導者たちを見つけ、関係を深める」ことを目指すようになる（ウェスタッド、二〇一〇、一九一～一九四頁）。一九六五年九月三〇日、PKIの一部と陸軍の親共産党将校が起こしたクーデター未遂事件を契機に、スハルト将軍の指揮下の国軍によって少なくとも五〇万人の共産主義者や左翼活動家が虐殺され、スカルノもその後、徐々に実権を奪われて三年後に完全に失脚する（倉沢、二〇一四、vi頁）。この事件にCIAがどの程度関与していたのか今も明らかではないが、以後、インドネシアは親米的なスハルト政権の下で開発独裁の道を歩むことになる。

むろん『ホープ計画』にはこのような背景は描かれていないが、これを単なる国際親善映画と見るならば、その政治的な側面を看過することになろう。船がインドネシアに停泊している最中に大統領に就任したケネディは、「どれほど小規模な、局地的な侵略であろうと軽視すべきではない」と考える冷戦の闘士であった（松岡、一九九九、三二頁）。彼の大統領就任演説には映画に引用された部分以外に、「われわれは、自由の存続と成功とのためには、いかなる代価をも払い、いかなる負担にも堪え、いかなる苦難にも立ち向かい、いかなる友をも支援し、いかなる敵にも対抗する」という有名な一節がある（アメリカ学会訳編、一九八二、五八〜五九頁）。これはアメリカが世界中で共産主義との闘いに関与するという宣言とも解釈される。『ホープ計画』に描かれた医療保健援助も、西イリアン問題でのケネディの仲介も、インドネシアの「友」を支援するアメリカの対外姿勢を反映していた。自らを主人公にした映画を制作させるほどの映画好きであったケネディは（谷川、二〇〇九、六八〜六九頁）、大統領就任演説が盛り込まれたアカデミー賞受賞作品『ホープ映画』をきっと認識していたことだろう。映画に描かれたインドネシアとの友好関係は、ケネディの対外姿勢とも呼応するアジアへの新たなコミットメントの表現であったといえよう。

USIA文書からはまた、スカルノ大統領のホープ号への招聘が、同時期に開催されていたソ連の工業博覧会に現地メディアの注目が集まることを阻害するために計画されたことが看取できる。

スカルノ大統領はヘリコプターで船を訪問し、船の設備について好意的なコメントを述べ、テレビシステムで手術を見学した。大統領は一時間ほど滞在した後、典型的なことであるが、ソ連の工業博覧会を訪問した。……ジャカルタからの報告によると、スカルノのホープ号訪問は、効果的にソ連の博覧会に関する記事に先手を打った。[38]

このようにアメリカ政府は、スカルノのホープ号訪問を記事にさせることによって、直後に彼が訪問したソ連の工業博覧会の印象を薄めようとしていたようだ。スカルノの工業博覧会訪問を「典型的」と評したことにも表れている通り、アメリカ政府はスカルノがソ連寄りであることを強く認識していた。しかし、インドネシア政府がバンドン看護学校を二週間休校にして生徒たちをホープ号に通わせるなど協力的な姿勢を見せたことや、スカルノ政権寄りの新聞がホープ計画について好意的な報道をしたことなどから、USIAは、ホープ計画が「永続する好感情」を醸成することを期待したのであった。[39]

しかしながら、一九六一年一月三一日付のUSISジャカルタからUSIA宛機密電報によれば、対外情報プログラムとしての効果は、必ずしも上がっていなかったようだ。ＵＳＩＳジャカルタは、ホープ号が望ましいレベルの広報効果を上げていないと指摘し、「ホープ号に常駐する広報担当官が緊急に必要」であると訴えた。

最終手段として、ＵＳＩＳの係官を船に配属することをウォルシュ医師に打診するのが良いのではないかと思う。ＵＳＩＳの関与はなるべく見えないほうが良い。なぜなら、ホープ号は結局プロパガンダの道具に過ぎず、アメリカ政府が背後で操っているというインドネシア人の考えを、よりいっそう強めることになるからだ。しかし、重要な広報活動をこのまま不在状態で放置することのリスクと、ＵＳＩＳの係官を船に配置することによって批判を招くリスクとを天秤にかけると、放置するリスクのほうが大きいように感じる。したがって、もしＵＳＩＡがこれに同意するなら、ウォルシュの了承を取ることを勧める。残りの期間、インドネシアに配属する広報官をＵＳＩＡが派遣してくれることを望む。……もしＵＳＩＡがスタッフを派遣できないのなら、ＵＳＩＳジャカルタが交代でスタッフを船に送る。[40]

実際に広報担当官が乗船したのかどうか史料からは確認できないが、ＵＳＩＳジャカルタからの電報は「民間」の活動を利用した対外情報プログラムの限界を露呈している。広報効果が十分に上がらない場合には政府介入も辞さないという姿勢は、「民間」の援助活動が必ずしもアメリカの国家イメージの向上にはつながらなかった事実とともに、対外情報プログラムにおける「民間」と「政府」の境界の曖昧さも示している。

4　ＵＳＩＳ映画が描いた「世界の中のアメリカ」「アメリカから見た世界」

ＵＳＩＳ映画『ホープ計画』は、民間のアメリカ人の善意が、医療保健援助の成功と二国間の友好関係をもたらすという成功物語を描いていた。この映画に描かれたアメリカの自画像は、世界の発展途上国に出かけていき、援助を通して尊敬され感謝される存在であった。逆にアメリカから見た世界は、ケネディ大統領が就任演説で語ったように、「集団的な貧窮の絆を断とうと苦闘」しながらアメリカの救援を待つ存在であった。しかしながら、現実の世界は映画の中に描かれたようには動かなかった。インドネシアとアメリカは、西イリアン問題とヴェトナム戦争というそれぞれの事情によって互いの協力を必要としたものの、インドネシアが「親米」国になるには、反対者の大量虐殺と独裁政権の樹立という過酷な歴史を経なければならなかった。それを考えると、民間人による医療保健援助は、対外情報プログラムとしては無力であったと言わざるをえない。

しかしながら、映画はそのようなインドネシアの事情とは関係なく世界中で上映され続け、理想的な善意の物語を拡散させていった。世界のＵＳＩＳ映画の視聴者たちは、「民間」のアメリカ人の善意と、彼らを師とあおぐインドネシア人の姿を、現実を映し出すドキュメンタリーとして視聴した。対外情報プログラムとしての医療保健援助は、援助対象国だけではなく、ＵＳＩＳ映画上映国の人々にも向けられた重層的な構造を持つものであったことがわかる。ＵＳＩＳ映画は「世界の中のアメリカ（人）」を描きながら、実は「アメリカから見た世界（観）」を世界の人々に追体験させるものであったといえよう。

注

（1）ＵＳＩＳは、首都ワシントンにあるＵＳＩＡの下部機関として各国のアメリカ大使館内や主要都市に置かれた。

（2）“IMP's Part in the Campaign of Truth,” January 1952, “RG306, Entry A1 1066, box 153, National Archives at College Park (NACP). ＵＳＩＳ映画については、Osgood（2006）、Cull（2008）、藤田（二〇一五）などが、アメリカの広報文化外交の文脈で言及しているほか、ＵＳＩＳ映画そのものに焦点を当てた研究として土屋・吉見編（二〇一二）がある。

（3）“Conclusions and Recommendations of the President's Committee on Information Activities Abroad,” December 1960, General CIA Records, FOIA Electronic Reading Room, https://www.cia.gov/library/readingroom/docs/CIA-RDP86B00269R000600040001-0.pdf. 二〇一八年六月一五日アクセス。スプラーグ委員会は、元国防次官補のマンスフィールド・スプラーグ（Mansfield D. Sprague）を議長として一九六〇年三月に設置された。アイゼンハワー政権末期の同年一二月に報告書を出し、その内容はケネディ政権に引き継がれた（Cull, 2008, pp. 180–181, 183–186）。

（4）　USIS映画カタログは米国立公文書館のUSIA文書（RG306）の中に散在しており、まとまった形では保存されていない。また各国の公立図書館等から発見される場合もある。

（5）　NSC 5509, United States National Security Program, December 31, 1954, Part 6 USIA Program, Department of State, Office of the Historian, *Foreign Relations of the United States*（*FRUS*）1955-57, Foreign Economic Policy; Foreign Information Program, Vol. IX, Document 185. https://history.state.gov/historicaldocuments/frus1955-57v09/d185, 二〇一七年一一月二三日閲覧。

（6）　外務省ウェブサイト「よくある質問集」, http://www.mofa.go.jp/mofaj/comment/faq/culture/gaiko.html, 二〇一七年一一月二三日閲覧。

（7）　占領下の日本では、USIS映画の上映は占領軍の民間情報教育局（CIE）に委ねられ、「CIE映画」と呼ばれていたが、占領終結後は他国と同じように「USIS映画」となり、全国のアメリカ文化センターや都道府県視聴覚ライブラリーを通して上映され続けた。土屋（二〇一〇）。

（8）　USIA, *The Overseas Film Program*, June 1959, RG306, Entry A1 1066, box 153, NACP.

（9）　"Targets of USIS Films" May, 1953, RG306, Entry P78, Box 36, NACP.

（10）　「ホープ計画」ウェブサイト、http://www.projecthope.org/news-blogs/stories/2012/1961-academy-award-winning.html および https://www.youtube.com/watch?v=ioAyxBGQc4M, 二〇一七年一二月五日アクセス。「ホープ計画」はNPOとして今日まで存続し、上記ウェブサイトを運営している。

（11）　使用したカタログは、日本一九六六年、韓国一九六五年、ヴェトナム一九六五年、インド一九六四年、イラク一九六四年、ザンビア一九六六～六七年。

（12）　投資銀行家で元CIA次官のウィリアム・ジャクソン（William H. Jackson）を議長としてアイゼンハワー政権発足直後に設置され、USIAの設立などに寄与した（Cull, 2008, pp. 81-83, 94-95）。

（13）　Office Memorandum from Guarco to Sirkin, February 12, 1960, RG306, Entry P291, box 2, NACP.

（14）　同上。

（15）　"For Immediate Release," February 10, 1959; "Project Hope Selects Chief Medical Officer," no date; From Reynolds to Allen, January 28, 1959, RG306, Entry P243, box 3, NACP.

（16）　Frank P. Bibas, Director, *Project Hope*, 1961. 国内版は、監督の娘であるバーバラ・ビバス・モンテロ（Barbara Bibas Montero）

の厚意によってＮＰＯ「ホープ計画」のウェブサイト上で公開されている。

(17) *Project Hope* 脚本ファイル中の手書き指示書およびタイプ打ちメモ、RG306, Entry 1098, box 36, NACP.

(18) 脚本の一つには「海外版、一九六一年一〇月二九日修正」、もう一つには「収録済み最終脚本――ニューヨーク、マディソン街四四四番地、MacManus, John & Adams 広告会社」と表示がある。

(19) 日本語訳は、アメリカ学会訳編『原典アメリカ史』第七巻、五九頁による。

(20) ケネディ政権のアジア開発援助については、渡辺（二〇一七）、とくに渡辺「欧米の対アジア開発援助の展開」（序章）を参照した。

(21) アジア諸国への援助競争については、秋田（二〇一七、九頁）、秋田（二〇一三、二一八～二一九頁）、渡辺（二〇一四）、渡辺（二〇一七）を参照した。

(22) アメリカの公文書で用いられている health aid program は医療・衛生援助などを広く含む概念であるため、本章ではこれを「医療保健援助」と訳す。

(23) "Annual Message to the Congress on the State of the Union," January 9, 1958, The American Presidency Project, University of California, Santa Barbara, http://www.presidency.ucsb.edu/ws/?pid=11162, 二〇一七年五月九日アクセス。

(24) Office Memorandum from Goodwin to Kolarek/Halsema, October 30, 1958; Outgoing Message, USIA CA-1367, November 18, 1958, RG306, Entry P243, box 3.「サイエンス・フォー・ピース」については、土屋（二〇一六）でよりくわしく論じた。

(25) William V. Healey, "The Cold War: A Medical Plan," no date; From Bradford to USIS Morocco, October 6, 1958; Office Memorandum from Campbell to Meagher, October 16, 1958, RG306, Entry P243, box 3, NACP.

(26) Saxton Bradford, "Programs of US Medical Aid to Foreign Countries," December 2, 1958, RG306, Entry P243, box 3, NACP.

(27) Interdepartmental Committee on International Health Policy, "Report and Recommendations to the President," December 7, 1960, RG306, Entry P243, box 3, NACP.

(28) From Thoman to Reynolds, November 4, 1959, RG306, Entry P243, box 3, NACP.

(29) Office Memorandum from Reynolds to Halsema, November 10, 1959, RG306, Entry P243, box 3, NACP.

(30) From Allen to C.D. Jackson, October 13, 1959; "Follow Up On our Memorandum of August 25 Re USIA Media Coverage of Project Hope," September 2, 1960, RG306, Entry P243, box 3, NACP.

(31) To Bell and Wilcox, November 17, 1959, RG306, Entry P243, box 3, NACP; Memorandum for Merriam from Saccio, November 27,

1959, White House Central Files, Dwight D. Eisenhower Presidential Library, http://catalog.archives.gov/id/16384736. 二〇一八年六月一五日アクセス。
（32）"FE's position regarding Project HOPE," October 23, 1959, RG306, Entry P243, box 3, NACP.
（33）Air Pouch, February 12, 1959, RG306, Entry P243, box 3, NACP.
（34）"For Immediate Release," February 10, 1959, RG306, Entry P243, box 4, NACP.
（35）"Magazine of the Air #100, Project HOPE," September 8, 1959, RG306, Entry P243, box 3, NACP.
（36）スカルノ政権～スハルト政権に至るインドネシアの歴史については、倉沢（二〇一四）、宮城（二〇〇四）、ウェスタッド（二〇一〇）、木畑（二〇一七）、Simpson（2008）を参照した。
（37）一九五七年にイギリスから独立したマラヤ連邦にイギリス保護下のシンガポールとボルネオ島北部を統合して「マレー連邦」として独立させる構想。
（38）"Project Hope in Indonesia," November 10, 1960, RG306, Entry P243, box 3, NACP.
（39）同上。
（40）Incoming Telegram from USIS Djakarta to USIA, January 31, 1961, RG306, Entry P243, box 3, NACP.

参考文献

秋田茂「第七章　経済援助・開発とアジア国際秩序」秋田茂編『アジアからみたグローバルヒストリー』ミネルヴァ書房、二〇一三年。

秋田茂『帝国から開発援助へ――戦後アジア国際秩序と工業化』名古屋大学出版会、二〇一七年。

アメリカ学会訳編『原典アメリカ史』（第七巻　現代アメリカと世界二）岩波書店、一九八二年。

O・A・ウェスタッド、佐々木雄太監訳『グローバル冷戦史――第三世界への介入と現代世界の形成』名古屋大学出版会、二〇一〇年。

木畑洋一「第六章　援助の墓場？――一九六〇年代オーストラリアのインドネシア援助政策」渡辺昭一編『冷戦変容期の国際開発援助とアジア――一九六〇年代を問う』ミネルヴァ書房、二〇一七年。

倉沢愛子『九・三〇　世界を震撼させた日』岩波書店、二〇一四年。

谷川建司「米国政府組織とハリウッド映画産業界との相互依存関係」貴志俊彦・土屋由香編『文化冷戦の時代――アメリカとアジア』国際書院、二〇〇九年。

土屋由香「占領期のCIE映画（ナトコ映画）」黒沢清ほか編『日本映画は生きている――第七巻・踏み越えるドキュメンタリー』岩波書店、二〇一〇年。

土屋由香・吉見俊哉編『占領する眼・占領する声――CIE／USIS映画とVOAラジオ』東京大学出版会、二〇一二年。

土屋由香「科学技術広報外交と原子力平和利用――スプートニク・ショック以後のアトムズ・フォー・ピース」小路田泰直他編『核の世紀――日本原子力開発史』東京堂出版、二〇一六年。

藤田文子『アメリカ文化外交と日本――冷戦期の文化と人の交流』東京大学出版会、二〇一五年。

松岡完『一九六一　ケネディの戦争――冷戦・ベトナム・東南アジア』朝日新聞社、一九九九年。

宮城大蔵『戦後アジア秩序の模索と日本――「海のアジア」の戦後史一九五七〜一九六六』創文社、二〇〇四年。

渡辺昭一編『コロンボ・プラン――戦後アジア国際秩序の形成』法政大学出版局、二〇一四年。

渡辺昭一編『冷戦変容期の国際開発援助とアジア――一九六〇年代を問う』ミネルヴァ書房、二〇一七年。

Cull, Nicholas, *The Cold War and the United States Information Agency*, New York: Cambridge University Press, 2008.

Osgood, Kenneth, *Total Cold War: Eisenhower's Secret Propaganda Battle at Home and Abroad*, Lawrence, KS: University Press of Kansas, 2006.

Simpson, Bradley R., *Economists with Guns: Authoritarian Development and U.S.-Indonesian Relations, 1960-1968*, Stanford: Stanford University Press, 2008.

第9章　サイゴンの最も長い日
――ヴェトナム戦争とメディア――

生井英考

1　情報とヴェトナム戦争

情報の世界史において一九六〇年代は画期であった。そしてこの時代の世界的な関心事の中核は、東南アジアの小国ヴェトナムで果てしなくつづく大国アメリカの大規模な軍事行動であった――。本章はかつて「アメリカ合衆国史上最長の戦争」として知られたヴェトナム戦争を「情報」の観点から歴史的に見直すことを課題とする。議論に先立って、まずは前提と背景から始めよう。

ヴェトナム戦争が近代のメディアとジャーナリズムの歴史上、いまなお最大級の転換をうながす出来事であったことはいうまでもない。二〇世紀の戦争としては第二次世界大戦がその規模・質・範囲ともに最大であることは周知だが、二つの世界大戦の比類なさは、参戦したすべての国民国家を丸ごと巻きこむ動員体制で苛烈な総力戦を展開したことに起因する。それに対してヴェトナム戦争は、大戦当時には考えられなかった大量かつ迅速な情報伝達を可能にするメディアが、文字通り「マス」メディアとしての力を発揮したことで、その影響が広く、長く、幾重にも入り組んだ深部にまでおよんだ点で特異なものがあった。なにしろアメリカにとってのヴェトナム戦争は「限定戦争」として始められたにもかかわらず、マスメディアの介在によってその政治的な衝撃が高度に大衆化した社会に広く行き渡り、しかも短時間のうちに社会意識の深層にまで一気に達したのである。

また軍事的側面においても、ヴェトナム戦争に先立って国防省内で策定されたゲリラ戦対応の「対反乱戦略」（counterinsurgency）は、今日のいわゆる「対テロ戦争」の原形に当たる。さらにこの「対反乱戦略」を下位に含む「特殊戦争戦略」は、オペレーションズ・リサーチ（ＯＲ）を含む近代の知的所産を活用した軍事戦略であった。もっともヴェトナム戦争は、この戦略がもくろみ通りには功を奏さず、アメリカ史上最初の「負けた戦争」にもなったわけだが、だからといってＯＲを戦略策定の根幹に組み込む必要性が否定されたことは、その後も一度もない。要するに「情報」の観点から見たヴェトナム戦争は、第二次世界大戦よりも直截に「現在」の始まりを画したといって過言ではないのである。

そこで以下、まずＯＲを含むケネディ時代の情報戦略と戦地の実態を一瞥したうえで、「プレス」（活字媒体）と「メディア」（放送媒体）によるヴェトナム報道の経緯を概観し、それらが今日に残す「教訓」や「遺産」の意味をさらってみることにしよう。

（1）オペレーションズ・リサーチ

ＯＲは企業の経営理論、とりわけ競合企業との市場獲得競争に勝ち抜くための生産管理法として日本では長年知られてきたが、本来は一九世紀末からアメリカで発達した社会工学の広まりとともに重要度を増した事業遂行と組織運営のための科学的管理法である。とりわけ第二次世界大戦に際しては、地球全体にまたがるほど拡大した複数の大規模な戦線を支える米陸海軍の複雑な兵站業務の最適化を手がけた経験によって、長足の進歩と広汎な普及を見たものであった。戦争とは国家が遂行する最も政治的優先度の高い公共事業である。それゆえ景気を刺激する力は強く、先端的な科学技術分野は豊富な開発資金と無数の実験例を得て開花する。第二次世界大戦は大恐慌で深甚な打撃を受けたアメリカ合衆国の産業界と資本主義の再生に貢献する最大の国家事業であり、その成功を技術面から支え、かつ自らも大いに進歩を見たのがＯＲだったのである（Schrader, 2006, pp. 18-32）。

そのＯＲが一九六〇年代には、兵站にとどまらず軍事作戦の立案から諜報・宣撫工作、さらには民生作戦など非軍事的手段まで含む非通常戦争のトータルな効率的運用を念頭に活用された点で、ヴェトナム戦争はやはり米国防・諜報史の画期に相当する。具体的な機軸となったのが、「特殊戦争戦略」の策定と遂行である（Moyar, 2017, pp. 130–133）。

「特殊戦争戦略」はＯＲを駆使した独創的な新時代の軍事戦略としてジョン・Ｆ・ケネディ政権のもとで導入された。これは前任の大統領ドワイト・アイゼンハワー政権時代に確立された「大量報復戦略」に代わる「柔軟反応戦略」の下位をなす概念で、国防省の官僚主導ではなくケネディがフォード自動車社長から抜擢した国防長官ロバート・マクナマラが自ら建策を指揮した点でも他に類を見ないものだった。もともとハーヴァード大学の数理経済学者として第二次世界大戦中に陸軍航空軍の統計管理局に勤務したマクナマラは、戦後、財務分析と経営計画を担当する有望な幹部候補としてフォード社に迎えられたものの、発想も人柄も軍人や財界人や産業人というより明らかに学究肌の人物だった。デトロイトの自動車産業界には「カー・ガイ文化」（Car Guy culture）と通称される独特の社会風土があることで知られるが、マクナマラは外見から発想、物腰から日常の習慣や好みまでそれとは正反対の存在だったという[1]。そんな彼が統計データを駆使して「費用対効果」を割り出す経営理論は旧態依然たる業界に新風を吹きこみ、四四歳にして創業者一族以外で初めてのフォードの社長に就任する。ところがわずか五週間後、大統領選を勝ち抜いたケネディのたっての懇請により、フォード社からペンタゴンの総帥に転じたのである。

　他方、この異色の人物を長官に迎えた一九六〇年代初頭の軍部といえば、退役した陸軍元帥にして四軍の最高司令官でもある大統領アイゼンハワーに——しかもその大統領退任演説で——異例の「軍産複合体批判」を行わせるほど巨大で非効率な、官僚主義の権化と化していた。そもそも軍とは武力を専権事項とする官僚組織である。したがって予算編成の時期ともなれば前年度水準を上回ることを目標に全軍あげて一致団結する一方、部内では陸・海・空・海兵の四軍がなにかにつけていがみ合い、対立し、足を引っ張り合っては人脈と政治力を頼って裏で手を回そうとする。そんな集団を統括する国防省に乗りこんだマクナマラは、陸軍航空軍時代の同僚でもある元ランド研究所の経済学者チャールズ・Ｊ・ヒッチやアラン・Ｃ・エンソーヴェンら通称「神童たち《ウィズキッズ》」を引き連れ、ＯＲでいうところの「企画・計画・予算制度」（Planning-Programming-Budgeting System）を立ち上げたのである（Schrader, 2008, pp. 40–46）。

戦略とは単なる戦法や用兵術ではなく、持てるリソースの適切な配分とその効果的運用を要諦とする政軍政策の体系的表現である。この場合に即していうと四軍のばらばらな予算要求を総合的な見地から精査して適所に割り振ることを目的に、コスト管理を通して国防財政を組み直し、ひいては国防計画の優先順位と全体像を再構築するわけである。そして一見武人めいたところのみじんもないマクナマラは、この点にかけては並みいる猛者をたじろがせる堅い信念と強靭な論理で「科学的」アプローチによるコスト管理を貫き、足かけ七年間の国防長官時代を通して旧弊に染まり切った組織の体質を一変させてゆく。その神髄が単なるコストカットではなく、歴代の国防長官がなし得なかった「文民統制」の実現でもあったことに注意しておこう。現に米陸軍におけるＯＲの公式史も、マクナマラほど「その『人間ＩＢＭ』ぶりで大混乱を惹き起こしながらも（軍高官たちの）襟首をつかんだ国防長官はなかった」という。こうして彼の持ちこんだ情報システム化による組織改革は「マクナマラ革命」と呼ばれるのである（Schrader, 2008, pp. 40–41）。

（2）「特殊戦争」の実態

けれどもヴェトナム戦争を歴史的に振り返ると、「特殊戦争」という言葉は単なる戦略名称とはいえないものであった。たとえば戦後出版されたおびただしい数の帰還兵の手記や回想談で「特殊な戦争」という言葉が語られるとき、そこには皮肉で揶揄的な響きがしばしば宿っていた。昔ながらの戦争とは外見も実態もあまりに異なる「例外的な」経験を指す皮肉――もしくは自嘲――をこめて「特殊」が口にされたのである。

無論これには理由があった。たとえば一九六二年にケネディがヴェトナムに駐留する軍事顧問団（Military Advisors in Vietnam: MAV）を軍事援助司令部（Military Assistance Command in Vietnam: MACV）に改組したことは、軍事支援を目的としながら米軍と南ヴェトナム政府軍とで別々に動く状態を招いた。つまり戦地の米兵たちにとっては、自分が手を貸しているはずの同盟軍の兵士を直接知る機会が事実上まったくない、ということである。おまけに対ゲリラ戦で彼らが対峙する相手は民間人と敵兵力で見分けがつかず、特殊戦争戦略に基づいて戦略村を拠点とした武装ヘリコプターの重用戦術は、常識的な「前線」という概念をくつがえして「面ではなく点で」戦う戦争を招くことになった。

通常戦争では航空兵力に支援された地上軍が地域一帯を制圧しながら前線を押し進めるのが常道だが、同盟国の内戦を支援するゲリラ相手の限定戦争だったヴェトナムでは、作戦ごとにアドホックに小部隊がヘリで特定地域に移動しては再びヘリで後方に戻るのが通例となる。しかも帰投は作戦完了時とは限らず、米兵の戦闘ストレスが問題視されるようになってからは、作戦中でも一定の時間が経過すれば自動的に次の部隊と交代して基地に戻ることが常態化した。そのため前線の兵卒たちは自軍が確保した地点で周囲の全方位にわたって不断の警戒を余儀なくされる一方、勝利をめざして奮闘するよりも頭を低くして残りの時間をやり過ごすことへと傾くようになってしまったのである（生井、二〇〇六、一二六頁）。

他方、「情報」の観点から見たときに問題なのは、ホワイトハウスが手にする現地情勢に関するデータがまるで当てにならないことだった。一九六〇年代前半に『ニューヨーク・タイムズ』サイゴン特派員だったデイヴィッド・ハルバースタムは、後年、有名なノンフィクション『ベスト&ブライテスト』でこれを手厳しく批判している。

ハルバースタムによるとこの現地情報の不全は二重のゆがみの反映であった。一つは現地の独裁者として悪評をかこったゴ・ディン・ジェム政権の腐敗と虚妄、もう一つがサイゴン駐在の米大使館と米軍司令部による情報の歪曲である。

ジェムはもともと反共反仏の民族主義者のカトリック教徒で、アメリカのカトリック系政財界との太いパイプを背景に配下の軍と高級官僚を掌握する一方、仏教徒を徹底的に弾圧し、民衆を苛烈に支配する典型的な独裁者だった。おまけにヴェトナムでは士気の低い現地軍部隊の損耗で実態が露呈することを怖れた軍幹部が、ありもしないゲリラとの戦闘をでっち上げて戦果を粉飾した。ところがCIAと大使館はジェム以外に選択肢がないと判断し、改組された米軍の現地司令部は、ケネディと昵懇で陸軍の高官に返り咲いたマクスウェル・テイラー統合参謀本部議長の意に沿うように情報をふるいにかけていた。最前線の実情を知る中堅の軍事顧問たちはワシントンの首脳部に直訴を試みたが、機会は奪われ、報告は握りつぶされた。さらに決定的だったのは、とハルバースタムはいう、肝腎の国防長官が報告された統計数字しか信じず、自分の能力を過信していたことだ、と。

ハルバースタムによればマクナマラはその意図も志操も清廉で非の打ちどころのない人物だったが、自分の理解できる「科学的な」方法以外の見方への想像力を欠き、統計情報に虚偽や偏りがある可能性にも思い至らなかった。また彼は幾度も現地を視察したが、外見から内実を読む人間的な力に欠け、数学的に精緻な予断に合わせて現実を解釈する過ちを犯した。それゆえ、とハルバースタムはいう――「自分自身にも国家にも、彼はためになる行動をとらなかった。最も穏やかで礼を欠くことのない表現をもってしても、彼は馬鹿であった、というほかなかった」（ハルバースタム、二〇〇九、中、七六頁）。

2　プレスとメディアの戦争

（1）　検閲なき戦争

ヴェトナム戦争はもう一つ、情報宣伝と戦争報道の面から見ても例外的な出来事であった。「例外的な戦争《エクセプショナル・ウォー》」は軍事的面から見たヴェトナム戦争を形容する決まり文句の一つだが、それは戦略や戦況だけの話ではなくプレスとメディアによる報道――すなわち情報の収集・伝達――や、軍当局による「広報」（public affairs）という名の情宣活動――すなわち情報の統制――においても当てはまる。すなわちヴェトナム戦争は、しばしば「検閲なき戦争」（uncensored war）と呼ばれてきたのである。

現にヴェトナム戦争は、過去のいかなるアメリカの戦争にもまして「政府による直接の統制なしにヴェトナムにおける戦争を報じる驚異的な自由」を報道機関が手にした戦争だった。ダニエル・ハリンによればそれは「記者たちが検閲を心配することなく、毎日のように部隊に随行するのを認められた最初の戦争だった」のである（Hallin, 1989, p. 6）。

これは当局と報道陣の間に軋轢が少なかったという意味ではない。たとえば『ニューズウィーク』の現地通信員だったフランス人ジャーナリストのフランソワ・サリーはゴ・ディン・ジェム政権への批判的な報道姿勢がたたって国外退去処分を受けているし、ＰＡＮＡ通信と契約して日本人ジャーナリストとしては最も早くからヴェトナム入りしていた岡村昭彦も、一九六五年と七一年の二度にわたって五年間ずつの入国禁止というきわめて重い処分を科せられている。つまりは典型的な独裁下の報道弾圧である。しかしこれらはいずれも現地政権による措置であって、アメリカ政府機関――すなわち現地の米軍司令部や大使館など――によるものではなかった。

それはしかし、なぜだったのだろうか。二つの世界大戦では他国に伍して厳しい検閲と宣伝戦が大々的に繰り広げられたアメリカのジャーナリストたちは、なぜヴェトナムでだけ、米当局からの厳しい統制を逃れ得たのだろうか。

そこにはいくつかの要因からなる、この戦争に特有の事情があった。一つ目はヴェトナム戦争が初めての「特殊戦争」であるために、通常戦争を念頭にした当時の米軍の戦時法規では統制しようのない状態だったことである。とりわけ介入の初期段階でアメリカの軍事顧問たちが参与した南ヴェトナム政府軍部隊の行動は、現地当局による以外、米大使館が報道統制できる対象の範囲内にはなかった。要するにヴェトナム戦争は、アメリカの公的権力による検閲をすみやかに実行し得る仕組みのない戦争だったのである。

二つ目はアメリカのジャーナリスト集団によるヴェトナム戦争批判が、軍事的というより総じて「政治的」な性質のものだったことである。

そもそも国民国家の近代史上、戦時下にある国の報道機関が公然と自国の戦争を非難した例はほとんどない。アメリカ合衆国も同様で、二つの世界大戦でも参戦直前まで主戦論と非戦論が衝突して論壇を二分する状態であったものが、参戦後は手のひらを返したように論調を転じ、文字通り挙国一致の熱烈な戦争支持に回ったことはよく知られている。しかしヴェトナムの事情は大きく異なっていた。たとえば宣戦布告のなかったヴェトナム戦争では、米政府による公式の「戦争努力」が存在せず、それゆえ批判的な報道は政府の外交政策に向けられたものとなった。またケネディ政権時代、批判的な情勢報道で名を挙げたハルバースタムらサイゴン駐在の若手記者たちにしても、彼らがもっぱら矛先を向けたのは腐敗したジェム政権の体質と、そこにやみくもに肩入れするアメリカ政府の姿勢に対してであった。つまり彼らはインドシナ半島における合衆国政府当局の誤った外交努力を批判したのであり、それがいかにホワイトハウスや軍部にとって目障りだったとしても、政治報道を軍事情報と同じように取り締まることはできない相談だったのである。

（2）軍事の政治化

「検閲なき戦争」の背景にはもう一つ、より大きな次元での深刻な齟齬が関わっていた。特殊戦争戦略をめぐる、政府と軍の根本的な認識の食い違いである。

すでに触れたようにヴェトナムにおけるアメリカの本格的な軍事介入は政権の交代による「大量報復戦略」から「柔軟反応戦略」への転換とともに本格化したが、当初、この転換は国務省と国防省ならびに軍部にも強い期待と歓迎の機運を呼び覚ました。とりわけ大量報復戦略の陰で非核戦力（通常戦力）の大幅縮小と歳出削減を迫られていた軍部では、これを巻き返しの好機と見る動きが活発化。文官の側でも、通常の外交努力と諜報と経済・軍事援助、民生作戦、心理戦争などを組み合わせる柔軟反応戦略は開発途上地域に適した近代戦略だとして、新政権の方針を歓迎する空気が醸成された。こうして前政権下で厳しい予算削減圧力にさらされていた軍部では陸・海・空・海兵四軍がこぞって特殊部隊の発足や特殊作戦の拡充に走り出す一方、新時代に対応できる人材の開発を託された文官たちも、途上国支援の経験を持つ国際開発庁とＣＩＡが組んで途上国に赴任するアメリカの軍人や外交官向けの教育プログラムを開発。これが東南アジア、中南米、中近東、アフリカに赴任する文官・武官双方の必修講座に指定されるなど、首都ワシントン一円はさながら「対反乱戦略のバンドワゴン」状態を呈したという（松岡、二〇一三、二〇九〜二一四頁）。

けれどもこうした発想は、軍事を政治化することでもある。そしてそれは伝統的なエリート軍人の価値観や世界観とは大きく対立するものであった。

実際、祖国防衛の最も枢要な立場を自負する陸軍の将校団が士官学校時代から一貫して叩き込まれるのは純粋に軍事的な用兵術・兵站術の要諦であり、またそれを大所高所から見る大戦略上の判断力であって、官僚政治の思惑で軍事的判断が左右されるのを嫌う直截な軍人精神にほかならない。彼らにとって軍事とは、妥協がつきものの党派政治とは一線を画するがゆえにこそ高潔な、身命を賭すべき使命なのだといいかえてもいいだろう。現に一九六四年から七〇年までヴェトナム戦争の最盛期に統合参謀本部議長をつとめた陸軍大将アール・Ｇ・ウィーラーは士官学校時代から数学を得意とし、兵站と諜報の手練れとして鳴らした典型的な官僚型の軍人だが、特殊戦争戦略の熱烈な支持者だった先輩の陸軍大将テイラーが統合参謀本部議長の座にあった時期に、陸軍参謀総長として真っ向から異論を唱え、「ヴェトナムの問題の本質は軍事的なもの」と明言したものだった。要するに伝統的正統派を自認する軍人たちにとって、特殊戦争戦略のような「文官主導による軍事力の中途半端な適用」は軍人精神に悖《もと》る邪道以外の何物でもなく、「ペンタゴンの外から――主としてホワイトハウスから」押しつけられたものでしかなかったのである（松岡、二〇一三、二二四、二二七～二二八頁）。

3 アプ・バクからテト攻勢へ

（1）「信頼感の欠如」の始まり

そうして問題は、このような高官たちの対立がしばしば情報漏洩というかたちで不協和音を外部に示し、それが介入の現場にある下級将校たちの士気をそこね、規律の乱れを招くという負の連鎖につながることだった。そもそもエリートを自負する集団は情報の独占や統制を好む傾向にあるが、それだけに内部対立や駆け引きが極まるとかえって統制は緩み、政争の手段として情報の漏洩が恒常化するという側面を併せ持つ。こうした内部統制の乱れによる隙間から、いわゆるスクープ報道がしばしば飛び出すのである。

ヴェトナム戦史におけるこうした例のおそらく最も有名な一つが、一九六三年一月初頭、サイゴン南西部にある米軍事援助司令部肝いりの戦略村アプ・バク（バク村）を舞台にした南ヴェトナム解放民族戦線と南ヴェトナム政府軍の戦闘ならびにその報道だろう。

戦略村（strategic hamlet）計画はヴェトナムにおける特殊戦争戦略の要ともいうべきもので、米援助軍の支援を受けた政府軍の厳重な警護と手厚い経済保護で地元の民衆の「心と信頼の獲得」（winning the hearts and minds）を達成し、それによって南ヴェトナム全土に革命蜂起に対抗する拠点をつくり出そうとするものである。それはまたマクナマラによる「費用対効果」分析を駆使したアメリカ流の社会工学の実験でもあった。ところがこの米軍肝いりの拠点をめぐって、ふだん弱小勢力ゆえのゲリラ戦しか行わないはずの解放戦線がなぜか正規戦を仕掛けた。その数およそ三二〇。対する政府軍は一五〇〇の兵員と「空飛ぶバナナ」の綽名を持つ旧式のH-21ヘリコプター一〇機、および水陸両用のM-113装甲兵員輸送車一三輛という大軍勢である。にもかかわらず早朝から始まった戦闘では解放戦線の損耗が戦死一八名、負傷三九名にとどまる一方、政府軍は戦死六一名、負傷一〇〇名以上、H－21五機撃墜、M－113六輌損壊というありさまだった。しかもこの中には目的を達した解放戦線が村を引き揚げた後で村に撃ちこまれた、友軍の誤爆による死者までが含まれていたのである（シーハン、一九九二、三二六頁）。

ところがサイゴンの米軍事援助軍――とりわけ司令官のポール・ハーキンズ大将――は実情を理解せず、頑強に敗北を否定した。なるほどアプ・バクは解放戦線の奇襲に遭ったかもしれないが、村は一貫して政府軍の勢力圏内にあり、最終的に敵は退却して姿を消したからである。この発想は「戦闘地域の制圧と維持」を勝利の条件と考える正統派の軍人らしいものとはいえ、ゲリラ戦の本質を理解していない点で、特殊戦争を率いた指揮官の言葉とはとうてい思われない。他方、戦闘開始から六時間あまりが経過した時点で常識をくつがえす戦況の噂を耳にしたサイゴンの記者たちは色めき立ち、前線地域に駆けつけて情勢を実地取材。さらに日頃上層部の無理解を強く批判していた軍事顧問ジョン・ポール・ヴァン中佐に状況を聞き質し、その告発的な談話をふくむ衝撃的な現地レポートを本国のメディアに送稿した。これらの記事が翌日の主要新聞の一面を飾るニュースとなったのを機に、それまで海外ニュースの分野でも顧みられることの少なかったヴェトナム情勢が一躍注目の的となったのである（シーハン、一九九二、三二四、三二五頁）。

いまからふりかえってみるとこの出来事は、二つの点で、いまなおつづくいくつかの論争の発端になっていたことがわかる。第一はヴェトナム戦争が政策的にも戦略的にも「政治」と「軍事」の境目の曖昧な軍事介入だったために、両者がしばしば混同されたことである。ホワイトハウスと国防省の文官の立場からすれば、軍事力を政治的に活用することによって、たとえ武力介入しても戦争にまで発展させない――つまり介入を軍事化しない――ことこそが戦略の要諦だったはずだが、大兵力の投入による短期決戦型の正規戦を本義とし、軍事的判断が政治に左右されることを好まない軍部（とくに陸軍）はついにこれを理解せず、受け容れることがなかった。ちなみに現代の米政界ではリベラルの立場で軍事力の行使に積極的ないわゆる「リベラルなタカ派《リベラル・ホーク》」の存在がしばしば話題になるが、彼らが唱える「人道主義的介入」もまた不要なリスクを強いるものとして軍部に忌避されがちなのである。

第二はアプ・バクの戦闘の報道が、政治と軍事の乖離を象徴するだけでなく、政府と国民のあいだのいわゆる

「信頼の欠如《クレディビリティ・ギャップ》」を露呈させる深刻な先触れとなったことである。

すでに述べたようにアメリカにおける初期のヴェトナム戦争報道は南ヴェトナム国内の政情を懸念する政治批判だったが、そこには冷戦下で共産主義勢力の「浸透」を警戒する政権の関心が反映されていた。たとえば共和党支持ながらケネディに好意的だった大物コラムニストのジョーゼフ・オルソップやマーグリット・ヒギンズは、大使館の意向を斟酌しようとしないハルバースタムやAPのマルカム・ブラウンら若手を容赦なく詰《なじ》ったが、その要点はジェムに共産主義の脅威を排除する力があるかどうかをめぐる見方の違いであった（Wyatt, 1995, pp. 45-46, 77-79, 120-122; Hallin, 1989, pp. 34-35）。また「CBSイヴニングニュース」のアンカーとして世論へ大きな影響力を発揮したといわれるウォルター・クロンカイトも、一九六三年九月、番組の放送枠拡大の記念に行われたケネディへの独占インタヴューをふりかえりながら「アメリカのベトナム介入はほとんど政治的な性質のものであって、問題は戦闘部隊を送り込むか否かではなく、サイゴンのジェム政権を支持し続けるかどうかでしかなかった」と回想している（クロンカイト、一九九九、三二一～三二二頁）。

『検閲なき戦争』のダニエル・ハリンは、こうした記者たちの認識の基底に強固な冷戦思考があったことを指摘している。彼らはそろってサイゴン政権の動向に注目し、弾圧された仏教徒の抗議の模様や不安定化する一方の政情を批判的に報じたが、記事にはきまって「共産主義の侵略に対抗する」「共産主義を阻止する」「アカの前進を食い止める」といった文言が含まれ、報道陣を含めたアメリカの究極的な関心が冷戦外交の成否であることを示していた。それはすなわちアメリカの政治家や軍部から論壇やマスメディアの面々までが、思考態度の上では同じ偏りを共有していたことを物語っている。いいかえればアメリカの知識社会はひとしなみに頑な冷戦思考に傾き、南ヴェトナムの混乱が共産勢力による「転覆」（＝反乱）の表れに違いないと決めつけ、この内戦が民衆による「革命」である可能性自体をあらかじめ自らの念頭から排除していたのである（Hallin, 1989, pp. 53-54）。

ヴェトナム戦争――と今日まで呼ばれてきたもの――が、本来は南ヴェトナム国内における独裁体制と抵抗勢力の内戦であり、東南アジアの政情不安を警戒したアメリカの軍事的手段による政治介入だったがゆえに報道制限もなかったことはすでに触れたとおりだが、そこから生じた歪みはやがてヴェトナムの争乱が戦争化した中の最大の転換点で決定的なダメージをもたらし、アメリカの政治と社会のあいだに「信頼の欠如」という名の深い亀裂を走らせることになる。その転換点が、一九六八年のいわゆるテト攻勢である。

（2）　テト攻勢

一九六八年一月、アメリカの新聞連合ナイト・リッダーの特派員としてサイゴンに駐在し、のちに『ワシントン・ポスト』の東京支局長にもなったドン・オーバードーファーは、いまも世評高いノンフィクション『テト攻勢』で、南ヴェトナム全土におよぶこの大攻勢を報じた西側の、とくにサイゴンの米大使館急襲のニュースがどれほどの政治的インパクトを世論に与えたかを活写している。

テト攻勢はゲリラ軍による一斉蜂起と民衆による総反抗を組み合わせたヴェトナム労働党ならではの革命理論に基づくものだが、実は軍事的に見れば失敗に終わった作戦だった。なにしろ一斉蜂起のあとに期待された民衆による総反抗は実際には起こらず、蜂起した解放戦線の精鋭部隊のほうは、ほとんどすべてが戦死または自決してしまったからである。つまり革命は不発に終わり、組織は壊滅的な打撃をこうむった。――そういうことだ。

ところがこの出来事を社会的・政治的な観点から見ると様相は一変する。各地の米軍基地は午前三時に一斉に開始された最初の一撃に不意打ちされたものの、反撃を重ね、古都フエを除く大半の地区で六時間後までにはほとんど旧に復していた。しかしその間、サイゴンの報道陣は近くの街路で響き渡る銃撃戦の物音に驚愕し、情報を得ようと右往左往したあげく、夜明け前の大使館脇に張られた非常線の前に集まって不確かなニュースを本国に送稿することになった。たとえばゲリラの特攻部隊は対戦車ロケットで大使館の煉瓦塀を破ってから敷地の内部に侵入したが、伝わった情報はしばしば建物の内部と取り違えていた。またサイゴン時間午前七時二五分にＡＰ通信が現地発の特派員電として伝えた「アメリカ大使館一部占拠の模様」のニュースは、それから五分後の米東部時間午後六時半に放映されたＮＢＣ「ハントリー・ブリンクリー・リポート」のトップを飾った。こうして衝撃的な至急報とともに始まった一連のテト攻勢報道は、それまでアメリカの社会が漫然と信じていた楽観的な無関心を一掃し、世論の動揺と議会の激論と反戦運動の励起をうながしたあげく、選挙をひかえた現職大統領リンドン・ジョンソンの自発的な引退まで惹起することになったのである（オーバードーファー、一九七三、四三〜四四頁）。

もっともジャーナリズムの現場から見れば「敷地の中」と「建物の中」を取り違える程度の誤りは突発的な大事件――とりわけその第一報――では避けがたいものである。実際、テト攻勢当時の『ワシントン・ポスト』のサイゴン支局長でタカ派記者の代表格として名高いピーター・ブレイストラップも「第一報というのはいつもどこか誤っているものだ」と書いている。

かつて海兵隊員として朝鮮戦争で負傷した経験を持つブレイストラップは軍事に明るい典型的な戦争特派員タイプで、『ニューヨーク・タイムズ』を経て『ポスト』に移籍し、テト攻勢の三週間前に同紙のサイゴン支局長となった。そこで大混乱をきわめたテト攻勢報道を経験し、自身が属した米報道陣が軽挙妄動を根拠に軍部と保守派から強く批判されたのに対し、当事者の一員として攻勢の勃発から三カ月後までの新聞・雑誌と一部テレビ局の報道内容をつぶさに検証。この調査と分析の結果をまとめた大著『大いなる物語』が、今日までつづく保守派によるメディア批判の重要な起点のひとつとなったのである（Braestrup, 1977, p. 86）。

その中でブレイストラップは主に以下の三点を指摘した。第一に、テト攻勢におけるアメリカの現地報道陣は、若干の誤報類はあったものの決定的な過ちを犯したとはいえず、ことに現地発のニュースについては大混乱の中で可能な限り正確な事実報道がなされたこと。第二に、しかしワシントン発の政治報道はしばしば事実よりも憶測や予断、解釈の類いが先行し、議会での論争や政府・官庁での足並みの乱れをしばしば過度に単純化したり、誇張することによって政治的な混乱を助長したこと。そして第三に、とりわけ活字報道よりも放送媒体――とくにテレビ報道――が誇張と単純化においてはなはだしく、これが政府に対する国民の信頼の毀損《クレディビリティ・ギャップ》に加担したこと、である。

のちに増補されたイェール大学出版局版で、彼は「活字人間《ワードマン》としての偏見」かもしれないと断りながらも、放送媒体が「絵」になる素材を追うことに熱心なあまり「テレビの特派員たちは概して自分の知っていること、ないしは知り得る以上のことを視聴者に語ろうとする傾向にあった」と述べて、テレビ報道が「ヴェトナムの大混乱」を過度に強調したと苦い口調で振り返っている（Braestrup, 1983, pp. xi, xv）。

要は軍事的知見を持たぬまま現場での体感を口にするテレビ記者の軽挙と、それを鵜呑みにしたスタジオのアンカーのやりとりが政治家にまで影響して妄動に走らせているという苦言だが、古参の新聞人ならこの見方に――内心ひそかにであれ――賛同する向きも少なくないだろう。そしてここに始まったメディア批判が自己省察の域を越え、一九八〇年代に急伸長した新保守主義の威勢と相まっていわゆる「リベラル・バイアス」批判の轟々たる流れを生み出し、保守化に大きく与する一因となったのである[2]（Page, 1996, p. 8）。

ちなみに「クレディビリティ・ギャップ」（credibility gap）はケネディ政権時代の「ミサイル・ギャップ」に由来する米報道界の造語だが、一九六七年までにはウォルター・リップマンやジェイムズ・レストンら大物論壇人までが政権批判の文脈で使うようになり、政権与党内でも長年ジョンソンと親しい間柄だった大物上院議員のウィリアム・フルブライトがホワイトハウス批判の急先鋒に立つ異例の事態となったことから、政府と議会、軍部と報道陣、さらには大統領と国民のあいだの「信頼の欠如」という意味合いにまで急拡大した（Vaughn, 2009, pp. 123-124; Woods, 1998, p. 137）。ブレイストラップの本の長い副題――「いかにしてアメリカのプレスとＴＶは一九六八年のテト攻勢の危機をヴェトナムとワシントンで報じ、解釈したか」――がいみじくも言い当てたように、「アメリカの戦争」としてのヴェトナム戦争は、戦地ではなく本国で政治的に一敗地にまみれた戦争となったのである。

4　残された傷

（1）ヴェトナム戦争症候群

ヴェトナム戦争が終わってから長らく、アメリカ合衆国は重度の「ヴェトナム戦争症候群」に罹患していると評された。小国ヴェトナムを相手に予想外の「アメリカ史上最長の戦争」を戦ったあげくに手ひどい一敗地を喫し、地に堕ちた大国の威信にうろたえ、自由世界の盟主として軍事力を機敏に行使することもできなくなったアメリカ――。そんな弱々しく傷ついたイメージを喚起する、卓抜といえば卓抜な比喩だった。が、政治的な比喩というものはえてして比喩では終わらない。「ヴェトナム戦争症候群」の場合がまさにそれで、元来はさながら機能不全症を病んでいるかのようだという喩えにすぎなかったのに、いつしか合衆国の外交風土そのものが病いに冒されているという認識へと傾いてゆく。

病いの比喩は、その向こうに「治癒の可能性」をほのめかす修辞学である。病いは治せば常態に復す例外状態と見なし得るからである。実際のところアメリカ合衆国にとってのヴェトナム戦争の敗北は、大国が小国の政治力を侮り、自らの軍事力を過大評価したあげくに陥った結果であって、つまりは自滅にほかならない。したがって、いかなる強者賢人とて誤謬と蹉跌は避けがたいのであれば、要はその負けいくさの苦味から何をどう学ぶかということに尽きるだろう。だが、不本意な敗戦を「症候群」すなわち病いによる機能不全の結果と比喩したとき、敗戦は「健常ならばあり得ない災難」と見なされ、苦い教訓は根絶すべき病因を探す「ウイルス駆除」の引き金へと意味を転じてしまう。いいかえれば「ヴェトナム戦争症候群」とは、インドシナ半島におけるアメリカの敗北を、外交的・軍事的失策の必然的な帰結ではないものへと書き換える政治的レトリックなのである。

(2)　修正主義とリベラル・バイアス批判

その「ヴェトナム戦争症候群」を、いつ、誰が言い出したのかは判然としない。おそらく一九七〇年代の半ばから後半にかけて政治記者やアナリストの間で言い交わされたのが最初で、マイケル・T・クレアの『ヴェトナム症候群を越えて』(一九八一)あたりを機に一九八〇年代を通して政治論壇に行き渡ったものらしい。その後、一九九一年の湾岸戦争直後にジョージ・H・W・ブッシュ大統領がある懇談会の席上で「神の御手により我々はついにヴェトナム症候群を払いのけたのです」と挨拶したことを各紙が報じ、歴史に刻まれた。大統領の動静とそれを伝えるメディア報道は政治的な現実を作り出すのである。

しかし皮肉なことに実際は、ブッシュ発言とは裏腹のものになってしまう。これ以降のアメリカの対外的軍事行動のほとんどにおいて、少しでも長期化する兆候が見えるとすぐさまヴェトナム戦争との比較が始まり、「ヴェトナム戦争症候群」

の危惧や懸念が指摘されるようになったからである。とりわけ対テロ戦争として始められたアフガニスタン戦争やイラク戦争が二〇〇六年頃から国民世論の嫌気と反発に見舞われるようになると保守論壇からも症候群の再燃を懸念する声が上がるようになり、二〇一四年には軍が発行する「星条旗新聞《スターズ・アンド・ストライプ》」までがこれを取り上げることになったのである（Slavin, 2014）。けれどもそれ以上に注目すべきなのは、かつては軍事行動を抑止する文脈で批判的に使われた「症候群」がやがて、病因を捜し出して根絶すれば祖国は立ち直るはずだとする庶民的な自尊感情を惹き起こし、以前から軍関係者の間にわだかまっていた怨嗟――軍はテト攻勢でメディアに「背中から撃たれた」とする論難――と合流しながら、次第に「リベラル・バイアス」批判の敵対的な議論にまで発展したことだろう。

前節で見たように、ヴェトナム戦争当時の報道では個々の内容について批判されることはあっても報道界全体を敵視する傾向はなかった。しかしピュー・リサーチセンターの調査によれば、日々の新聞報道に「信頼が置けない」と回答した率は一九八五年で一六パーセント、それが二〇年後の二〇〇五年には四五パーセントと三倍近くに上昇したのである（Doherty, 2005, p. 47）。

こうした変化には二つの背景が考えられる。第一は一九九〇年代、冷戦崩壊後に世界各地で起こった紛争の報道と軍事介入の結果に対する批判的な世論の形成である。当時のアメリカでは冷戦後の軍縮圧力が高まる一方、頻発する地域紛争や民族対立の凄惨な模様が連日テレビで中継され、人権重視の立場で軍事的に関与することを大国の責務とする「人道的介入」論が左派の一部で強くなった。しかし一九九三年のソマリア介入の失敗に見られるように、介入に与する世論はいざ自国の兵員に損耗が出るとたちまち厭戦に転じる。また乳幼児を含む民間人の苦難を赤裸々な映像で伝えるメディアは、他者の苦しみをニュースという名の「商品《コンテンツ》」に仕立てて「戦争のポルノグラフィ」を垂れ流しているのも同然だとする左派論壇からの道義的批判にもさらされた。こうしてリベラルな紛争報道は左右両派からの挟み撃ちに遭うことになったのである（Moeller, 1993, pp. 1-2）。

第二は二〇〇一年の「九・一一」テロ後の愛国感情の高まりで、これに翻弄された報道界は軍事的慎重論を口にするにも勇を鼓さねばならぬほど強烈な世論の圧力の下で選択肢をせばめられ、ヴェトナム戦争以来の権力批判の刃を鈍らせた。そ

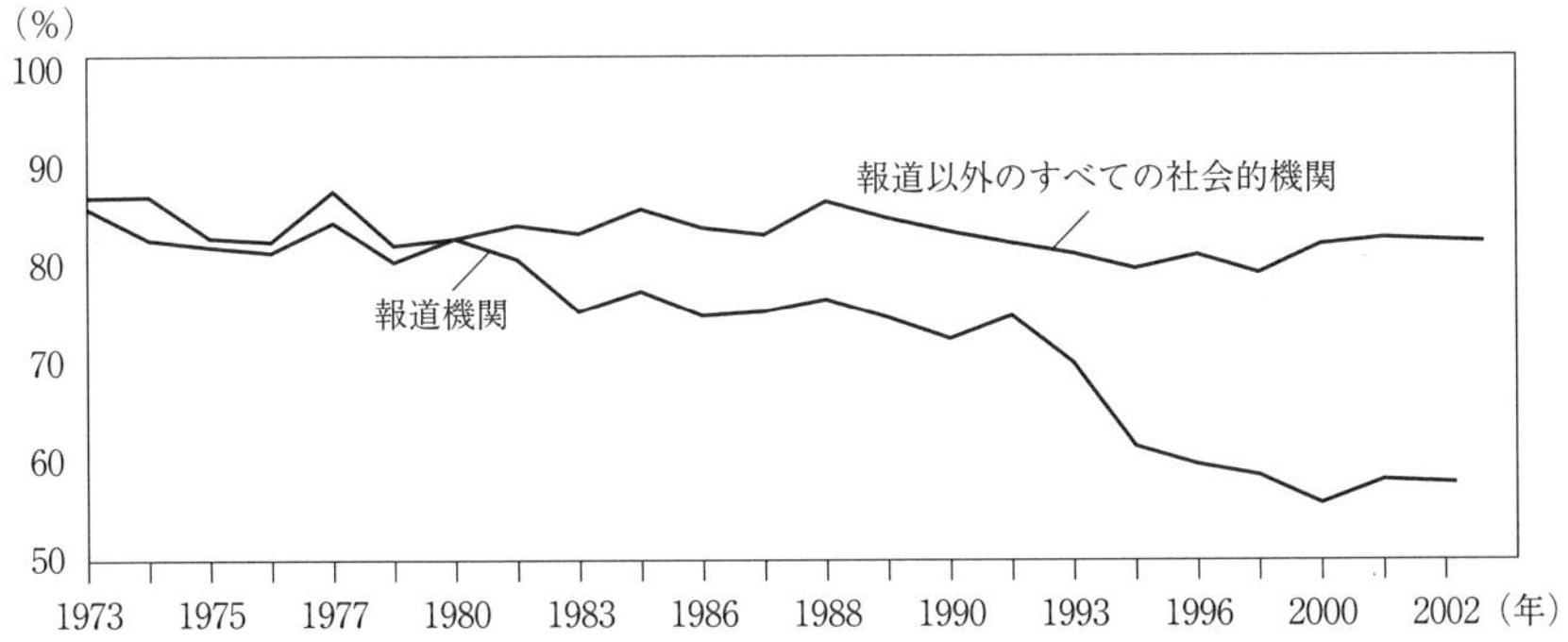

図9－1　報道機関とその他の公的機能を持つ諸機関に対する信頼度の比較

出典：Pew Research Center, *The Media: More Voices, Less Credibility*, 2005, p. 50.（http://www.people-press.org/2005/01/25/the-media-more-voices-less-credibility/）

してこの時期に、主流派メディアへの世間の不信感もまた前面に大きく躍り出たのである。たとえばヴェトナム戦争末期の一九七三年にシカゴ大学の全国世論調査センターが実施した「全国社会動向調査」（GSS: General Social Survey）では報道に「いかなる信頼も寄せない」とする回答は一五パーセントだったが、三五年後の二〇〇八年調査では四五パーセントに達した（Ladd, 2011, p. 7）。またピュー・リサーチセンターの調査で新聞報道を「あまり信頼できない」と回答したのは一九八五年に一六パーセントだが、二〇〇四年にはおよそ四五パーセントに上昇した（Doherty, 2005, p. 47）。

ただし、こうした不信感の由来が単に「九・一一」にのみ起因するわけではないことも銘記しておくべきだろう。たとえばGSSの一九九〇年調査で主流派メディアによる報道を「大いに」または「ある程度は」信頼していると回答した率は合わせて七四パーセントだったが、「九・一一」の前の二〇〇〇年に五八パーセントまで低下している。しかも同じ時期に銀行、民間企業、議会、最高裁、軍、教会、教育機関などへの信頼感が総じて安定していたにもかかわらず、報道機関への信頼だけが一九八〇年代に急速に低下したという（Doherty, 2005, p. 47）。実際、同じ問いを扱ったピュー・リサーチセンターの調査でも、報道機関への信頼だけがレーガン政権下の一九八二年頃を境に信頼感が明らかに低減し、一九九〇年代前半にクリントン政権が誕生したあたりでさらに一段と急降下したことがわかる（図9－1）。

こうしてみると一九七〇年代後半にブレイストラップが結実させたテト攻勢報道批判が、一九八〇年代から九〇年代に社会的に醸成された「ヴェトナム戦争症候群」をめぐる反動的な議論を土壌として広く散種され、それが「九・一一」の衝撃によって一気に繁茂したと見ることもできそうだ。すでに触れたように、発端となったブレイストラップの検証作業は当事者の立場で経緯を慎重に精査しており、ヴェトナム情勢報道はもとより、テト攻勢報道だけに限っても頭ごなしに唾棄するようなものではなかった。しかし彼自身——大物記者にはえてしてありがちな話だが——一線を退いた頃から物言いが大ざっぱになり、総括の言葉も俗耳に入りやすい響きをともなってゆく。文脈全体を見ればそれなりに妥当な批判でも、部分だけを抽出すると一方的な論難になってしまうのである。一九八二年、すでに新聞社を退いて『ウィルソン・クォータリー』の創刊編集長になっていた彼が、リンドン・ジョンソン・ライブラリーのオーラル・ヒストリー企画に応じて語った次のような一節は、そのあたりを示唆しているだろう。その中で彼は相変わらずの口調でテレビ報道を「ショービジネスつまり見世物《ハリウッド》。スター気取りに法外な契約金、代理人、見せかけの仕掛け《ニューズ・セット・イン・スタジオ》、そんなものばかりだ」と誹《そし》るかたわら、強い口調でこう語ったのである——「要するに報道機関はヘマをやったってことだ。それは誰にも明白な、疑いようのない事実だ。そのことを報道はわかってなきゃならんのに、わかろうともしなかった。……わからなかったのにわかっているふりをしていたんだ」(Gittinger, 1982, p. 14)。

(3) 新たな再評価とそのゆくえ——結びに代えて

ふだんアメリカの動向になにより敏感な日本では珍しいほど耳にしなかった話題だが、二〇一七年はヴェトナム戦争をめぐる戦後何度目かの議論の大波がアメリカ社会にうねった年だった。半世紀を遡る一九六七年はアメリカの対ヴェトナム軍事介入が拡大の一途を辿った最後の年であり、翌六八年に入ったとたん、テト攻勢の衝撃、リンドン・ジョンソン大統領の引退宣言、さらにマーティン・ルーサー・キング牧師とロバート・ケネディ大統領候補の暗殺などの大事件が相次ぎ、世論は大きく動揺して、急坂を転げ落ちるような政治と社会の分裂を誰も止めることができなかった。そしてこの時期の忌まわしい記憶が、二一世紀に入ってますます極まるばかりの政治的・社会的な「分断」の様相を前に、なまなましく蘇ったのである。

もちろんこうした動きは一朝一夕に起こったわけではない。たとえば学界ではケンブリッジ大学出版局が全三巻からなる浩瀚なヴェトナム戦争史を数年がかりで準備中と伝えられているし、ジャーナリズムに視野を広げると『ニューヨーク・タイムズ』が一月初旬から「ヴェトナム'67」と題する大型の連載企画を開始し、毎月九篇から一〇篇にのぼる長尺のエッセイや論説類を掲載している。執筆陣もあの時代の従軍経験を持つジャーナリストや退役した将校、帰還兵出身の作家といった「当事者世代」の人々ばかりでなく、むしろ目立つのはヴェトナム戦争が終わってから育ったり生まれたりした世代の歴史家や作家や研究者たちを多数起用していることだ。それも戦時中の南ヴェトナムや北ヴェトナム国内にさえ反戦運動があったことに取り組むヴェトナム系アメリカ人の歴史学者たちや、右派の立場からヴェトナム戦争におけるアメリカの「勝利」について論争的な書物を著した外交史家などが、ことごとく一九七〇年代以降の生まれである。つまりこうした何度目かの再評価の繚乱は、彼らの多くが大学院生活を送った一九九〇年代末から二〇〇〇年代にかけて胚胎されたものでもある、ということなのである。

さらに一般への影響力で注目すべきなのが、著名なドキュメンタリー映画作家ケン・バーンズがリン・ノヴィックと共同で監督した『ヴェトナム戦争』が二〇一七年の九月一七日からPBS-TVで放映され始めたことだろう。バーンズは同じPBSで一九九〇年に連続放映された『南北戦争』で歴史学界に大きな論争を巻き起こした映画人で、公式文書のみならず南北両軍の兵士やその家族たちの書簡や日記などを駆使して学術的な社会史の方法や成果を採り入れる一方、荘重で神話的な映像の語り口が一国史（ナショナル・ヒストリー）の再興を企てているとも見えることから、いわゆるグローバル・ヒストリーを志向する学界に少なからぬ困惑を巻き起こしてもきた。しかしメディアの現場と一般視聴者の双方に彼の影響力はきわめて大きく、とりわけ実際に戦地を経験した帰還兵たちの生の声に丁寧に耳を傾けようとする姿勢は、学問的な社会史とジャーナリズムにおける調査報道を統合した以上の効果をもって広く社会的に受容されてきた。そんな彼がヴェトナム戦争の歴史的な総括に取り組んだこと自体、きわめて示唆的なことと言ってよい。

本章執筆時点でこの番組は放映が始まったばかりであり、その評価や社会的な影響と受容などをつまびらかにすることはできない。しかし、ただでさえ国民世論に「分断」をもたらしたとされるドナルド・トランプ政権下で「アメリカ史上最長の戦争」の記録を更新しつつあるアフガン戦争のなりゆきと合わせ、ヴェトナム戦争の新たな再評価が今後ますます波乱を巻き起こす可能性をはらんでいることは、どうやら疑いないところであろう。

（二〇一七年九月二三日脱稿）

注

（1）二〇〇九年七月、マクナマラの逝去を伝える『ミシガン・デイリー』紙の訃報記事を参照。http://www.michigandaily.com/content/2009-07-06/dc-robert-s-mcnamara-called-ann-arbor-home

（2）報道界のリベラル・バイアス批判の典型例として以下を参照。James S. Robbins, *This Time We Win: Revisiting the Tet Offensive* (Encounter Books, 2010).

参考文献

生井英考『空の帝国　アメリカの二〇世紀』講談社、二〇〇六年。

生井英考『ジャングル・クルーズにうってつけの日――ヴェトナム戦争の文化とイメージ』岩波現代文庫（初版は一九八七年）、二〇一六年。

ドン・オーバードーファー著、鈴木主税訳『テト攻勢』草思社、一九七三年。

ウォルター・クロンカイト著、浅野輔訳『クロンカイトの世界――二〇世紀を伝えた男』阪急コミュニケーションズ、一九九九年。

ニール・シーハン著、菊谷匡祐訳『輝ける嘘』上巻、集英社、一九九二年。

ニール・シーハン著、菊谷匡祐訳『ハノイ&サイゴン物語』集英社、一九九三年。

デイヴィッド・ハルバースタム著、浅野輔訳『ベスト&ブライテスト』上中下、二玄社（初版は一九八三年）、二〇〇九年。

松岡完『ケネディとベトナム戦争――反乱鎮圧戦略の挫折』錦正社、二〇一三年。

Braestrup, Peter, *Big Story: How the American Press and Television Reported and Interpreted the Crisis of Tet 1968 in Vietnam and Washington*, Boulder, CO: Westview Press, 1977. 2 vols. The abridged edition with the same title was published by Yale University Press, 1983.

Dallek, Robert, "JFK vs. the Military," *The Atlantic, Special JFK Commemorative Issue*, 2013, Fall. https://www.theatlantic.com/

magazine/toc/2013/08/
Doherty, Carroll, "The Public Isn't Buying Press Credibility," *Newman Reports*, Vol. 59, No. 2, 2005, 47–48.
Entman, Robert M., *Projections of Power: Framing News, Public Opinion, and U.S. Foreign Policy*, Chicago : University of Chicago Press, 1989.
Gittinger, Ted, Oral History Interview with Peter Braestrup (Lyndon Baines Johnson Library Oral History Collection, March 1, 1982).
Ladd, Jonathan McDonald, *Why Americans Hate the News Media and How It Matters*, Princeton University Press, 2011.
Moeller, Susan D., *Compassion Fatigue: How the Media Sell Disease, Famine, War and Death*, London: Routledge, 1993.
Moyar, Mark, *Oppose Any Foe: The Rise of America's Special Operations*, New York: Basic Books, 2017.
Page, Benjamin I., *Who Deliberates?: Mass Media in Modern Democracy*, Chicago：University of Chicago Press, 1996.
Schrader, Charles R., *History of Operations Research in the United States Army*, Vol.1: 1941–1962, Washington D.C.: The United States Army, 2006.
Prochnau,William, *Once Upon a Distant War: David Halberstam, Neil Sheehan, Peter Arnett——Young War Correspondents and Their Early Vietnam Battles*, New York: Vintage Books, 1996.
Hallin, Daniel C., *The Uncensored War: The Media and Vietnam*, Berkeley, CA: University of California Press, 1989.
Schrader, Charles R., *History of Operations Research in the United States Army*, Vol.2: 1961–1972, Washington D.C.: The United States Army, 2008.
Rothman, Lily and Liz Ronk, "See the 20 Times John F. Kennedy Appeared on the Cover of LIFE Magazine," TIME LIFE Online, May 26, 2017. http://time.com/4763638/jfk-covers-life/
Slavin, Erik, "Decades later, 'Vietnam syndrome' still casts doubts on military action," *Stars and Stripes*, Nov.14, 2014. http://www.stripes.com/news/special-reports/vietnam-at-50/decades-later-vietnam-syndrome-still-casts-doubts-on-military-action-1.313846
Vaughn, Stephen L., *Encyclopedia of American Journalism*, London: Routledge, 2009.
Willbanks, James R., "Shock and Awe of Tet Offensive Shattered U.S. Illusions," *U.S. News and World Record* 2009. https://www.usnews.com/opinion/articles/2009/01/29/shock-and-awe-of-tet-offensive-shattered-us-illusions.
Woods, Randall Bennett, *J. William Fulbright, Vietnam, and the Search for a Cold War Foreign Policy*, Cambridge University Press,

1998.
Wright, James, *Enduring Vietnam: An American Generation and Its War*, New York: Thomas Dunne Books, 2017.

第10章　衛星テレビのつくる世界史

隅井孝雄

1　宇宙衛星時代のあけぼの

(1)　それは、SF作家の予言から始まった

一九五四年イギリスの科学雑誌『ワイヤレス・ワールド』にSF作家、アーサー・C・クラーク（Arthur C. Clark）が「地球外中継器（Ex-terrestrial Relay）」という論文を発表した。後に映画化された未来小説『二〇〇一年宇宙の旅』の原作者として有名になるが、もともとはレーダーの専門家だった。

論文の中で彼は詳細な図形を使い、次のように述べた。「衛星を使って全世界にテレビを放送するのです。今でもそしてこれからも、放送は世界を一つにします」。静止した衛星から電話やテレビ放送を地上に送り込むというのが彼の構想であった。通信放送衛星の軌道はクラーク・ベルトと呼ばれている。

ロケットを打ち上げて、弾頭に似た丸い玉を発射させると、軌道を描いて地球を周回する。それに小型の発信器をつけると、地上に電波音を送ることができる。証明したのは一九五七年一〇月四日、ソヴィエトが打ち上げた最初の人工衛星スプートニクだった。

楕円軌道を九六・二分で周回、電池の寿命が尽きるまでの三週間、四〇・〇二メガヘルツと二〇・〇五メガヘルツの二種

図 10－1　スプートニク打ち上げを伝えるロサンゼルス・タイムズ（1957.10.6）

出典：Discovery Channel, Cronkite Remembers "Moon" より（1997.2.6）。

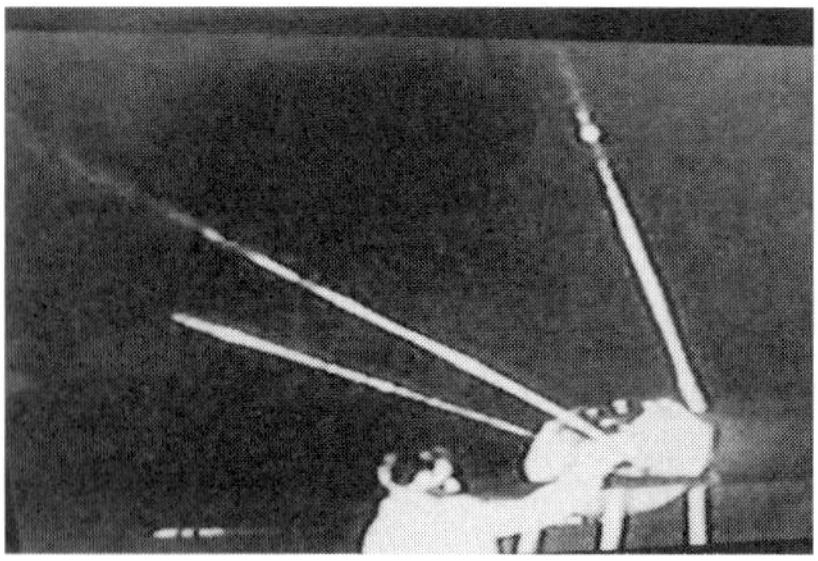

図 10－2　発射前のスプートニク

出典：Discovery Channel, Cronkite Remembers "Moon" より（1997.2.6）。

類の信号音を断続的に発信し続けた。アメリカはショックを受けて米ソの宇宙競争を加速させることになった。

当時アメリカのベル研究所の技術者ジョン・R・ピアース（John R. Pierce）博士が、衛星に鏡のような金属コーティングを施して反射させれば、地上から送った電波を地上に送り返すことができると着想、一九六〇年八月、世界最初の通信衛星エコー一号を打ち上げた。

折から新大統領ジョン・F・ケネディ（John F. Kennedy）がソヴィエトに対抗して月面着陸のアポロ計画を発表、合わせて人工衛星による世界通信網の計画を発表した（一九六一年五月米上下両院合同会議での演説）。これが追い風になり、電話やテレビのための通信衛星を実用化する動きが加速した。

ピアース博士は通信衛星に積んだ太陽電池で、データ量の大きいテレビ信号を送受信することを試みた。一九六二年七月に打ち上げた大西洋上のテルスター衛星でヨーロッパとアメリカを結び、さらにその翌年、太平洋上に打ち上げたリレー衛星で日本と結んだ。

これらの衛星の軌道は、低い位置にある楕円軌道であり（近地点九五九キロメートル、遠地点五六〇〇キロメートル）、地球より速いスピードで周回する（一周二時間三七分）ため、映像の送受信は一五分程度に限られた。

その時すでにアメリカではもう一人の科学者、ハロルド・ローゼン（Harold Rosen）博士が出番を待っていた。新しい技術で高度三万六〇〇〇キロメートルの軌道で静止するシンコム衛星の打ち上げを周到に準備していたのだ。

一九六四年一〇月、静止衛星を使って、東京で開催されるオリンピックを世界に放送することによって、先端を行くロケット技術、通信技術を世界に誇示したいというアメリカの思惑は見事に的中することになった。

(2)　太平洋を結んだ初の衛星、リアルタイムで知ったケネディ暗殺

一九六三年一一月二二日、日米間で画期的な初の「宇宙」中継が行われることになっていた。アメリカから宇宙へ、そして日本へリレーされるはずの映像の主人公はアメリカ大統領のジョン・F・ケネディ。宇宙で結ばれる友情のあかしとして大統領自身が日本へのメッセージを送ってくるという。新しい時代への期待で、テレビ関係者は胸をふくらませていた。

午前五時二七分予備送信映像として砂漠の映像が数分映った。本番の成功を疑う者はいなかった。そして午前八時五八分。予想もしなかった手書きの日本語字幕に続いてよどみない日本語が聞こえた。「私はリレー衛星にのせて電波を日本の皆様にお送りしています。この電波に乗せて悲しむべきニュースをお伝えしなければならないのはまことに残念です。アメリカ合衆国ケネディ大統領は一一月二二日、日本時間二三日午前四時、テキサス州ダラス市において、銃弾に撃たれ死亡しました」。声の主は毎日放送のニューヨーク特派員前田治郎であった。

二二日中部時間一二時三〇分頃ダラス空港から市内へ向かうケネディ大統領夫妻の車列に銃声が響いた。アメリカCBSのアンカー、ウォルター・クロンカイトが「大統領が中部時間午後一時（東部時間午後二時）に死去しました」とテレビカメラに向かって語りかけた。

死亡時刻が公式に報道されたのは日本時間午前三時三八分、その五時間二〇分後に、衛星放送がケネディ死去のニュースを運び、日本の視聴者は直接目にしたのだった。

前田治郎氏はこの日たまたまニューヨークABCインターナショナルにいたところ、顔見知りの同社社長ドナルド・コイル（Donald Coil）氏に呼び止められた。「これから衛星中継の実験がある、この大事件を日本語で送ってはどうか」。準備する間もなくマイクに向かった。前田治郎氏はこう証言した。

「放送が終わるとコイル社長は、悲しいニュースだが、これは新しい世界の幕開けになるのだ、とウイスキーをグラスに

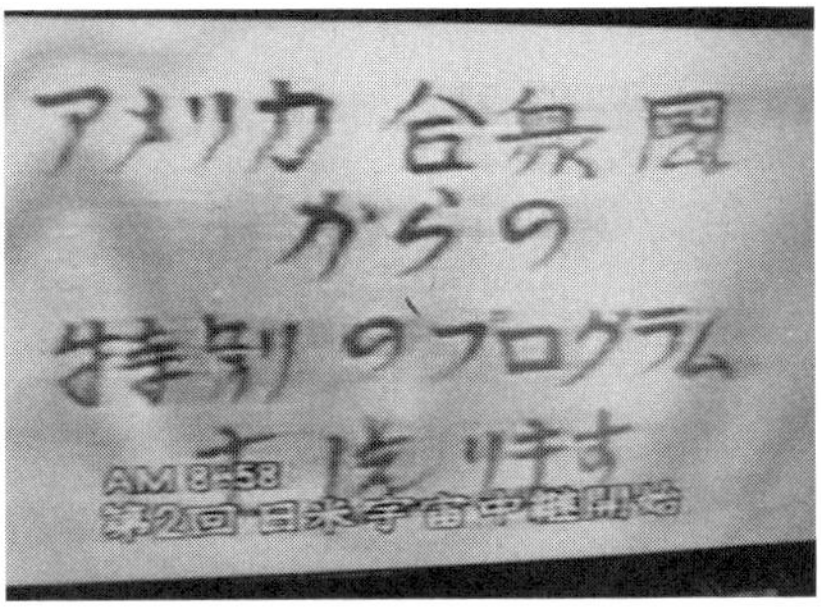

図 10－3　リレー衛星日米伝送実験で最初に映された日本語字幕

出典：テレビ朝日「田原総一郎テレビ大全集」より（1999.12.1）。

注いで乾杯した」。

（3）　巨大なパラボラアンテナ、世界史変える最初の一歩

ケネディ暗殺のニュースの日米中継の成功は、衛星通信の道を切り開いた。茨城県十王町に新設された巨大な衛星パラボラアンテナは成功のシンボルともなった。秒速八キロのスピードで軌道上を周回するリレー衛星、それを追尾して映像を受信するという奇跡に近い作業である。

アメリカはヨーロッパ、南米との間で衛星通信を結ぶ計画に加え、日本の強い要請で、太平洋にも衛星を配置し日本と結ぶことになった。それが一九六三年の日米間中継だった。ＫＤＤ、ＮＨＫ、三菱電機の三社の技術陣が共同して対策にあたった。フランスの科学者ローラン・カセグレン（Laurent Casegren）による放物面鏡と双曲線鏡を組み合わせて強い像を結ばせる理論を応用した、巨大なパラボラアンテナが、茨城県十王町に建設された。このアンテナは周回する衛星を誤差〇・〇二度という正確さで追尾する機能を備え、予定された一五分間の送信を切れ目なく行えるよう設計されていた。

歴史的な「特別番組、日米テレビ宇宙中継始まる」の当日の生放送番組の指揮を担当したのは、ＮＨＫ報道局社会番組部の木村靖ディレクターだった。衛星は時間通り周回するのか、アンテナは正確に追尾できるのか、確証はないままで本番に突入した。そしてそこへ「ケネディ暗殺」の報が飛び込んだのだった。本来ケネディの声と姿が映るはずの一回目の予備送信画面が砂漠のサボテンだったことの意味を、木村ディレクターはじめスタッフは知るよしもなく、そして本番の直前に暗殺が伝えられ、彼らが歴史の中にいることを知ったのだった。

「お茶の間からニュースを知ることが出来る新しい時代が来たと思った」。木村ディレクターは後にこう語っている。

中継成功の決め手となった巨大パラボラ、カセグレン・アンテナはその後世界各国六〇カ国に採用され、後のヨーロッパ

での社会主義圏崩壊への道を切り開くことになった。

（4）　一九六四年東京五輪、初の衛星世界中継

一九六三年の太平洋リレー衛星中継は一年後に開かれる東京五輪を「宇宙中継」するための実験でもあった。KDDとNHKは一九六〇年のローマオリンピックの際、国際通信用の短波の電波を使って、速報映像のテレビ放送に挑んだが失敗した。コマ撮りした写真（八秒一コマ）を短波の電波で国際送信、それをフィルムに焼き付けて放送する、というものだった。金メダルが確実とみられる男子体操が選ばれた。だが、期待してテレビの前に集まった視聴者はその劣悪な画面に怒りをつのらせ「ぎくしゃくテレビだ」とのあざけりの言葉を投げかけた。その雪辱を果たしたい。

周回衛星では一五分程度で衛星はアンテナの視界から姿を消す。しかしアメリカの衛星技術は急速に進化を遂げ、静止衛星がオリンピックに間に合うよう打ち上げられた。一九六四年八月二九日の「シンコム三衛星」だ。

図10－4　歴史を変えた静止衛星シンコム３号

出典：BBC/CBC, Making the News #3より（1998.3.22）。

NASAによるシンコム衛星は一号、二号が失敗した後、八月に二九日に打ち上げた三号が太平洋上の軌道に静止、一〇月一〇日から始まった東京オリンピックを世界に初中継する栄誉を担った。まさに綱渡りであったが、NHKとKDDはアメリカのNBCテレビと協力して、世界初のオリンピック衛星中継を実現させた。

開会式を報じるアメリカのニューヨーク・タイムズ（一九四四年一〇月一〇日）は成功を絶賛した。

記事は要旨を次のように述べている。「東京オリンピック開会式のライブ映像は素晴らしい質だった。エレクトロニクス技術の勝利であり、グローバル・コミュニケーションの画期的発展をもたらすものだ。シンコム三号衛星は太平洋上二万二三〇〇マイルの静止軌道にあり、大西洋上のテルスター衛星よりも格段に優秀だ。東京からの衛星画像はスタジオ制作されるテレビ映像にもひけをとらない。衛星が静止しているのは、地球の自転と同じ時速六八〇〇マイルであるためだ」。

衛星通信が驚異的な速さで実用化された背後には、軍事的要因もある。アメリカは当時トンキン湾事件などでヴェトナム戦の拡大にむかっていた。シンコム三号は国防総省の管理下に置かれ情報戦で重要な役割を担うようになっていた。

その後オリンピックの衛星放送は、グローバルな熱狂を生み出した。当初は最大の放送権を支払うアメリカのテレビネットワークが、主催国の放送機関と提携して独占的な権益を有していたが、一九九八年の長野冬期五輪が一つの転機になった。オリンピック映像の制作やアレンジを担当する国際共同チームＯＢＳ（Olympic Broadcasting Service、オリンピック放送機構）が結成されたからである。映像の制作、送信あるいは各国が独自に要望する映像の手配全般をＯＢＳがになうこととなった。

二〇〇五年以降は衛星に代わり、安定性のある高規格光ファイバーケーブル（海底で大陸間を結ぶ）が使われるようになった。だが衛星放送は新しい飛躍の出番を待っている。

二〇二〇年の東京オリンピックでは現在のテレビ映像の四倍あるいは一六倍の鮮明度を持つ４Ｋテレビ、８Ｋテレビ（スーパー・ハイビジョン）で放送されることが計画されている。二〇一四年六月のサッカー、ワールドカップでは４Ｋテレビによる衛星送信、スカパー衛星チャンネルによるパブリック・ビューイング実験放送が行われた。二〇一八年までには実用化されるが、地上波テレビに代わる高規格衛星放送時代の幕が開く。

2　宇宙に架ける対話の橋

(1)　米ソをスペースブリッジが結ぶ

一九八六年九月のある日、ニューヨークのロックフェラーセンター50（当時ＡＰ通信ビル）にある日本テレビニューヨーク衛星スタジオは、五〇人ほどのアメリカ市民で一杯になった。米ソスペースブリッジと名づけられた国際テレビ番組に参加

図 10－5　スペースブリッジの米ソ二元中継画面

出典：BBC/CBC, Making the News #3より（1998.3.22）。

図 10－6　スペースブリッジのタイトル画面

出典：BBC/CBC, Making the News #3より（1998.3.22）。

するためだった。アメリカとソヴィエトを衛星回線で結び、市民同士が対話しようという画期的な試みだった。

レニングラード（現 サンクトペテルブルグ）とシアトル、モスクワとニューヨークを結ぶ四元中継、参加者は米ソそれぞれ一〇〇人前後。ソヴィエト側の司会者は改革派として知られるテレビアンカー、ウラジミール・ポズナー（Vladimir Pozner）だった。アメリカ側はシアトルにシンジケートトークショーで盛名をうたわれるフィル・ドナヒュー（Phillip John "Phil" Donahue）、ニューヨークにABCテレビのニュースアンカーで国際感覚豊かなピーター・ジェニングス（Peter Jennings）がいた。米ソ市民の史上初めてと思われる直接対話は緊迫して始まった。

核保有を蓄積するソ連、自由のないソ連をアメリカ市民は批判し、ソヴィエト市民はアメリカの物質文明やヴェトナム戦争を批判して反駁、しばらくは非難の応酬が続いた。一人のアメリカ青年が立ち上がった。「われわれは二つの政府が望むような争いをしている。ロシア人を知りたいからここに来た。理解し共存したい」。討論の雰囲気が変わった。ポズナーがのちに述懐したことによると、「ソヴィエト市民には発言することに恐怖感があったが、アメリカ人は自由に発言していることを感じ取った」という。二つの国の市民は、結局はその後数回にわたったテレビ討論で心を通じ合わせることができたのだった。

当時ブリッジを克明に取材した国営テレビのジャーナリスト（後に民放NTV＝新独立テレビの社長）エフゲーニ・キセリョフ（Yevgeny Kiselyof）氏は、

「為政者はメディアの自由を最大限尊重すべきことを学んだ。この番組を契機に、ソヴィエトのメディアは今まで伝えられなかったことを報道できるようになった」と語る。

スペースブリッジはソヴィエト側では積極的に中継され、ポズナーによると一億八〇〇〇万人が視聴したという。それまでアメリカ市民に接した経験がなかったソヴィエト市民の心に、アメリカ市民の発言は砂漠に水がしみこむようにひろがった。一方アメリカのテレビネットワークはこの企画にそれほどの関心を示さず、「アメリカ側の視聴者は八〇〇万人にとどまった」（ポズナー）という。

しかし当時この試みが東西の壁を打ち破り、ソヴィエトの瓦解につながることをその時は誰も予想していなかった。

（2）ハンガリーが開いた国境、一部始終を衛星テレビが……

一九八九年ハンガリーは当時社会主義陣営の一員でありながら、改革を主導するネーメト・ミクローシュ（Németh Miklós）政権が誕生、ハンガリー市民の海外旅行を自由化した。さらに東ドイツ市民の窮状を解決するため、ハンガリー国内に一〇〇〇人の東ドイツ市民を招いた集会を開催した。「ヨーロッパ・ピクニック計画」と呼ばれた。オーストリア国境近くの草原で行われたのだが、ハンガリー政府は国境の柵を開き、参加した東ドイツ市民が大挙して国境を越えた。一九八九年八月一九日のことであった。

狭い木の門が左右に開き大勢の東ドイツの人々が押し合いながら通り抜ける現場の映像は、西側の衛星ニュースや西ドイツのテレビで直ちに報道され、多くの東ドイツ市民もまた感動を持って、その映像を見た。

ハンガリーが国境の鉄条網の切断をはじめたとの報道に接したアメリカ大統領ジョージ・ブッシュ（George. H. W. Bush）は八月一二日ホワイトハウスから、「次はベルリンの番だ（Let Berlin be next）」と呼びかけたが、この予言は三カ月足らずで実現することとなった。

ハンガリーへの経由地であるチェコのプラハに続々と東ドイツ市民がやってきた。亡命を求める彼らは、プラハの西ドイツ大使館を三〇〇〇人に及ぶ東ドイツからの避難民が埋め尽くしたのだ。

この映像がＣＮＮなど国際衛星で放送されているさなか、九月三〇日、西ドイツのハンス＝デートリッヒ・ゲンシャー（Hans-Dietrich Genscher）外相がチェコ政府との話し合いに訪れた。午後七時、大使館を埋め尽くした群衆の前に現れたゲンシャー外相はマイクでこう言った。「今日あなた方すべてに出国が認められます」。

この成り行きもまた、一部始終が衛星による生放送で全世界に放送された。そして、ライプツィヒやベルリンで東ドイツ、エーリッヒ・ホーネッカー（Erich Honecker）政権に対して巻き起こった抗議のデモは希望と活気のあふれるものとなった。

（3）天安門からベルリンへ、明暗を分けた衛星放送

天安門からの国際的なテレビ中継は、思いがけないことから実現することになった。

一九八九年五月ソヴィエトのミハイル・ゴルバチョフ（Mikhail Sergeevich Gorbachev）書記長が中国を訪問した。人民大会堂で中国首脳と会談の後、天安門で歓迎集会が開かれることとなっていた。中ソ両国の三〇年ぶりの首脳会談である。折から中国も開放政策を進めており、ゴルバチョフがさらに開放を推進する役割を担っているのは明らかだった。中国が民主化されることもあり得る。歴史的なイベントになると考えられ、世界中のメディアがテレビ中継機材とスタッフを送り込んだ。

注目されるのは新しい機材、フライアウェイをＣＮＮが持ち込んだことである。スーツケース数個に送信設備と編集設備を格納し、傘のように開くアンテナをセットすれば、どこからでも衛星に電波を送る仕組みだ。ＣＮＮ以外は中国国営放送のスタジオ、設備、送信アンテナを借用し、中国郵政局が管理する衛星回線をブッキングした。しかし、ＣＮＮだけは自前の設備と回線で直接衛星に電波をアップリンクした。

天安門広場は民主化を要求する学生、市民に占拠され、ゴルバチョフ歓迎集会は中止された。ゴルバチョフが北京を去ったあとも、各国のテレビはカメラやマイクを天安門広場に配置中継放送を継続した。

中国政府は緊張が高まると、各国がキープしている回線を打ち切った。ＣＮＮだけはパラボラアンテナを広場に設置し、直接衛星にリンクしていたため手が出せなかった。当局は係官を派遣して、放送を中止するよう命令した。その一部始終は生中継で全世界に流された。アンカー、バーナード・ショー（Bernard Shaw）は一呼吸おいてマイクをアトランタのＣＮＮ

図 **10－8**　北京からの生放送を中断した瞬間のCNN レポーター，バーナード・ショウ

出典：BBC/CBC, Making the News #3より（1998.3.22）。

図 **10－7**　送信停止を通告する中国政府係官

出典：BBC/CBC, Making the News #3より（1998.3.22）。

本部に戻した。

テレビ映像が中断され、ザーッという音声と、雨が降ったような画像はほんの三～四秒だったが衝撃的な映像として記憶に残るものとなった。

中国政府は世界の目が途絶えたのを見定めるようにして軍隊を導入した。天安門で取材を続ける各国取材班は、撮影したビデオを次々に香港、台湾、ソウル、東京に搬入、戦車が天安門に突入し、学生の血が流れ、そして一人の男が戦車の前に立ちはだかる様子は、わずかな時間差で世界中に報道された。テレビは歴史の生き証人となった。

（4）　壁崩壊、全世界が実体験

天安門事件の衝撃は東から西へ地球を半周して世界に広がり、ベルリンの壁崩壊に連動した。

東独では中国の公式発表と同様、暴力的な学生が引き起こした騒乱であるというニュースが繰り返し流されていた。東ドイツ共産党のエゴン・クレンツ（Egon Krenz）書記長が天安門事件の直後北京を訪問したが、このことは東ドイツの民主化運動もまた同じように弾圧を受けることを予感させた。

一九八九年一〇月七日、東ドイツ建国四〇年を祝うパレードに、ゴルバチョフが参加した。ホーネッカー政権の力を誇示するためにテレビで中継のさなか、広場の民衆が「ゴルビー、ゴルビー」と連呼し始めた様子を国営放送は止めることはできなかった。ソヴィエトで自由化を進めるゴルバチョフに対する支持は東ドイツの政権の強圧的政策への反旗であった。この事件をきっかけに反政府運動が東ドイツ全土に広がり、ライプツィヒや東ベルリンから密かに持ち出された民衆が行進するビデオ映像は、西側からの電波にのり、そして東側に次々に環流した。

一一月九日東ドイツ共産党記者会見が開かれた。政治局員ギュンター・シャボウスキー（Günter Schabowski）は西側の記者たちに「すべての東ドイツ国民にどの国境検問所からでも出国を許可します」と発言した。そして「今すぐなのか？」との質問に対して、「直ちに実施される」と答えた。

この会見はCNNなど衛星テレビで世界に生中継されていた。ベルリンの壁崩壊の瞬間である。世界中のテレビ局は番組を中断してブランデンブルク広場から歴史の転換を伝えた。

この後、東ヨーロッパの旧社会主義国が次々に自由主義国家に生まれ変わり、ドイツが統一し（一九九〇年一〇月）、そしてソヴィエト連邦が崩壊した（一九九一年一二月）。EUは二〇〇四年東西の分断を越えポーランド、チェコ、ハンガリー、リトアニア、エストニアなどの一〇カ国の加盟を承認して新たな拡大の歩みが始まった。

図10－9　東ドイツ政府が市民の出国の自由を発表した国際記者会見

出典：BBC/CBC, Making the News #3より（1998.3.22）。

3　戦場からの生中継

（1）湾岸戦争の開始告げたテレビ放送

もはやニュースは世界のどんな場所からでも、起きた出来事を即時に衛星放送で伝えることができるようになった。

一九九一年一月一六日、米東部時間午後六時三二分、バグダード時間一七日午前二時三二分、CNNはバグダードの市内に着弾した巡航ミサイルの爆発音とともに湾岸戦争の開始を告げた。戦争の生放送、実況中継、しかも

「敵国」の首都からの報道は世界初のことであった。

「バグダードの空は煌々と照らし出されています。まばゆい閃光が飛び交い、対空砲火が続いています」、バーナード・ショーとピーター・アーネット（Peter Arnet）の二人の記者の声が交互に響き渡った。

その五カ月前、一九九〇年八月二日、イラク軍が国境を越えてクウェートに侵攻した。国連はイラクに対し、即時撤退を求め、経済制裁を行った。一二月に入って、米軍はサウジアラビアに展開し、三四カ国による多国籍軍がイラク包囲の体制を取った。

各国メディアは空爆を予想し、バグダードから次々に撤退を始めたが、CNNだけはイラク国内からこの戦争を衛星放送で生中継しようと決意していた。これが世界最初の衛星による戦争生中継報道となり、世界の視聴者の目をCNNに釘付けにするという結果となった。

アメリカ軍はこの戦争での自由な取材を一切認めず、世界から集まった一四〇〇人のジャーナリストたちは、サウジアラビアのリヤドに設置されたテントの会見室に釘付けとなった。ノーマン・シュワルツコフ（Herbert Norman Schwarzkopf Jr.）司令官による定期記者会見では戦闘機による「ピンポイント攻撃」のコンピューター映像が繰り返された。軍事目標だけが正確に破壊され、ミサイル攻撃が成果をあげていることが強調された。取材の自由はなく、軍広報担当将校が引率するメディアプールが砂漠を見て回るだけだった。

ハイテク戦争＝クリーンな戦争というイメージを世界に拡散し、戦争の実態を覆い隠したという非難がひろがった。

（2）　CNNに聞いてくれ

報道管制に風穴を開けたのはCNNであった。CNNはイラク国内に衛星用折りたたみアンテナ、衛星電話を持ち込み、ヨルダンに電話回線をつないで、アメリカ政府の命令を無視して取材を続けた。

CNNはバグダード空港からの入国に際してトランクケースを一つ持ち込んだ。それが「ポータブル・フライアウェイ」であり衛星電話、送信機、編集機の一切が詰め込まれていた。ピーター・アーネットの回顧録によると、傘のように折りたたんだ銀色のパラボラアンテナを「バグダードのきつい日差しを避けるためのカメラの日除傘だ」と説明して入国検査をパスしたのだという。ＣＮＮにとっての幸運はイラク政府がバグダードとアンマン（ヨルダン）の間の電話四回線（4 wire）の使用をＣＮＮに限って許可したことだ。これによってＣＮＮはアメリカ・アトランタの本社との双方向のやりとりを鮮明な音声で放送できることになった。

アメリカのイラクへの空爆（「砂漠の嵐作戦」）をＣＮＮが伝えた際、取材記者に取り囲まれたディック・チェイニー（Richard Bruce "Dick" Cheney）国防長官は「ＣＮＮの報道だと命中度はきわめて高く、空襲は成功している」と答えた。ホワイトハウスの広報官マックス・マーリン・フィッツウォーター（Max Marlin Fitzwater）もテレビから目を離すことなく、攻撃が開始されたかどうかのメディアの質問に「ＣＮＮを見ればわかる」と答えた。

図10－10　戦時下のバグダードから衛星中継でレポート中のピーター・アーネット

出典：CNN,'90 of CNN60より（2000.6.3）。

バグダードからレポートを続けるピーター・アーネットは、ミサイル攻撃による建物の破壊や負傷した市民の様子も取材し、報道した。米軍総司令官が軍事目標に的を絞っているとレクチャーしたことを、真っ向から否定する報道となった。化学兵器工場だとした標的は実は粉ミルク工場であったことが、映像と共に報道された。

トム・ジョンソン（Tom Johnson）ＣＮＮ社長（当時）によるとコリン・パウエル統合参謀本部議長からの電話で、イラク国内のＣＮＮのスタッフを帰国させるよう警告を受けたという。またテッド・ターナー（Robert Edward "Ted" Turner）ＣＮＮ会長はブッシュ大統領（四一代）から直接電話がかかってきたと後に証言している。

「私は卑劣な攻撃にさらされた。サッダーム・フセイン（Saddam Hussein）のプロパガンダに利用されたといわれ、非国民ともいわれた」。ピーター・アーネットは後にそう述べた。議会では「彼は反逆者」と演説した議員もいた。湾岸戦争でのプール取材にメディアは強く反発し、湾岸戦争終結後、戦場のプール取材を廃止する、という軍とメディアの合意が発表された。
CNNの名は全世界に知られるようになり、衛星による二四時間国際ニュース放送の先駆けとなった。

（3）BBCからCNNへ、国際報道の主役交代

BBCは湾岸戦争を通じてのCNNの活躍に衝撃を受けた。一九二七年以来BBCは短波ラジオによる放送で世界の声を伝え続け、公正な報道だと世界の信頼を集めていた。とくに第二次世界大戦の報道は、BBCの独壇場であった。BBCがニュースを伝える言語は最盛期三三カ国語にもおよんでいた。それにもかかわらず、湾岸放送ではイラク国内に入ることもできず、アメリカ軍のコントロールする「メディアプール」の一員として取材するにとどまった。湾岸戦争終結後、本格的な国際ニュースである「BBCワールドニュース」の放送は一九九五年に開始された。

CNN（ケーブル・ニュース・ネットワーク）は一九八〇年六月一日に全米向けの二四時間ニュースチャンネルとして放送を開始した。衛星を使用して全米のケーブルテレビ局に配信するという試みだった。

オーナーのテッド・ターナー（Ted Turner）はアトランタで広告業を営んでいたが、破産しかけた地方テレビ局を買い取って放送事業に関わるようになった。一九七四年通信衛星経由で全米のケーブル局に番組配信する「スーパーステーション」と名づけられた新ビジネスに乗り出した。「ターナーブロードキャスティング（TBS）」と名づけたこの局は成功し、全米に名前を知られるようになった。

CNNが発足したときは、ケーブルはテレビ世帯の二〇パーセント程度だったが、通信衛星が充実し、ケーブル世帯が加速度的に増加する時代の流れの中で、二四時間、切れ目なくニュースを流すCNNは注目されるようになった。

CNNは衛星システムの拡大と歩調を合わせて世界にひろがっていった。一九七五年までには衛星が五大陸を網羅するようになり、CNNも世界のどこでも視聴できるようになった。そして一九八九年以降の東西冷戦の崩壊、一九九一年の湾岸戦争の報道で、CNNは世界に確固たる地位を築いた。現在支局はアメリカ国内一〇都市、世界二六都市、二〇〇以上の国、地域にニュース番組を送り出している。視聴者はアメリカ国内に九九〇〇万人、全世界では二億人を越える。

（4）　イラク戦争、キーワードはリアル・タイム

二〇〇三年四月八日日本時間夕方四時五六分（バグダード時間午前一〇時五六分）、テレビ朝日はアメリカ軍がいよいよバグダード中心部に入った模様を伝えようと、パレスチナ・ホテルにいる綿井健陽記者（アジアプレス）を衛星画面で呼び出した。チグリス川を挟んで大統領官邸の向かい側のホテル前で今まさに口を開こうとした瞬間、爆発音がとどろき、破片が降り注いだ。綿井は身を伏せながら「ホテルの東側に砲弾が撃ち込まれた」と伝えた。

アメリカ軍の戦車が狙い撃ちした砲弾は、一五階のテラスで望遠撮影していたロイター通信のカメラマン、タラス・プロチーク（Taras Protsiuk）の命を奪った。バグダードから一万キロ以上離れた日本の視聴者は、テレビが戦場のただ中にいることを実感した。

米軍はジャーナリストの命が奪われたことを遺憾としながらも、「わが軍と行動を共にする従軍取材の安全は確保するが、独自の場合、戦闘地域では危険がともなうのは常識だ」と会見で語った。

図 10－11　中継放送中，身をかがめる綿井健陽記者（アジアプレス）

出典：朝日放送ニュースより（2003.4.8）。

イラク戦争では、湾岸戦争とは異なり、アメリカ軍はエンベデッド（組込）従軍取材方式をとり、五〇〇カ国、八〇〇人のジャーナリストが軍隊と行動を共にして取材した。そして戦闘のさなかでも、走る戦車の上からでも、当たり前のようにして衛星生中継が行われた。イラク戦のテレビ放送のキーワードは「リアルタイム」であった。

記者、カメラマンは〝進撃〟にあたって機動性が要求されるため、小型化・軽量化されたハイテク・デジタル機材を持ち歩く。撮影したカメラ映像は即座にノートパソコンに取り込み編集し衛星に送る。スーツケースに組み込まれた携帯衛星電話（トーキングヘッド）も、テレビ電話として使われた。コマ落ちはするがレポートを生で送れる。湾岸戦争時は重量一トンのフライアウェイ、三三キロの衛星電話が主役だったが、イラク戦争では映像ソフトを入れたノート

図 **10－12**　戦場を疾走しながらレポートするデイヴィッド・ブルーム記者

出典：History Channel, Frontline Reporting より（2001.1.2）。

図 **10－13**　放送設備，衛星アンテナを内蔵したブルーム・モバイル

出典：History Channel, Frontline Reporting より（2001.1.2）。

パソコンと、六四キロビットの衛星電話が主役となった。

ＮＢＣが送り込んだ記者デイヴィッド・ブルーム（David Bloom、取材中病死）は「ブルーム・モバイル」という特殊な車両を持ち込み、時速一〇〇キロで走りながら映像やレポートを高規格で送り出した。後部に積んだドーム型の覆いはディッシュアンテナが組み込まれている。どんな角度からでも衛星を追尾できた。

ＦＯＸテレビのレポーター、元軍人のグレッグ・ケリー（Greg Kelly）は戦車から身を乗り出して、バグダードに通じる街道を驀進《ばくしん》しながらレポート、アメリカ国民の愛国心を大いに盛り上げた。

（5）ノートパソコン、デジタルカメラ、ブログ、YouTube

新聞の従軍記者もノートパソコン、写真、ビデオ両用のデジタルカメラを携行した。戦場の現場の記事は、新聞が発行される前にネット上のデジタル記事となり、映像と音声レポートも付加された。

その一方、開戦前後バグダード郊外から発信されたとみられるイラク青年のブログ「Salam Pax」（平和）、兵士からの発信とみられる戦場ブログ「Lt. Smash」（スマッシュ中尉）などは、イラクの国内状況を知らせるものとしてアクセスが世界中から殺到した。

戦闘に参加する兵士さえデジタルカメラ、パソコンを戦場に持ち込んだ。戦闘終結後も、アメリカ軍のイラク駐留は長引いた。戦闘のあいま、兵士たちは気晴らしにブログや映像発信で本国の家族、友人に自らの状況を伝え始めた。二〇〇五年以降、YouTubeが登場すると、イラクの米兵が活用し始めた。ヘルメットにカメラをつけたまま見えぬ敵に向かって銃を発砲し、そのシーンを生音声で送り込む映像が評判となった。駐留する兵舎の近辺での行動を撮影、編集、ラップ音楽をつけた「作品」もある。「戦闘に身を挺する自分たちの思いを友人、家族に知らせたいと強く願う兵士の数は多い。また現地では散発的な攻撃以外何もすることもない時間が流れている、という事情もあった」（ABCニュース、二〇〇七年二月七日）。

（6）　中東の衛星メディア、アルジャジーラの登場

二〇〇一年一〇月六日、アルジャジーラによってオサマ・ビン・ラディン（Usama Muhammad bin Ladin）の映像を初めて目にすることになった。岩山を背にしたビン・ラディンは「アッラーはアメリカの急所を一撃し、最も大きい建物が破壊された、アッラーに賞賛あれ」と語った。この映像を入手したのは中東初の二四時間衛星ニュース局、アルジャジーラだった。

図10－14　アルジャジーラが放送したオサマ・ビン・ラディンのビデオ映像

出典：Aljazeeraニュース映像より（2001.10.6）。

アフガニスタン空爆が開始される直前（一〇月七日）のことだ。

同局は九・一一のあと九月二四日にもビン・ラディンの署名のある声明を放送したが、アメリカ政府はテロリストの宣伝に加担していると強く批判、これに対してアルジャジーラのアフマド・シェイク報道部長は「客観性と信頼性を維持するために、われわれはさまざまな視点を紹介する必要がある。ビンラディンの主張もブッシュの主張も紹介しなければならない」と反論した。

アルジャジーラの放送に必ず映し出されるロゴには、アラビア語で「One Opinion, the Other Opinion」と記されている。これ以後、アルジャジーラは世界のメディアの重要な情報源として欠かせない存在となり、国際政治に大きな影響を持つニュース局となった。

アルジャジーラは戦場となったイラク国内の状況を積極的に報道した。三月二三日、バスラからの映像を放送したが、その中に米軍兵士の遺体が含まれていたことから再びアメリカ政府からの強い批判にさらされた。四月八日アルジャジーラのバグダード支局に米軍機のミサイルが発射され、開戦第一報を伝えたターレク・アイユーブ（Tareq Ayyoub）記者が死亡した。意図的な攻撃だというアルジャジーラの抗議に対し、アメリカ国防省広報官は「戦争とはそもそも悲劇的なものだ」と答えた。

（7）カタール、若き首長の発想

アルジャジーラの開設は一九九六年に遡る。カタールの若い首長シェイク・ハマド（Shaikah Hamad）は湾岸戦争以降の国際情勢の変化の中で、言論、報道の自由の重要性を感じ取っただけではなく、中東から世界へ向けての情報発信の必要性を痛感していた。彼は新しいテレビ局の開設のため、五億リヤル（一億三七〇〇万ドル）を拠出した。これだけの金額があればこのテレビニュース局は五年間保つことができるといわれていた。ハマド首長は編集局との間で「この局は首長の介入を受けない独立した放送局である。万一独立が損なわれた場合、編集局全員は辞職する」との覚え書きを結んだ。

当時イギリスBBCはサウジアラビアのファハド（Fahd ibn Abdulaziz）国王と提携し、中東地域にアラビア語ニュース専門局を作ることを計画していた。一九九四年三月にロンドンからの放送が始まったが、文化の違い、報道の自由に対する見解の相違などから、BBCとサウジ側との軋轢が続き、二年後一九九六年四月に放送は打ち切られ、BBCは中東から撤退した。

BBCが育成したおよそ一二〇名のアラブ人ジャーナリスト、アナウンサー、ディレクター、プロデューサーは新しく開設されるアルジャジーラに移籍した。アルジャジーラが欧米系のジャーナリストや視聴者の目で見ても違和感のない報道を行っているのは、このような経緯が大きく作用しているといえるだろう。

放送局の名称アルジャジーラは英語では the peninsula、アラビア半島全域放送という意味が込められている。

アルジャジーラが全世界に向けて英語による二四時間ニュースを放送するようになったのは二〇〇六年一一月であった。ドーハ、ロンドン、ワシントン、クアラルンプールの四カ所に放送センターを開設、スタッフは世界三〇カ国から八〇〇人、メインのキャスターはロンドンにBBCから引き抜いたデイヴィッド・フロスト（David Frost）、ワシントンに元ABCのデイブ・マラッシュ（David Marash）を充てた。また湾岸戦争当時米軍報道官だったジョシュ・ラッシング（Josh Rushing）もアルジャジーラ・イングリッシュのスター記者として活躍している。

二〇一三年八月からはアメリカのケーブルチャンネル向けニュース局アルジャジーラ・アメリカが発足した。アル・ゴア（Al Gore）元副大統領が経営していたカレントTVを五億ドルで買い取り、反米メディアと見られる印象を払拭しようと試みている。

（8）　中東地域は衛星銀座

アラビア半島からアフリカ北部の一帯は、衛星によるテレビ放送の発信、受信がきわめて盛んな地域である。一部に衛星受信を禁じている国もあったが、イラク戦争後は解禁が進み人々は衛星放送によって、世界中のテレビ番組を受信するようになった。

電波を地上に届ける衛星は主に赤道上三万六〇〇〇キロメートルの軌道におよそ二三九基が密集している。そのためこれらの地帯ではアンテナは直径一メートルほどの小型なもので受信できるだけではなく、角度のわずかな修正で、多くの衛星に接することができる。いわば衛星銀座なのだ。

二〇〇七年、筆者はカイロ、ドバイなどの中東地域を訪れたが、ビルの上には直径一メートルほどのパラボラアンテナが林立していた。視聴可能チャンネルはおよそ五〇〇、衛星の切り替えや向きの変更は居間からリモコンでできる。

アルジャジーラ（カタール）はもちろんのこと、ニュースのアルアラビア（ドバイ）、総合娯楽放送のMBC（ドバイ）、ヒズボラが開設したアルマナール（レバノン）、女性番組専門局（ベイルート）、音楽放送局ロタナ（サウジアラビア）、スンニ派系ニュース局アル・シャルキア（イラク）などがしばしば話題になる。中東サッカーファンが主たるターゲットの、アルジャジーラスポーツチャンネルも旗揚げ、イギリスのSkyスポーツも見られる。

異色なのは韓国が中東向けに発信するアリランアラブという衛星チャンネルだ。アリランテレビは財団法人として英語の国際放送を一九九七年から実施しているのだが、中東に進出したきっかけは二〇〇四年五月、アルカイダ系過激派が韓国人商社マンを人質に取り、殺害するという事件が起きたことだった。韓国はイラク戦争に三〇〇〇人の兵士を派遣したことから、過激派の標的となった。中東の人々に韓国への理解を求めようとアラブ語のニュース、報道番組、アラブ語の字幕付きの韓国ドラマの放送が始まった。

韓国の公共放送、ＫＢＳも国際放送で中東向けの編成を行うとともに、一部のケーブル局でアラブ語字幕の「冬のソナタ」を放送した。放送後中東地域から「ペ・ヨンジュン宛など番組を賞賛する手紙が一〇〇〇通以上来たのは予想を超える反応だった」とＫＢＳ国際放送は手紙の一部を公開した。

エジプトが二〇〇〇年に打ち上げた衛星「ナイルサット」は北アフリカ、中東各地の衛星テレビ番組一八〇以上のチャンネルをアラブ世界に送り込んでいることも、衛星隆盛の一因だ。

アメリカは二〇〇三年米国務省の主導でアラブ語の二四時間テレビチャンネル、アルフッラの放送を始めた。局名の意味は「自由」、アルジャジーラに対抗して「客観的ニュース」を送りこむことを目的とした。開設の時に六二〇〇万ドルの政府交付金を受けた後、アメリカ政府の資金援助は続いている。スタジオはワシントン郊外、中東のメディアから引き抜いたスタッフでニュース、報道番組を制作してアメリカ本土から衛星に送り込む。イラク、エジプトではある程度視聴されているとアメリカ政府は報告書に記載しているが、アメリカ政府の御用放送だとみられているため、中東でほとんど支持がない。

その一方、ＢＢＣ、ＣＮＮの英語ニュースは、重要な情報源として、アラブ世界でも視聴がひろがっている。

4　新しい情報通信時代への胎動

（1）国際衛星ニュースの多様化

イラク戦争後、英語を主体とした衛星放送は多様化した。ＢＢＣワールド（一九九五年）が先頭をきったが、中国も二〇〇四年以降 CCTV-News（二〇一一年までは CCTV-9）による英語二四時間ニュース放送に力を入れている。中国の主張を明確に打ち出すのが目的だが、ミクロネシア、フィジーなど太平洋諸島やアフリカ諸国には、CCTV-News の受信設備、送信設備などのインフラ建設を援助して放送エリアを拡大している。

フランスは二〇〇六年からフランス語圏と英語圏向けにフランス24を放送している。イラク戦争でアメリカと意見を異にしたのをきっかけに、当時のジャック・シラク（Jacques Chirac）大統領が主導しフランスの国際的発言権を強めようと開設された。しかしその後政権交代のたびに位置づけが変わり、国の財政援助も変動するため苦戦を強いられている。

ラジオ時代から実績があり、客観報道、自主性を重んじているBBCワールドが世界的に高い信頼度を維持、衛星放送の世界でのフロント・ランナーCNNと覇を争っている。

最近の調査ではBBCが盛り返している。イギリスの調査機関EMSの二〇一四年の調査によると、一九時から二二時のヨーロッパでの視聴者数はBBCが一七万五〇〇〇人に対しCNNは一六万五〇〇〇人だった。BBCが首位に立ったのは初めてのことだ。CNNとBBCワールドは互角の争いを展開する時代に入ったといえる。

（2）出遅れた日本——NHKワールドの独立性、客観性に疑問符

日本は戦前一九三五年六月から短波ラジオによる多言語国際放送を実施してきた。時代は日本が中国進出を開始、孤立が深まりつつある時代であった。やがて第二次世界大戦に突入したため、国策放送の色合いが濃かった時代が続いた。現在ではNHKワールドラジオ日本として一八言語で、世界に向けて放送している。またインターネットでもストリーミング放送されている。

テレビは一九九五年から海外在住日本人向けに衛星経由で世界に発信してきた。これは現在ではNHKワールド・プレミアとして、NHK総合の番組を中心に有料放送されている。

英語でニュース報道番組、文化紹介を中心とした編成でNHKワールドTVの放送を開始したのは二〇〇九年。日本の国際的情報発信が必要だという認識から、政府主導で国際放送の構想が進み、一時大手企業の協力を得た民間の衛星放送とする案もあったが、結局国は一定の交付金を出すが、NHKが主体的に運営、編成する「NHKワールドTV」としてスター

トすることになった。現在衛星やケーブルテレビを通じて一四〇の国と地域に向けて英語で放送、NHKによれば視聴可能世帯二億七〇〇〇万世帯だという。

NHKワールドTVは出遅れが響いて、視聴者の数は少ないと思われる。二〇一二年に公表された調査では、認知度は韓国の六七・七パーセントを例外としてシンガポール三七・〇パーセント、ワシントンDC一三パーセント、イギリス九・〇パーセント、フランス六・〇パーセントときわめて低い。衛星直接受信の場合二メートル五〇センチの大型パラボラアンテナが必要であることも普及の隘路になっている。しかし最大の問題は政府との距離だといえるだろう。

政府交付金は年々増加し二〇一五年は三五億七五六一円（NHKの国際放送費の全額は二二五億四九四九万円）。そして放送法六五条では国の政策についての「要請放送」（二〇〇九年までは命令放送）という制度が明記されている。「邦人の生命、身体及び財産の保護に関わる事項、国の重要な政策に関わる事項、文化、伝統及び社会経済に関する重要事項を指定して国際放送、国際衛星放送を行うことを（国はNHKに）要請することが出来る」。二〇〇七年には拉致問題でラジオ国際放送に命令放送が発せられたことは大きな問題となった。

また二〇一四年一月、NHK会長に就任した籾井勝人氏が「日本の立場を国際放送で明確に発言する。政府が右といっているのにわれわれが左というわけにはいかない」と発言したことは世界の主要メディアで大きく報道された。

NHKワールドTVはジャーナリズム性、客観性についてネガティブな認識がひろがっていることをどう克服できるかが課題だと思われる。

一方、総務省では二〇一四年八月二六日、「NHK海外情報発信強化に関する検討会」の初会合を開いた。来年春に向けて、国際放送の強化、人員、体制、財源などについて意見をまとめる。委員は多賀谷一照氏（獨協大教授）、嶌信彦氏（ジャーナリスト）、高島肇久氏（元NHK解説委員）、櫻井よしこ氏（ジャーナリスト）など。国の交付金増額が焦点になるとみられる。

（3）ヨーロッパSkyチャンネルの出現

二〇一四年六月、イギリスの有料衛星放送会社BSkyBは、ドイツとイタリアのSky衛星放送を合併すると発表した。三社ともメディア王といわれるルーパート・マードック（Rupert Murdoch）の二一世紀フォックスが筆頭株主だが、今まで個別に運営されていた。買収価格は五三億五〇〇〇万ポンド（九一億ドル）。これによってヨーロッパ全体の加入件数は二〇〇〇万件となる。国境を越えた巨大有料衛星テレビが誕生したことになる。ヨーロッパSky三社が持つサッカー「プレミアリーグ」の独占放送権は、視聴者拡大のテコになるとみられる。国境を越える衛星テレビの新しい動きとして注目されるが、世界の新聞、映画、テレビ放送、衛星放送を席巻する「マードック帝国」への警戒の声も聞かれる。

（4）インターネット僻地の三〇億人に衛星が光を

モバイル時代、衛星経由のインターネット通信にも新しい動きが起きている。

二〇一三年六月二五日ギアナ宇宙センターからソユーズで打ち上げたO3bコミュニケーション社の四機の通信衛星が軌道に乗った。この衛星はモバイルフォンの音声とデータをインターネットに接続するための新しいシステムとして注目を集めている。光ファイバーなどのインフラが遅れているアジア、アフリカ、ラテンアメリカ、太平洋、中東など発展途上地域の人々のデジタルデバイド（情報格差）を縮め、ブロードバンド体験を可能にしようというものだ。

この新しい衛星ネットワークの特徴は中距離軌道に衛星が静止するというところにある。O3bは八〇六七キロメートルの軌道に静止する。二〇一三年末までに四機、二〇一四年四機を投入され最終的には一六機を予定している。

中軌道衛星の特徴は、音声の遅れが大幅に短縮されるという点にある。通常の衛星では遅れは六〇〇ミリ／秒だが、軌道の低い新衛星の遅れは一〇〇ミリ／秒にとどまる。最初の送受信対象は南太平洋ポリネシアのクック諸島。ここは二四の珊瑚環礁と火山島からなる国で人口二万。高周波数帯Kuバンド（一二〜一八ギガヘルツ帯）により、ゆくゆくは対象七地域に一〇ビーム発信（一ビーム一・二ギガビット／秒）する。

O3bはOther 3 billion。これまでネットに接続できなかった三〇億人を救済するという意味が込められている。

（二〇一四年九月一日脱稿）

図　大刀洗通信所のアンテナ群

日米「Mallard」作戦の一環として膨大な衛星情報を蓄積していると疑われる。
出典：NHK スペシャル「日本の諜報」(2018.5.18)。

〈付　記〉

本文で「衛星をインターネットに接続し新たな未来社会が発展する」と締めくくったが、その後二〇一三年以降、国家による衛星経由の情報収集が急速に進行したことが明らかになった。

① ＧＰＳによる警察捜査、最高裁が違法と判断

二〇一三年大阪府警が窃盗容疑者数人の車両にＧＰＳ（Global Positioning System）端末を取り付け追跡調査したことが違法か裁判で問われた。二〇一八年三月、最高裁は警察のＧＰＳを使った捜査は違法であるとの判断を示した。この裁判に関わった亀石倫子弁護士は、「国家による監視を、市民の側が検証、監視する必要がある。共謀罪と秘密保護法は市民の日常生活の監視、追跡を可能にする」と訴えを続けている。

② サイバー空間の個人情報、国家、企業による集積

インターネット空間は衛星システムとシームレスに結合している。そして中国では国民の監視手段として活用し、必要に応じてサイバー空間を遮断さえする。そのことを、政府自体が隠そうともしない。アメリカでは国境を自由に超えるサイバー空間を活用し、フェイク・ニュースが大統領選挙の結果をも左右した。衛星経由で膨大に集積された個人情報は、国家にとって、大企業にとって「重要な資産」と位置づけられている。

③ 衛星情報による諜報活動

二〇一三年、エドワード・スノーデンによって米国家安全保障局（ＮＳＡ）機密文書の中に「ジャパンファイル」が含まれていることが明かされた。ＮＨＫスペシャル「日本の諜報」（二〇一八年五月一八日）はジャパンファイルを手掛かりにして追跡調査したことを報道している。

スノーデン文書によれば日本には、これまで明らかにされていなかったＤＳＦ（英語スペルアウト不明、

防衛省情報本部電波部と見られる）という情報収集機構が存在し、「ミラード（Mallard）」作戦という名で集積した情報をアメリカＮＳＡ（国家安全保障局）に提供しているという。

番組では福岡大刀洗通信所の衛星アンテナが二〇一三年新たに五基追加され、一一基が並ぶ状況が映し出された。現在では二〇〇機の通信衛星を追尾しているとレポートがあった。しかしアンテナの向きがわかれば追尾する衛星がわかるため、衛星アンテナはすべてドームに覆われているという。

インターネット通信は海底ケーブルによる光ファイバーに加えて、東アジア一帯で衛星通信が多用されている。上記のさまざまな動きを見る限り、二〇一三年が一つの転機になり、衛星経由の個人情報、軍事情報の国家による集積が加速した、と考えられる。

【付記の参考資料】

「令状なしのＧＰＳ捜査「違法」、最高裁が初判断」『共同通信』二〇一七年三月一五日。

「国家の監視を監視しよう　ＧＰＳ裁判の亀石弁護士講演」『しんぶん赤旗』二〇一八年六月七日。

「ネット空間　国が掌握」『朝日新聞』二〇一八年六月四日。

ＮＨＫスペシャル「日本の諜報　スクープ最高機密ファイル」二〇一八年五月一八日。

参考文献

（1）テレビ映像資料

BBC/CBC/A&E, “Making the News”, 1997（日本語版、ＴＢＳ、報道カメラ一〇〇年、一九九八年三月二二日）.

Faliro House & CL Production (Greece), “Shooting vs. Shooting”, 2011（日本語版、ＮＨＫ「ジャーナリストたちの戦場」二〇一四年六月二七日）.

Global Vision, “Weapons of Mass Deception”, USA, 2004（日本語版、ＮＨＫ「検証、米メディアのイラク戦争報道」二〇〇五年一月二日）.

History Channel, “Modern Marvels Frontline Reporting”, 2006.1.5（日本語版「現代の驚異、前線報道」二〇〇六年一月五日）.

ＮＨＫ「プロジェクトＸ　ケネディ暗殺衛星中継」（二〇〇四年一一月三〇日）。

NHK BSプレミア「衛星放送が照らした未来、国境を越えた電波」(二〇一二年三月二〇日)。
NHK BS1、国際共同制作「BSドキュメンタリー大ヨーロッパへの道――衛星放送は変革をどう伝えたか」(二〇〇四年五月二九日)。
NHK BS1「イラク報道の舞台裏」(二〇〇五年一月一日)。
NHK BS1「イラク戦争とメディア① テロの脅威がアメリカを変えた」(二〇〇五年三月二〇日)。
NHK BS1「イラク戦争とメディア② アメリカ・問われる報道姿勢」(二〇〇五年三月二〇日)。
NHK BS1「おはよう世界、冷戦後のメディア、ピーター・アーネット」(二〇〇九年四月四日)。
NHK BS1「コスミックフロント、通信衛星」(二〇一三年一二月一二日)。
NHK総合「NHKスペシャル、ヨーロッパ・ピクニック計画――こうしてベルリンの壁は崩壊した」(一九九三年一二月一九日)。
NHK総合「NHKスペシャル　こうして支局は閉鎖された――アルジャジーラVSアメリカ」(二〇〇一年一月一日)。
NHK総合「国際放送新時代――世界の情報戦略を追う」(二〇〇五年六月六日)。
NHK総合「情報発信に世界が動く情報発信新時代」(二〇〇七年三月二二日)。
Noujaim Film (Egypt), "Control Room : Aljazeera vs. US", 2004 (日本語版、NHK BS1「イラク報道の舞台裏――アルジャジーラ対アメリカ」(二〇〇五年一月一日).
テレビ朝日「田原総一郎テレビ大全集」(一九九九年一二月一日)。

(2) 書　籍
ピーター・アーネット著、沼沢洽治訳『戦争特派員、CNN名物記者の自伝』新潮社、一九九五年。

阿部るり「中東メディアの発展とその社会的影響――衛星放送をめぐる議論から」上智大学新聞学科『コミュニケーション研究』二〇〇五年。

石澤靖治『戦争とマスメディア――湾岸戦争における米ジャーナリズムの敗北をめぐって』ミネルヴァ書房、二〇〇五年。

NHK放送文化研究所編『NHKデータブック、世界の放送二〇一四』二〇一四年。

ブルース・カミングス著、渡辺将人訳『戦争とテレビ』みすず書房、二〇〇四年。

川上和久『イラク戦争と情報操作』宝島社新書、二〇〇四年。

KDDI　Time and Space Online「日本の衛星通信五〇年」二〇一三年一〇月九日。

柴山哲也『戦争報道とアメリカ』PHP新書、二〇〇三年。

隅井孝雄「見た、聴いた、中東のテレビ事情、その二カイロとドバイのメディアフリーゾーンを歩く」『放送レポート』メディア総合研究所、二〇〇七年八月号。

ドン・M・フラノイ／ロバート・K・スチュワート著、山根啓史・薗部寿和・山根澄子訳『CNN、世界を変えたニュースネットワーク』NTT出版、二〇〇一年。

ヒュー・マイルズ著、河野純治訳『アルジャジーラ、報道の戦争』光文社、二〇〇五年。

前坂俊之「グローバルメディアとしてのアラブ衛星放送」静岡大学『国際関係、比較文化研究』（第二巻第二号）、二〇〇四年。

門奈直樹『現代の戦争報道』岩波新書、二〇〇四年。

Allen, Michael, *Live from the Moon, Film, Television and the Space Race*, I. B. Tauris, 2009.

Clark, Arthur C., "Extra Terrestrial Relays", *Wireless Work*, 1945.

Pozner, Vladimir, *Parting with Illusions*, Avon Books, 1990.

（3）　メディアニュース

A.P, "Gregory Katz, BSkyB to create multinational European TV network"（2014.7.25）.
A.P, David Bauder, "Al- Jazeera America logs first anniversary"（2014.8.11）.
BBC, Jonathan Amos, "Lift off for O3b satellite network"（2013.6.15）.
BBC, "BSkyB in £5bn deal to crate Sky Europe"（2014.7.25）.
BBC, "Google helps build Faster cable under Pacific Ocean"（2014.8.12）.
「国際放送一新、行方は——国が交付金、表現の自由との関係課題」『朝日新聞』二〇〇九年二月一四日。
「NHK　国際放送どう強化——政権との距離課題」『朝日新聞』二〇一四年一月二〇日。
隅井孝雄「国際放送こそ〝公正に〟」『しんぶん赤旗』二〇一四年二月九日。

コラム6　インターネットとモバイル革命

大森義行

インターネットの起こり

情報検索、コミュニケーションあるいはショッピングなど、われわれの生活や仕事などのさまざまな場面でインターネットは使われ、必要不可欠な社会インフラとなってきた。その起源を辿れば、米国国防総省高等研究計画局（ARPA）が一九六九年に開発した実験ネットワーク「ARPANET」に始まる。これはカリフォルニア大学サンタバーバラ校（UCSB）、スタンフォード研究所（SRI）、カリフォルニア大学ロサンゼルス校（UCLA）、ユタ大学の四カ所の大型コンピューターをIMP（Interface Message Processor：現在のルーターに相当する装置）により相互接続するパケット通信ネットワークであった。ARPANETは分散型のシンプルなネットワーク構造であり拡張が容易であったため、参加する大学や研究機関は増え続け、学術研究用のネットワークとして発展していった。

WWWの誕生と爆発的普及

一九九〇年、インターネットの情報流通の基礎となる仕組みWWW（World Wide Web）が考案され、インターネット上の多種多様なコンテンツを相互に交換することが可能となった。それに引き続き、さまざまなキラーアプリケーションも登場してきた。一九九三年には情報閲覧用ソフトで画像表示を可能としたモザイク（Mosaic）ブラウザが開発され、無償で公開されることにより急速に世界中に広まっていった。一九九八年、ウェブページの重要度をページランク（Page Rank）と呼ばれる指標により判定し、質の高い検索結果を出すグーグル（Google）検索がサービスを開始した。グーグルは二〇〇〇年代を通してさまざまな機能を追加し、二〇一七年には検索エンジンとして九二パーセントのシェアを有する世界で最も利用される検索サービスとなってきている。

当初、インターネットの利用は軍用および学術研究に限定されていたが、商用利用への関心も高かった。一九九五年、ARPANETの役割を引き継いだ全米科学財団のNSFnetがバックボーンサービスの運用支援を終了すると同時に商用利用制限が撤廃され、アマゾン（Amazon）などに代表される、「ドットコム企業」と呼ばれるインターネットビジネスを展開するベンチャー企業が相次いで登場してきた。また、電話回線などを経由して契約者にインターネットへの接続サービスを提供するＩＳＰ（Internet Service Provider）が相互接続を開始し始め、マイクロソフト社からインターネット接続機能が標準搭載されたＯＳ、Windows 95が発売されるとインターネット接続のハードルも下がり、個人での利用が急増することとなった。このように一般企業や家庭も含めてインターネットが爆発的に普及し、世界規模の巨大ネットワークへと発展していくこととなる。

モバイルインターネット

インターネットの成長に寄与したモノの一つとして、移動体通信を利用してインターネットに接続する「モバイルインターネット」が挙げられる。初期においては携帯電話が大きな役割を果たしていた。

世界で初めて携帯電話が登場したのは、コードレス電話機さえ存在していなかった一九七三年のことと言われている。モトローラ社で自動車電話の開発を行っていたマーティン・クーパー氏が路上で携帯電話機を片手に会話するデモであった。日本においては一九八七年にＮＴＴ（旧電電公社）が携帯電話サービスを開始するのにともない発表された「ＴＺ－８０２型」であるが、体積五〇〇cc、重量約九〇〇グラムと重く、手頃なタイプではなかった。その後、小型化・軽量化が図られ、一九九一年「mova」の登場によりハンディな携帯電話となった。また、一九九四年の規制緩和によって端末料金および通信料金の大幅な値下げも行われ、携帯電話は急激に普及していくこととなる。

一九九九年二月、携帯電話からのインターネット接続サービス「ｉモード」が、世界に先駆けＮＴＴドコモにより開始された。開始当初、通信速度は九六〇〇ｂｐｓと低速であったが、インターネットメールの送受信や携帯向けという制約はあるがウェブサイトの閲覧ができるようになった。コンテンツとしては、天気予報などの「情報系」、銀行振込やチケット予約などの「取引系」、タウンページ検索などの「データベース系」、着メロ配信などの「エンターテインメント系」など、六七の公式サイトから生活に身近で便利な情報が提供されていた。簡単な操作で情報が入手できることが評判になり、一〇〇万契約には六カ月で到達し、一年で五〇〇万そして一年半足らずで一〇〇〇万契約を超える大ヒットとなった。また、コンテンツの利用料金を毎月の通信料と一緒に課金するという新たなビジネスモデルが構築され、カラオケ、出版あるいは放送業界がコンテンツプロバイダとして参入するようになり、多様なコンテンツが提供されることとなった。同じ頃、欧米においてもＷＡＰ（Wireless Application Protocol）と呼ばれる技術を用いたモバイルインターネットサービスが開始されたが、北米におけるユーザー数は二万人と振るわず、日本のような普及には至らなかった。しかしながら、海外におけるｉモードへの関心は高く、米『ビジネスウィーク誌』には「日本を熱狂させる無線インターネット接続サービス（ｉモード）は、世界を制する可能性がある」と高い評価が載せられていた。

さらに二〇〇一年、通信速度が当初の約四〇倍と高速化された第三世代（3G）サービスが開始されると、従来のコンテンツがより短時間でダウンロードできるようになるとともに、動画配信サービスなど表現力豊かなリッチコンテンツが提供されるようになった。iモードサービス開始から六年後の二〇〇五年には、モバイル端末からのインターネット利用者数はパソコンを逆転し、インターネットのパーソナル化が進んだと考えられる。

iモードの登場により携帯電話からの情報閲覧は急増し、端末機の選択基準は「軽さ、大きさ」から「コンテンツの見やすさ」「使いやすさ」へと変わってきた。一九九四年、今や携帯電話端末の主流となった「スマートフォン」がIBMから発表された。タッチパネルを装備し、インターネットメールやカレンダーが利用可能だったほか、サードパーティのアプリケーションを実行することもでき、PDA（Personal Digital Assistance）と電話を組み合わせた製品であった。先進的なモデルではあったが、本体サイズが大きく高価であったこともあり、市場から消えていった。

iPhone の登場

二〇〇七年、スマートフォンの世界に画期的な端末が登場した。キーボードを排除し全面タッチパネルを搭載、スタイラスペンを廃止し指で操作できるタッチスクリーンを採用した斬新なインターフェースを持つ「iPhone」である。開発元であるアップル（Apple）社のスティーブ・ジョブズ氏は「iPod、携帯電話、ネット通信機器」の独立した三つの機器を一つに集約した革命的端末と称賛している。また、アプリケーションをインストールすることでスマートフォンの機能を拡張するという新機軸も導入されていた。発売されてから一年で六〇〇万台が出荷されるなど、iPhone は電話のあるべき姿をすっかり変えてしまった。そして、すべてのスマートフォンのデファクトスタンダードとなり、各社からこれに追随する端末が発売されるようになった。

スマートフォンは、画面が大きく、多くの文字・画像や動画が見やすいという特徴を有するほか、インターネットアクセス機能も高度化されていた。携帯電話回線のほか無線LANにも対応し、通常はカバーするエリアが広い携帯電話回線を使用し、喫茶店などWi-Fiのアクセスポイントが整備されている場所では高速の無線LANを活用するというシームレスな通信が可能である。スマートフォンの急速な普及に合わせ、二〇一四年からLTE（Long Term Evolution）を先駆けとする第四世代通信サービス（4G）が開始され、有線LANに匹敵する一〇〇Mbpsクラスの高速通信が可能となり、動画ストリーミングやテレビ電話機能など多様なモバイルマルチメディアサービスが提供されるようになった。

iPhone が登場した二〇〇七年には全携帯電話端末に占めるスマートフォンの割合は一〇パーセント程度であったが、二〇一七年には八〇パーセントを上回るほど急速に増加してきており、今やケータイといえばスマートフォンを指すと言っても過言ではない。

二〇一五年は、インターネットサービスのほぼすべてのカテゴリーにおいて、スマートフォンからの利用者がPCからを上回るという、モバイルシフトの転換点となった年であった。ひと昔前まではモバイル端末向けのウェブページは「パソコン版のオマケ」程度と考えられていたが、近年ではスマートフォンのユーザーインターフェースやデザインの見せ方を考慮したモバイル向けサイトをパソコンサイトに優先して作成する「モバイルファースト」という考え方が重視されるようになっている。さらにグーグルは、二〇一五年の時点でモバイルデバイスからの検索数がパソコンを上回っていたことを受けて、サイトの評価に「モバイル版ウェブページ」の評価を採用するMFI（Mobile First Indexing）の導入を計画しており、今後のウェブサイト構築はモバイル用に表示を最適化することや高速表示への対応など、スマートフォンユーザーの使いやすさに配慮した取組みが求められる。

世界のモバイル人口

二〇一八年、携帯電話とスマートフォンなどのモバイル端末を利用しているユーザー数は全世界で約五一億人（総人口の六八パーセント）に上ると報告されている。二〇一七年からの一年間での成長はわずか四パーセントであるが、この成長に大きく貢献しているのはアフリカやアジアなどの発展途上国であった。先進国では、初期のインターネット基盤として固定電話が用いられたが、途上国では固定電話網の整備が遅れていたところに、逆に携帯電話普及の余地が残されていた。

アフリカ地域を見ると、携帯電話の普及率は八割を超え、先進国とそれほど大きな差はなくなっている。携帯電話の主要な用途の一つとして、SMS（ショートメッセージ）を利用して送受金を行う「モバイル送金サービス」が挙げられる。ケニアの通信事業者サファリコム（Safaricom）が提供する「M-Pesa」が世界で初めてのものであり、銀行口座を持たない貧困層の間で急速に広まっていった。ここでは、送金や引き出しのほか、支払や決済さらに口座機能など、銀行に匹敵するサービスが提供されている。二〇一四年時点では世界八九カ国で二五五に上るモバイル送金サービスが存在している。このサービスを受けるために必要なものはフィーチャーフォンと呼ばれる従来型の携帯電話とSMSのみであり、インターネットへの接続は必要とされなかった。インターネットの人口普及率は高額な利用料金が障害となり三〇パーセントと低水準に留まっている。

途上国におけるインターネットアクセスを促進するため、IT業界大手ベンダーが提携して無料あるいは格安のモバイルインターネットサービスを提供する動きも出てきている。フェイスブックのザッカーバーグ氏は、インターネット環境を持たない世界中の五〇億人をネットにつなげることを目標とし、大手IT企業六社と共に「Internet.org」を設立した。グーグルも二〇一二年、検索、メール、SNS（ソーシャル・ネットワーキング・サービス）などグーグルが提供するサービスをデータ通信料不要で利用できる「フリー・ゾーン」をフィリピンで開始した。このような途上国におけるインターネットの普及拡大は、一億四〇〇〇万人の雇用を創出すると予測されており、貧困問題の解決につながってゆくものと期待されている。

IoTを活用した暮らしの未来

インターネットにつながる機器や装置としては、これまではパソコンやスマートフォンなどヒトが情報を入手するための情報端末が主流であったが、二〇一三年頃から従来型以外のデバイスをインターネットにつなげてモノとモノが相互にコミュニケーションを取る「IoT：Internet of Things（モノのインターネット）」が話題となってきた。IoTデバイスとしては、一般消費者用にはスマートテレビなどのデジタル家電、産業用としてはスマートメーターやセキュリティカメラが代表的である。IoTによって、これまで収集が見逃されていたデータなどをクラウドに蓄積・分析することが可能となり、付加価値の高いサービスが生み出される。

われわれの暮らしの中で、IoTを活用したサービスとして実用化が進んでいる事例として、「コネクテッドカー」および「コネクテッドホーム」を紹介する。

コネクテッドカーとは、通信機能が搭載されICT端末としての機能を有する自動車のことであり、クラウドに接続しながらさまざまな情報サービスを受けることができるものである。日本国内においては、スマートフォンやナビゲーションシステムと連携し運転者に有用な情報を提供する「テレマティクスサービス」が先行している（トヨタ自動車は「T-Connect」、日産自動車は「Nissan Connect」などの名称でサービスを提供している）。最近では、車にLTE対応のSIMを内蔵し専用回線を常時オンラインとし、万が一の故障や事故の際に緊急連絡を入れるなどの安全・安心をサポートするサービスや、駐車操作をスマートフォンでリモートコントロールする運転支援機能なども提供し始めた。また、最適な整備やメンテナンスのタイミングを知らせる予防メンテナンスや、安全運転の度合いに応じて保険料を割り引く新しい「テレマティクス保険」の導入も検討されている。

さらに、車両の状態や周囲の道路状況などさまざまなデータをセンサーにより取得し、自動車自身が道路状況に合わせて安全に目的地へ向かう「自動運転車」も注目を集めている。人為的ミスを防ぎ、安全で安心の交通環境を実現するものとして、自動車メーカーに限らず大手IT企業も参画し開発が進められている。二〇一七年時点では、「前方衝突警報」「車線逸脱警報」といった運転支援システムを搭載し、運転者の不注意による事故を減らすことを目指した車が実用化されている。SAE（Society of Automotive Engineers：自動車技術者協議会）の定義で「レベル4」に分類される、人は運転に関与しない自動運転車も公道での走行実験が行われている。二〇三〇年に販売される新車の八割以上、二〇三五年には九割以上がコネクティビティシステムに対応すると予想されている。

コネクテッドホームとは、家庭内の電化製品やデジタル家電製品をネットワークでつないで一括管理し、これらをコントロールして快適な暮らしを実現する家を表す。たとえば、顔認証で玄関ドアを開錠する、あるいは子どもの帰宅を知らせる画像を親のスマートフォンに送信する「防犯・セキュリティ機能」、外出先からエアコンなどの生活家電を操作する「遠隔操作機能」など、安全で安心、便利で快適な暮らしを実現できるものである。

二〇一八年ラスベガスで開催されたエレクトロニクスショー「ＣＥＳ二〇一八」では、冷蔵庫内の在庫管理をするだけでなく、ラベルに記された消費期限を読み取り、消費期限の近い食材を利用したレシピを提案する機能を持ったIoT冷蔵庫なども登場している。IoT家電を用い住宅そのものをスマート化することにより、これまでの生活が様変わりする可能性が示唆されている。

また、アマゾンエコーなどのスマートスピーカーは、「照明を消して」などと話しかけIoT家電を操作し、「明日の天気は?」と問いかけると自らインターネット検索をして情報を提供してくれるなど、コンシェルジュの役割を担ってくれるものと期待される。二〇一七年第三四半期において全世界の出荷台数は七四〇万台（前年同期比七〇八パーセント増）と急増してきており、今後、ユーザーインターフェースの一つとしてさらに活用の幅が広がっていくものと思われる。

IoTデバイスの数は、ハードウェアの低廉化や通信コストの低下などを追い風に急速に増加してきており、二〇一七年には二〇〇億台そして二〇二〇年では三〇〇億～数兆台と予測されている。このような大量の端末の接続に対処するため、新しい通信方式の研究が進められている。現在、二〇二〇年からの運用を目指し通信速度を一〇Ｇｂｐｓ程度に引き上げ、同時多接続および低遅延の第五世代移動通信システム（５Ｇ）が実験されている。実際、二〇一八年の平昌オリンピックでは、会場一帯に５Ｇ通信網を構築し、これまでになかったハイテクな視聴方法などによる５Ｇネットワークの実証実験が行われていた。

高速・大容量かつ低遅延の５Ｇネットワークは、自動運転車や遠隔医療などの分野で活用が計画されている。また、ＶＲ（Virtual Reality：仮想現実）などを利用したエンターテインメント分野における応用なども実験されている。

パーソナルデータという新たな「石油」

スマートフォンの普及、IoTの進展そして情報通信ネットワークの高度化などにより、膨大なデータがインターネット上で生成・流通することとなる。全世界のデジタルデータ量は、二〇一三年の時点では四・四ゼタバイト（ＺＢ）、二〇二〇年には四四ＺＢとほぼ一〇倍の規模に拡大するとの予測もある。ＺＢというデータ量の単位は「兆ギガバイト」であり、四四ＺＢはハードディスク（三ＴＢ）に換算すると一五〇億台に匹敵するデータ量である。これらはテキストや数値以外に画像や音声などの非構造化データも含む「ビッグデータ」と呼ばれる大量かつ多様なデータである。従来のデータベースシステムでは蓄積・処理することは困難であったが、大規模データを効率的に分散処理する技術やデータマイニング環境が整ったことで、これら大量のデータから新たな価値を導き出し、新しいサービスやビジネスが生み出されるものと期待されている。

一方、検索やネットショッピングなど、私たちが普段利用するサービスの多くは、その対価として、ユーザーにパーソナルデータの提供を求める構造で成り立っている。ここにおけるパーソナルデータとは、住所や年齢などの「属性情報」に留まらず、ウェブ上での行動・購買履歴、あるいはSNSで公開されている交友関係なども含んだものである。そして企業側は収集したデータを解析し、個々人ごとにカスタマイズしたより便利なサービスを提供するようになってきた。

二〇〇四年、このような社会の近未来像を描いたフラッシュムービー「EPIC二〇一四」が製作され話題となった。「二〇一四年、web2.0を代表する企業「グーグル」と「アマゾン」が合併し「グーグルゾン（Googlezon）」が誕生する。グーグルゾンは「EPIC（Evolving Personalized Information Construct：進化型パーソナライズ情報構築網）」と呼ばれるシステムを世に送り出し、ネット上に公開されるあらゆる情報を集め、個人の属性や嗜好に合ったコンテンツを自動生成する」という内容である。クラウド、ソーシャルメディア、ビッグデータなど、現代をかなり的確に予言しており、検索技術とレコメンデーションシステム等の組み合わせによる新たなネットビジネスの出現も示唆されていた。

検証してみると、グーグルゾンは誕生しなかったが「膨大な個人データを蓄積し活用する」というビジネススタイルは拡大してきている。EPICが取り上げた、グーグルはネットの検索や閲覧履歴、アマゾンは購買履歴を、さらにアップルはiTuneなどの利用履歴、フェイスブックはSNSという交流の場を提供しユーザー情報を囲い込み、パーソナルデータを行動ターゲティング広告に変え、巨額の富を築いている。これら四社の頭文字をつなげた「GAFA（ガーファ）」という造語が二〇一二年頃から使われ始めてきた。そして、IT企業の多くはGAFAが提供するサービス基盤の上でビジネスを展開するようになってきた。GAFAによるIT市場の独占は他社の参入を拒むようになり、データ活用の側面でも占有しているため各国は危機感を強めている。

二〇一一年一月、世界経済フォーラム（WEF）は「パーソナルデータは、インターネットにおける新しい石油であり、デジタル世界における新たな通貨である」とし、パーソナルデータを資産として活用することを示唆した。パーソナルデータの価値については、データを生み出すユーザーと利用する企業の駆け引きで定まり、データを提供することで享受できるサービスの価値程度の対価となるものと思われる。これについて独Syzygy社は「自分が好感を持てる企業に対し、個人情報を提供しても良いと思われる値段は」との調査を行い、平均が約一四〇ユーロ（一万八〇〇〇円）と興味深い回答を得ている。多くのユーザーは個人情報の提供には慎重であるが、信用できる企業やサービスに対して経済的メリットを得るために提供するには一四〇ユーロ程度の価値を求めていることが示されている。

しかしながら、パーソナルデータを提供することでより便利なサービスを享受できることになる反面、その取扱いにミスが生ずれば個人に大きな影響が出ることも心に留めておかなければならない。

ＡＩの進化とわれわれの未来

これまで述べてきたように、現代社会においてはIoT、ビッグデータ、クラウドなど、次々と新しいデジタル技術が登場してきている。情報通信の分野でIoTの次に期待される新技術として人工知能（AI：Artificial Intelligence）が挙げられている。

ＡＩは一九五〇年頃から研究が始められ、これまでに二次に渡るブームと冬の時代を迎え、今は第三次ブームの最中にある。スマートフォンやIoTなどが生み出すビッグデータを用い、その中から特定のルールを見出しＡＩ自ら学習していく深層学習（ディープラーニング）が実用化されたことが今回のブームの背景にある。現時点における人工知能の能力については、「銀行員の採用試験に合格する」あるいは「全国の大学の八割程度には合格できる」といった水準と言われ、特定の分野において人間の能力を超え始めており、今回は定着するものと期待されている。

人工知能の進化によって、人々はより利便性の高い生活を送れるようになるが、その半面、仕事を奪われるのではないかとの不安も高まってきている。アメリカのレイ・カーツワイル博士はシンギュラリティ（Singularity：技術的特異点）という概念を提唱し、「二〇四五年に人工知能の能力が全人類の頭脳を超え、人工知能が新しく考え出した知見について、人間が理解できなくなる」と予言した。また、英オックスフォード大学のオズボーン氏は、二〇三〇年にアメリカの労働人口の約五〇パーセントがＡＩで代替されると予測している。

現在実用化されている人工知能は「特化型ＡＩ」と呼ばれるもので、一つの作業に特化して決まった作業を効率的に遂行するもので、人間のように自発的に考え行動する「汎用型ＡＩ」が実用化されるにはまだ時間がかかると言われている。ＡＩが人の仕事を奪うのではなく、ＡＩが人と協働してゆくことがこれからの社会で求められている。

インターネットは日常生活のあらゆるシーンで活用され、もはや社会インフラの一つとなっている。そして、インターネットの成長に大きな変革をもたらしたものの一つがモバイルであり、スマートフォンがその象徴である。今や、スマートフォンを手にしてクラウドのサービスを利用するのが当たり前のようになってきている。

それにともない、サービスの提供側も、ウェブサービスやコミュニケーションをモバイルを前提として設計し再構築するようになる。「スマートフォンの普及、クラウドサービスの多様化、モバイル通信環境の充実」などにより、経済や生活のあり方そのものが変わっていくようになる。

スマートフォンやIoTから収集される膨大な情報はクラウドに蓄積され、人工知能などを活用し効果的に分析がなされ、新しいサービスが創造されるようになる。

また、人間の能力を超えるＡＩは、犯罪や消費行動など未来に起こるであろう出来事を高精度で予測し、われわれは人工知能の予測に従って生活するような超効率的な社会が出現することも想像されている。

参考文献

ＮＨＫスペシャル「NEXT WORLD」制作班『NEXT WORLD／未来を生きるためのハンドブック』ＮＨＫ出版、二〇一五年。

夏野剛「ｉモード・ストラテジー」日経ＢＰ出版センター（二〇〇〇年一二月二〇日）。

総務省「平成28年度通信利用動向調査」（二〇一八年五月二五日）。

総務省「平成29年度版、情報通信白書」。

EPIC 2014 日本語字幕版（Googlezon EPIC、二〇〇四年の未来予想）https://www.youtube.com/watch?v=Afdxq84OYIU（二〇一五年九月三〇日アクセス）

独 Syzygy 社「The Price of Personal Data」(2018) https://www.syzygy.net/global/en/news/syzygy-digital-insight-survey-2018-the-price-of-personal-data（二〇一八年七月七日アクセス）

MINERVA 世界史叢書

全16巻（＊は既刊）

Ａ５判・上製カバー

編集委員　秋田　茂／永原陽子／羽田　正／南塚信吾／三宅明正／桃木至朗

＊総　論　「世界史」の世界史　　秋田　茂／永原陽子／羽田　正／南塚信吾／三宅明正／桃木至朗　編著

第Ⅰ期　世界史を組み立てる

＊第１巻　地域史と世界史　　羽田　正 責任編集
第２巻　グローバル化の世界史　　秋田　茂 責任編集
第３巻　国際関係史から世界史へ　　南塚信吾 責任編集

第Ⅱ期　つながる世界史

第４巻　人々がつなぐ世界史　　永原陽子 責任編集
第５巻　ものがつなぐ世界史　　桃木至朗 責任編集
＊第６巻　情報がつなぐ世界史　　南塚信吾 責任編集

第Ⅲ期　人と科学の世界史

第７巻　人類史と科学技術　　桃木至朗 責任編集
第８巻　人と健康の世界史　　秋田　茂 責任編集
第９巻　地球環境の世界史　　羽田　正 責任編集

第Ⅳ期　文化の世界史

第10巻　芸術と感性の世界史　　永原陽子 責任編集
第11巻　知識と思想の世界史　　桃木至朗 責任編集
第12巻　価値と理念の世界史　　羽田　正 責任編集

第Ⅴ期　闘争と共生の世界史

第13巻　権力の世界史　　桃木至朗 責任編集
第14巻　抵抗の世界史　　南塚信吾 責任編集
第15巻　秩序の世界史　　三宅明正 責任編集

《責任編集者紹介》

南塚信吾（みなみづか・しんご）

1942年　生まれ。
1970年　東京大学大学院社会学研究科博士課程単位取得退学。
1967年　国際学修士（東京大学）。
現　在　NPO 歴史文化交流フォーラム付属世界史研究所所長，千葉大学・法政大学名誉教授。
主　著　『世界史なんかいらない？』（岩波ブックレット）岩波書店，2007年。
『「世界史」の世界史』（共編著）ミネルヴァ書房，2016年。
J・ブレイニー『小さな大世界史――アフリカから出発した人類の長い旅』（監訳）ミネルヴァ書房，2017年。

MINERVA 世界史叢書⑥
情報がつなぐ世界史

2018 年 12 月 10 日　初版第 1 刷発行　〈検印省略〉

定価はカバーに
表示しています

責任編集者　南　塚　信　吾
発 行 者　杉　田　啓　三
印 刷 者　藤　森　英　夫

発行所　株式会社　ミネルヴァ書房
607-8494 京都市山科区日ノ岡堤谷町 1
電話代表 (075)581-5191
振替口座 01020-0-8076

亜細亜印刷

ISBN978-4-623-08470-8

Printed in Japan

《執筆者紹介》（執筆順，＊印は責任編集者）

＊南塚信吾（みなみづか・しんご）**序論**

責任編集者紹介欄参照。

大塚　修（おおつか・おさむ）**第1章**

1980年　生まれ。
2012年　東京大学大学院人文社会系研究科アジア文化研究専攻博士課程単位取得退学。
2013年　文学博士（東京大学）。
現　在　東京大学大学院総合文化研究科准教授。
主　著　「イルハーン朝末期地方政権におけるペルシア語文芸活動の隆盛――ハザーラスプ朝君主ヌスラト・アッディーンの治世を事例として」『オリエント』58-1，2015年。
「『集史』の伝承と受容の歴史――モンゴル史から世界史へ」『東洋史研究』75-2，2016年。
『普遍史の変貌――ペルシア語文化圏における形成と展開』名古屋大学出版会，2017年。

応地利明（おうじ・としあき）**第2章**

1938年　生まれ。
1964年　京都大学大学院文学研究科博士課程退学。
1986年　文学博士（京都大学）。
現　在　京都大学名誉教授。
主　著　『地図は語る「世界地図」の誕生』日本経済新聞出版社，2007年。
『都城の系譜』京都大学学術出版会，2011年。
『トンブクトゥ――交界都市の歴史と現在』臨川書店，2016年。

三好唯義（みよし・ただよし）**コラム1**

1956年　生まれ。
1985年　関西大学大学院文学研究科博士課程後期単位取得。
1998年　博士（文学）（関西大学）。
現　在　神戸市教育委員会文化財課学芸員。
主　著　『図説　世界古地図コレクション』河出書房新社，1999年。
『図説　日本古地図コレクション』河出書房新社，2004年。

杉田英明（すぎた・ひであき）**第3章**

1956年　生まれ。
1984年　東京大学大学院人文科学研究科比較文学比較文化専修課程博士課程中退。
1991年　学術博士（東京大学）。
現　在　東京大学大学院総合文化研究科教授。
主　著　『事物の声　絵画の詩――アラブ・ペルシア文学とイスラム美術』平凡社，1993年。
『葡萄樹の見える回廊――中東・地中海文化と東西交渉』岩波書店，2002年。
『アラビアン・ナイトと日本人』岩波書店，2012年。

片桐一男（かたぎり・かずお）　**コラム2**

1934年　生まれ。
1967年　法政大学大学院人文科学研究科日本史学専攻博士課程単位取得。
現　在　青山学院大学名誉教授。
主　著　『阿蘭陀通詞の研究』吉川弘文館，1985年。
『江戸時代の通訳官』吉川弘文館，2016年。
『出島遊女と阿蘭陀通詞』勉誠出版，2018年。

加藤裕治（かとう・ゆうじ）　**第4章**

1969年　生まれ。
2002年　千葉大学大学院社会文化科学研究科博士課程修了。博士（学術）。
現　在　静岡文化芸術大学文化政策学部文化政策学科教授。
主　著　『無印都市の社会学』（共著）法律文化社，2013年。
『全訂新版　現代文化を学ぶ人のために』（共著）世界思想社，2014年。
『映像文化の社会学』（共著）有斐閣，2016年。

澤田　望（さわだ・のぞみ）　**コラム3**

1980年　生まれ。
2012年　バーミンガム大学大学院歴史文化学部西アフリカ研究所博士課程修了。
2012年　Ph. D. in African Studies（バーミンガム大学）.
現　在　駒澤大学総合教育研究部講師。
主　著　“A Re-examination of Pioneering Newspaper Enterprises in 1860s and 1880s Southwestern Nigeria”, *Journal of Swahili and African Studies* 26, 2015.
“Selecting ‘Worthy’ of Remembering: Memorialization in Early Lagos Newspapers”, *Journal of West African History* 2(2), 2016.
“Vindicating ‘True Occupation’ for the Progress of Society: Technical and Agricultural Associations in Early Lagos Newspapers”, *Comparative Studies of South Asia, Africa and Middle East*, 38(3), 2018.

東田雅博（とうだ・まさひろ）　**第5章**

1948年　生まれ。
1981年　広島大学大学院文学研究科西洋史学専攻博士課程修了。
1996年　博士（文学）（広島大学）。
現　在　金沢大学名誉教授。
主　著　『柳模様の世界史』大修館書店，2008年。
『シノワズリーか，ジャポニスムか　西洋世界への衝撃』中公叢書，2015年。
『ジャポニスムと近代の日本』山川出版社，2017年。

星名定雄（ほしな・さだお）　**コラム4**

1945年　生まれ。
1967年　法政大学経営学部経営学科卒業。
現　在　郵便史研究会副会長。
主　著　『郵便の文化史――イギリスを中心として』みすず書房，1982年。
『郵便と切手の社会史〈ペニー・ブラック物語〉』法政大学出版局，1990年。
『情報と通信の文化史』法政大学出版局，2006年。

並河葉子（なみかわ・ようこ）　**第6章**

1968年　生まれ。
1997年　大阪大学大学院文学研究科博士後期課程中退。
現　在　神戸市外国語大学外国語学部教授。
主　著　ギリー・シェリダン／W・J・シールズ編『キリスト教会の社会史――時代と地域による変容』（共訳）法政大学出版会，2014年。
「イギリス領西インド植民地における「奴隷制改善」と奴隷の「結婚」問題」『史林』99巻1号，2016年。

有山輝雄（ありやま・てるお）　**第7章**

1943年　生まれ。
1972年　東京大学大学院社会学研究科博士課程退学。
元　東京経済大学コミュニケーション学部教授。
主　著　『「中立」新聞の形成』世界思想社，2003年。
『近代日本のメディアと地域社会』吉川弘文館，2009年。
『情報覇権と帝国日本』Ⅰ，Ⅱ，Ⅲ，吉川弘文館，2013～16年。

里見　脩（さとみ・しゅう）　**コラム5**

1948年　生まれ。
2008年　東京大学大学院学際情報学府博士課程単位取得満期退学。
2010年　学術博士（東京大学）。
現　在　大妻女子大学文学部コミュニケーション文化学科教授。
主　著　『ニュース・エージェンシー――同盟通信社の興亡』中央公論新社，2000年。
『岐路に立つ通信社』（共著）新聞通信調査会，2009年。
『新聞統合――戦時期におけるメディアと国家』勁草書房，2011年。

土屋由香（つちや・ゆか）　**第8章**

1962年　生まれ。
2004年　米国ミネソタ大学アメリカ研究科博士課程修了。
2004年　Ph. D（ミネソタ大学）.
現　在　京都大学大学院人間・環境学研究科教授。
主　著　『親米日本の構築――アメリカの対日情報・教育政策と日本占領』明石書店，2009年。
『文化冷戦の時代――アメリカとアジア』（共編著）国際書院，2009年。
『占領する眼・占領する声―― CIE/USIS 映画と VOA ラジオ』（共編著）東京大学出版会，2012年。

生井英考（いくい・えいこう）　**第9章**

1954年　生まれ。

1978年　慶應義塾大学文学部卒業。

現　在　立教大学社会学部教授。

主　著　『ジャングル・クルーズにうってつけの日――ヴェトナム戦争の文化とイメージ』筑摩書房，1987年。

『負けた戦争の記憶――歴史のなかのヴェトナム戦争』三省堂，2000年。

『空の帝国　アメリカの20世紀』講談社，2006年。

隅井孝雄（すみい・たかお）　**第10章**

1936年　生まれ。

1958年　国際基督教大学教養学部卒業。日本テレビ放送網（編成局編成部，報道局外報部記者），NTV インターナショナル社長，NTV アメリカ社長（在ニューヨーク），京都学園大学人文学部教授，京都ノートルダム女子大学人間文化学部客員教授を歴任。

主　著　『ニューメディア最前線』（編著）大月書店，1983年。

『非営利放送とは何か』（共著）ミネルヴァ書房，2008年。

『隅井孝雄のメディアウォッチ』リベルタ出版，2015年。

大森義行（おおもり・よしゆき）　**コラム6**

1958年　生まれ。

1986年　北海道大学大学院工学研究科電気工学専攻博士後期課程修了。

1986年　工学博士（北海道大学）。

現　在　札幌大学地域共創学群経営学専攻教授。

主　著　『インターネットをつくる――柔らかな技術の社会史』（訳）北海道大学図書刊行会，2002年。

『2008 RFID 技術ガイドブック』（共著）電子ジャーナル，2007年。

『情報リテラシーⅠ（改訂版）』（監修）富士通エフ・オー・エム出版，2016年。

人名索引

あ　行

か　行

さ　行

た　行

な　行

は　行

ま　行

や・ら・わ行

事項索引

あ 行

か　行

さ　行

た　行

な　行

は　行

ま　行

や・ら・わ行

A to Z